读懂投资　先知未来

大咖智慧
THE GREAT WISDOM IN TRADING

成长陪跑
THE PERMANENT SUPPORTS FROM US

复合增长
COMPOUND GROWTH IN WEALTH

一站式视频学习训练平台
WWW.DUOSHOU108.COM

趋势投资 50 年

（挪）特维德 / 著
许瑞宋 / 译

图书在版编目（CIP）数据

趋势投资 50 年 /（挪）特维德著；许瑞宋译.
——太原：山西人民出版社，2012.1
ISBN 978-7-203-07475-5

Ⅰ.①趋… Ⅱ.①特…②许… Ⅲ.①投资学 Ⅳ.① F830.59

中国版本图书馆 CIP 数据核字（2011）第 250751 号
著作权合同登记号 图字：04-2011-031
Lars Tvede. Supertrends.
Copyright © 2011 by Lars Tvede. All rights reserved.
Published by John Wiley & Sons Ltd, The Atrium, West Sussex. All rights reserved.
This translation published under license.

本书简体中文版由约翰威立国际出版公司授权，山西人民出版社出版。
本版本仅限在中国内地销售，不得在台湾地区、香港和澳门特别行政区以及海外销售。

趋势投资 50 年

著　者：（挪）特维德
译　者：许瑞宋
责任编辑：李建业
装帧设计：蒋宏工作室

出 版 者：	山西出版传媒集团·山西人民出版社
地　　址：	太原市建设南路 21 号
邮　　编：	030012
发行营销：	0351-4922220　4955996　4956039
	0351-4922127（传真）　4956038（邮购）
E - m a i l：	sxskcb@163.com　发行部
	sxskcb@126.com　总编室
网　　址：	www.sxskcb.com
经 销 者：	山西出版传媒集团·山西人民出版社
承 印 厂：	三河市航远印刷有限公司
开　　本：	710mm×1000mm　1/16
印　　张：	20
字　　数：	350 千字
版　　次：	2012 年 6 月　第 1 版
印　　次：	2021 年 6 月　第 2 次印刷
书　　号：	ISBN 978-7-203-07475-5
定　　价：	39.80 元

如有印装质量问题请与本社联系调换

亲爱的读者：

　　撰写本书时，我参考了许多资料。作为一名活跃的投资人，我会持续寻找新信息与灵感。我使用的参考资料，以及未来将予我灵感的许多信息源，都放在 www.supertrends.com 上。你不仅能在这网站找到相关文字资料的链接，还能观看全球思想领袖的影片、我预见的未来之互动路线图、获利模式概览，以及许多其他资料。

拉斯·特维德

前言

2020年的世界将是怎样一种景况？2030年、2040年与2050年又如何？最诱人的工作、创业或投资机会将出现在哪里？最大的成长与最丰厚的赢利将来自哪里？

2009年5月，我的心思几乎全在这些问题上。几年前，我和伙伴合创了一家行动通讯公司。2009年1月，该公司荣获"红鲱鱼全球百强企业奖"（Red Herring Global 100），代表该公司是全球前景最看好的科技业者之一。在圣迭戈庆祝过得奖之后，我获邀在柏林举行的"红鲱鱼欧洲百强企业"活动上发表主题演讲，听众是精英企业家与创投业者。这场演讲安排在2009年4月1日，题目是"科技的未来"。

这场演讲之后，我想到要写一本书，不仅讲科技的未来，也讲政治、冲突、经济、人口、环境、生活方式、企业与金融的未来。

原因是：我不时发现，几乎所有生意人（包括我自己）皆一面倒地寻求有关短中期前景的信息。"未来12个月市场平均预估每股盈余是多少？""哪一家手机制造商正赢得市场占有率？""谁将在日本大选中胜出？"

此类信息无疑重要，但我发现，我个人在事业上做出最佳投资、得到最大乐趣，总是发生在我看对大局，然后逆市场主流意见或率先长期布局的时候。我还发现，要享受乐趣并获得成功，光是在自己的领域表现出色是不够的——远比这重要的，是选对领域投入。事情顺利时，正如俗语所言，我是在适当时候出现在适当的地方。

你现在看到的，就是我写出来的书。我基本上是展望到2050年。这是很长远的展望,某些领域的趋势清楚明确,某些领域则模糊得多,我预测后者时是孤立无援的。举一个例子,2050年的人口概况远比届时的信息科技容易预测。

我写这本书的几个月中,许多人指世界经济将进入一段非常非常长的停滞期——"10年"、"20年",诸如此类。毕竟,日本经济泡沫1990年破灭后,情况就是这样;而西方世界自1980年,甚至是第二次世界大战结束后开始,累积了过量的信贷,难道不需要同样长的时间恢复原状吗?

我个人不认为会这样。我认为我们将迎来一个很大的全球扩张期,虽然有几个经济体将受债务问题困扰,但绝大多数国家却没有债务问题,或者有能力处理它。不过,2007至2009年间的经济危机留给未来一些教训,我们必须充分了解。因此,虽然本书是要讲未来数十年,我会从最近这场大崩盘讲起。

目录

作者注······ 1
前言······ 2

第一篇
经济周期50年

第一章　三种周期循环······ 3
第二章　通胀永远是货币问题······ 17
第三章　三年一个泡沫······ 25

第二篇
世界趋势50年

第四章　全球人口趋势······ 41
第五章　全球财富趋势······ 69
第六章　全球科技趋势······ 81
第七章　环境与资源压力······ 99

第三篇
投资趋势50年

第八章　概览······ 125
第九章　金融······ 137

第十章　房地产························151
第十一章　大宗商品························177
第十二章　替代能源························189
第十三章　基因与生物技术························201
第十四章　信息科技························221
第十五章　奢侈品························269
第十六章　生活方式························287
结语：回头看现在························301

附录　2010～2050年间百大事件························303

第一篇　经济周期 50 年

- 人类文明的道路从不平顺，未来也不会平顺。这有一部分原因在于一些无可预测的事件，但一些周而复始的现象也是重要因素。
- 本篇检视 2007~2009 年市场崩盘的启示，解释并量化部分周期现象，以及这些现象未来将产生的不理性、不稳定及戏剧性情况。本篇将重点说明经济周期循环、泡沫及恐慌背后的经济及心理驱动因素。
- 此外，本篇还解释货币及银行业的本质，影子货币及影子银行体系以往如何促成非凡的荣景与崩盘，以及为何这种情况未来很可能将重演。

第一章

三种周期循环

2008年1月寒冷的一天,我坐在苏黎世机场等待登机时,听见U潜艇声纳的声音,从我口袋里传出来。

乒乒乒,乒乒乒……

是我的手机。我把它拿出来,按下绿色键,说:"我是拉斯……"是一位朋友打来,他告诉我的事似乎很可怕:

"拉斯,我刚离开那银行的研讨会。他们从不曾如此悲观。事实上,我第一次听到他们说自己真的很担心。我想应该跟你说一声。"

他说的研讨会,是苏黎世某金融业者每年一度的展望研讨会,一如往常在苏黎世湖畔某知名饭店举行。我和这位朋友以往每年都参加,因为往往大有收获,但今年我没办法去。

朋友来电所言,我并不觉得十分意外。事实上,在2007年底,我已卖掉手上许多股票,余者则借由卖出股价指数期货对冲。但是,他的话仍令我担忧。我们谈了一会,然后挂掉电话。因为还不能登机,我坐在那里,想了一下。我想:"如果这次真的崩盘——这是真有可能发生的事,我不想因此陷入困境。"问题是,我投资了很多钱在私募基金上,而这种资产是无法轻易脱手的,而且我还承诺投入更多资金。此外,我手上还有一些对冲基金及小型股,都不是可以快速套现的资产。登机前,我打电话给一名经纪,卖出更多股价指数期货。

当然,回想起来,我应该卖出更多期约。随后发生的这场崩盘,比我担心的更严重,而且很可能超出所有投资银行家的估计。这是一生难得一遇的崩跌。尽管我有先见之明,但我的净股票部位在空头后期仍受挫,因为我太早平掉自己在期货上的对冲部位。

那么，这场崩盘到底是怎么一回事呢？有些人说，2007年有一些泡沫破灭了。但是，尽管有些市场的确曾升至偏高的水平，我不会称它们是泡沫。例如，我个人认为，2008年初，美国房地产算不上是疯狂昂贵，而股票也一样。

有些人则主要认为本次危机是金融体系的系统性失灵（systemic failure），我觉得这观点肯定是正确的。还有一些人认为，这是传统的经济周期循环。这的确是事实的一部分，接下来我们就先讲这部分。

―――――

展望未来时不考虑经济周期循环，是相当危险的事，原因有二：首先，经济周期循环对我们的生活有很大影响，因此，经济周期未来如何循环对一切皆有影响。第二，经济周期循环的情况，很受创新和通胀之较长期趋势影响。此外，我觉得许多人混淆了循环与趋势，如果你了解这两者，这误解是可以避免的。因此，接下来我想讲一些相关事实，我认为这是所有投资人及商人必须了解的。

经济周期循环这回事，主要是因为一些可称为"番茄酱效应"的现象所致。番茄酱效应，是指你持续拍打番茄酱瓶子时，往往倒不出酱汁来，然后突然间会倒出一大坨，超出你的需要。经济中有三个不稳定的领域，也会出现类似现象：

- 库存
- 资本支出
- 房地产

其中库存是最可预料，最不麻烦的。经济正常时，无论在哪一个现代经济体，库存约为年度国内生产总值（GDP）的6%左右。以下逐步说明库存周期形成的过程：

1. 衰退进入最后阶段时，库存低于正常水平，因为企业已有一段时间不曾订购任何东西。
2. 随着需求回升，企业被迫增加库存。这过程提振新订单，经济因此获得额外刺激。
3. 经济加速成长之下，企业尝试将库存提升至更高水平，但因为商品销售畅旺，库存未能及时提升至理想水平。此外，经济成长之际，出货时间拉长，可能迫使企业订购超过真正需求的商品。
4. 但是，企业最终将觉得已拥有足够的库存。一旦如此，工厂订单将不再增加，而许多经理人将忽然担心自己过度补存库存，以致手上存货过多。他们因此将停止采购一段时间，而库存周期则进入下滑期。

三种周期循环

周期循环有三种：
- **库存周期**：影响有限，平均持续时间约为 4.5 年。
- **资本支出周期**：影响可能很大，平均持续时间约为 9~10 年。
- **房地产周期**：影响很大，可导致银行业危机，平均持续时间约为 18~20 年。

此类循环有一种称为"锁模"（mode-locking）的倾向：一种周期（如房地产周期）进入下跌阶段，另外两种周期也倾向进入下跌阶段。情况有点像表演结束时，观众开始零星鼓掌，然后很快就开始集体鼓掌。经济循环之所以有锁模倾向，是因为相关因素皆相连。这现象在房地产危机时尤其明显，因为此时银行业会受伤，而库存、资本支出及房地产皆仰赖银行融资。

库存波动通常会产生温和的经济循环，每 4~5 年出现一次衰退，库存周期因此是最短的一种经济循环。这种周期之所以短，原因之一是库存容易订购，而且通常很快就能出货（虽然经济热络时会慢一些）。库存不会是核反应堆或摩天大楼；库存是较小较简单的东西，如螺钉和螺帽、原料，以及简单的商品，如刮胡刀、吸尘器，或葡萄酒。经济若因严重衰退而萎缩 5%，也仍有 95% 运作中，企业因此可相当轻松地减少库存。事实上，一旦企业因经济开始衰退而恐慌，进而开始出清库存，通常只需要 9~12 个月，库存就能降至接近零。这就是为什么库存周期比较短。

驱动经济周期循环的另一因素是资本支出，这是对机器与设备（如生产线、卡车、包装机器及计算机）的投资。在大多数现代经济体，资本支出占经济的比重约为 9%~10%，在高成长的新兴经济体则更高一些。

资本支出为什么会导致经济波动？经济成长一段时间后，企业认为有必要扩充产能，因此订购更多设备。资本设备供应商因此生意大好，结果它们也有必要扩充产能，因此也会订购更多设备。换句话说，这成了一波自我增强的繁荣。最后，当大家都觉得产能已够用时，设备订单自然减少，而许多厂商将忽然发现，自己已订购了太多设备。设备销售额开始下滑，而且每况愈下。这种番茄酱效应和库存周期非常相似，但步调较慢，因为资本设备远比库存复杂，生产起来也费时得多。相对于库存，资本支出占经济的比重较大，而较长的延滞时间也使得短缺与过剩皆较严重，资本支出周期的规模因此比较大。这种周期平均每9~10年造成一次衰退。

资本支出周期可以产生严重后果，2000~2003年间信息科技业重挫就是一个好例子。但是，最剧烈的景气循环，则是由房地产市场固有的波动造成。已开发经济体平均耗用约9%的GDP建设住宅，3%建设商用不动产；其中约一半花在既有房产的维修保养上，余者则是新的建设。估计约20%是由政府出资，这部分因此相当稳定。房地产的剧烈周期，是源自由民间部门出资的那部分。

那么，房地产周期是怎样一种情况？首先，这种周期的平均持续时间为18~20年。房市崩跌后的初期，新建案几乎消失殆尽——大家都吓坏了，而且既有房产的市价远低于重置成本，何必盖新房子？此外，在此阶段，许多房地产开发商破产了，而新建房很难获得融资——开发商或买家必须拿出高额头期款。

但是，假以时日，自然需求终于追上待售房产之供给。房价开始上涨，一段时间之后，新建房又变得有利可图。开发商开始寻找新土地、规划建房、申请营建许可，动工盖新房子。当然，这过程会耗费多年时间。与此同时，市场情况愈来愈好，投机客纷纷进场。此时许多人可能会决定购买第二套房子，部分是出于好玩心态，部分是期望这成为一项安全的好投资。

最后，当大量新房子以只有少数人负担得起的价格推出时，房地产周期就达到其高潮。此时房子开始变得难卖，价格不再上涨，交易量下滑。交易量回落约一年后，房价也开始下跌，跌势持续3~4年。

在此阶段，许多银行猛然发现，一些借了钱的投机客将无力偿还贷款，银行因此震惊不已。因为每一时投机客往往同时向数家银行借款，银行业者认为，谁最后出手追收贷款谁将承受损失，他们因此竞相催收贷款。

第一章 | 三种周期循环　7

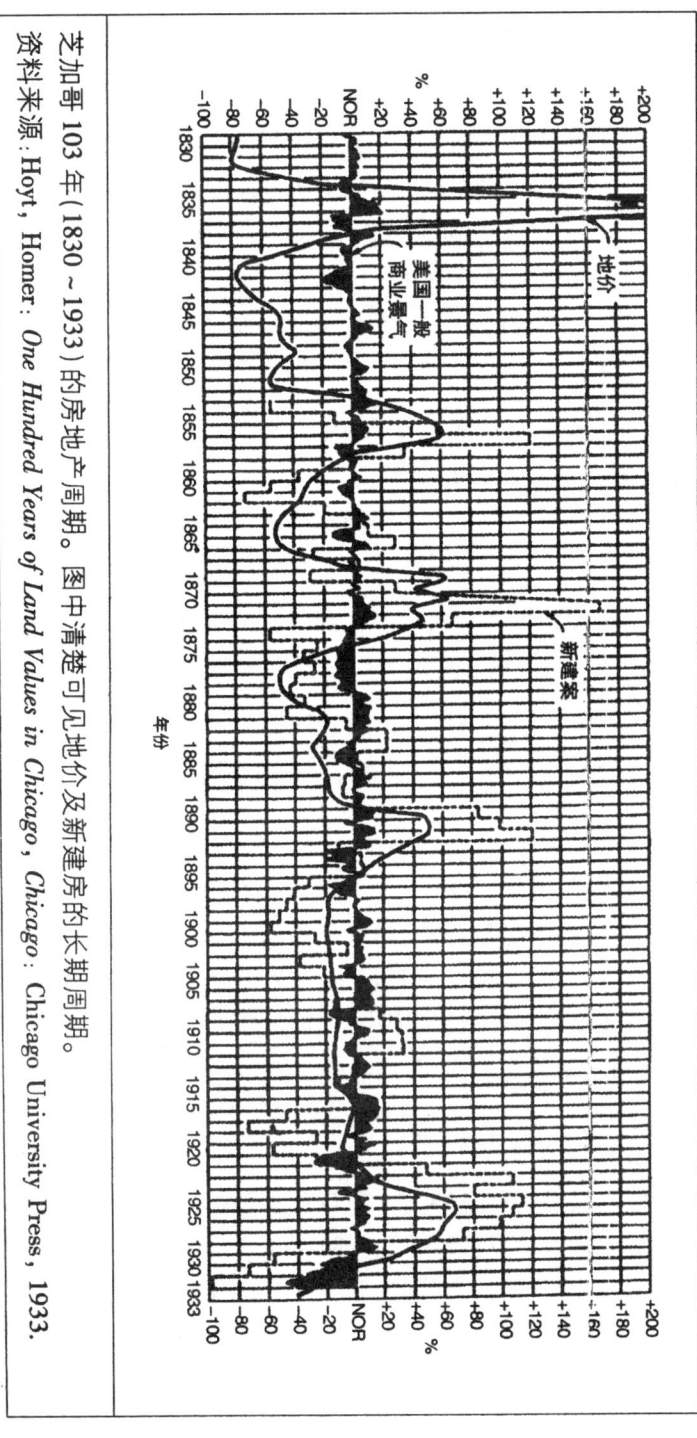

芝加哥103年（1830～1933）的房地产周期。图中清楚可见地价及新建房的长期周期。
资料来源：Hoyt, Homer: *One Hundred Years of Land Values in Chicago*, Chicago: Chicago University Press, 1933.

随着房价持续下滑，伤害从高杠杆投机客扩及营建商、经纪商，以及各类不动产的业主。破产 7 潮随之出现，银行——财务杠杆往往达 10 倍左右——被迫承受巨额损失。不久之后，一些财力较弱的银行已接近破产；危机初期向客户催讨贷款的银行，如今可能遭客户集体提走存款。体质最弱的金融机构，很快就不支倒地。在资产基础萎缩下，面临破产风险的银行被迫停止向各产业放款。流动性因此整体萎缩，导致经济严重衰退，甚至可能陷入萧条。

我们发现房地产周期现象已超过 150 年，而这现象在各国、各地区以至各年代均大同小异。虽然每一个周期均可能显著偏离以往的一般情况，典型的房地产周期是这样的：

1. 房价停止上涨、交易量回落后一年，房市进入下跌阶段。
2. 房价下跌，历时 3~4 年。
3. 交易量及房价缓慢上升，持续两三年。
4. 最后是 10~15 年的房价上升期，升势在进入下一下跌阶段前加速。

如我所言，这只是历史上的一般情况，仅能如此看待。不过，也如我所言，数百年来，在许多国家，房地产周期大致如此。

这里有一个问题：在发达国家，房地产周期为什么比资本支出周期来得剧烈？我们不是说，资本支出约占 GDP 的 9%，而房地产则约为 12% 吗？两者也不是差那么多，对吧？

原因部分在于所谓的"财富效应"：房价下挫且拖低股市时，人们骤然觉得自己穷了许多，因此会减少花钱。但是，房地产周期非常麻烦的更大原因，在于价格波动的多数其他资产是由非杠杆投资人如退休基金拥有，而房市则建基于两层的杠杆之上。首先，房地产业主购买房子的大部分钱，通常是借来的。其次，借钱给人购房的金融机构，本身的杠杆比率往往高达 10 倍左右（不计我们稍后将讨论的账外活动）。

我认为，任何人想投资或经商，都有必要熟悉我刚刚描述的经济周期循环。此外，了解正常的"市场轮动"（market rotation）也是非常有益的。这是指货币市场、债市及股市间的周期轮动，甚至这些市场本身之中也有某种轮动。下表显示经济周期循环（以房地产周期为主）各阶段，金融市场轮动的典型情况。

经济周期循环各阶段的金融市场轮动	
繁荣期	1. 资金利率（银行放款利率）上升
	2. 债券价格下跌（也就是债券利率上升）
	3. 股票价格下跌
下跌期	4. 经济衰退
	5. 大宗商品价格下跌
危机期	6. 房地产价格下跌
	7. 资金利率跌至低位
	8. 债券价格上涨
	9. 股票价格上涨
复兴期	10. 经济复兴
	11. 大宗商品价格上涨
	12. 房地产价格上涨

换成是资本支出为主的经济周期循环，轮动情况大致相同；不过，若是纯粹的资本支出或库存周期，房地产市场在经济委靡期未必会下跌，因为利率下滑的好处，可能盖过经济委靡的影响。

市场轮动牵涉的各类资产中，也有表现领先与落后之别。以股市为例，经济上升期之前及期间，各股表现出色的次序为：（1）金融股及非必需消费股率先上涨，接着是（2）信息科技及工业股，最后是（3）资源类股。景气触顶时，表现突出首先是基本消费类股，接着是公用事业股。

还有一件事是所有人都应该知道的（但许多人显然不知）：股市平均比经济周期早 9 个月触顶，随后开始区间盘整或回落。高盛的计算显示，1847 至 1982 年间，美国经济的周期性衰退平均持续 23 个月，令股市平均下跌 30%。股市平均比经济周期早 5 个月触底回升，这两者触顶的时差显著有别。

因此，无论是在经济顶点或谷底，股市皆是领先指标，事实上是我们能找到的最佳领先指标之一。尽管如此，在股市底部买进，然后在经济继续恶化之际持有 5 个月，仍是一件考验心智的事。但是，你买进股票时，买的并非仅是公司未来 5 至 12 个月的盈亏，而是未来 15 年，甚至更长时间的现金流折现值（人们往往忘了这一点）。由此角度看来，金融市场对经济的周期波动常有离谱的过度反应。

股市领先经济触顶的时间,为什么会比领先经济触底的时间长呢?原因之一,可能是经济停留在高峰的时间较长,而这是因为资本支出及营建活动皆有一定动能,难以快速停止。因此,在经济触顶前,股市往往会有多个月时间剧烈波动,但无明显趋势,之后才下跌。经济触底时的股价波动通常较突然,因为经济触底回升可以来得较突然,通常是由企业补充库存带动。无论如何,正如罗斯柴尔德男爵(Baron Rothschild)所言,购买股票的好时机,是"街上血流成河时——即使那是你的血"。股票应该在经济尚未触底时就买进,而做这件事的早期讯号之一,是债券——包括公司债——价格回升,而接下来的一段时间,可能是坏消息持续传出但股市不再下跌。

大宗商品在市场轮动中亦扮演重要角色。首先,它们在经济循环中显然是反应滞后者。学者加里·戈登(Gary Gorton)和基尔特·鲁文荷斯(Geert Rouwenhorst)研究1959至2004年间,各种大宗商品在美国经济周期中的表现(见《商品期货的事实与幻想》Facts and Fantasies about Commodity Futures)。下表显示一些大宗商品、债券及股票在经济周期各阶段的平均价格变动幅度,价格走势强劲者以灰底标示:

	扩张初期	扩张后期	衰退初期	衰退后期
铜	2.3%	18.8%	11.3%	−21.6%
锌	3.3%	11.9%	−8.6%	−1.7%
镍	3.4%	14.1%	6.9%	−11.2%
铝	−0.6%	4.6%	5.6%	−3.8%
铅	2.6%	11.6%	−16%	−9.7%
公司债	11.5%	3.6%	−2.9%	25.7%
标准普尔总报酬	18.1%	10.4%	−15.5%	17.3%

资料来源:戈登与鲁文荷斯论文《商品期货的事实与幻想》

大宗商品的价格走势,和公司债及股票显然不同。在衰退后期,公司债价格大涨,而且涨势延续至经济复兴时期,这是因为通胀风险消退、流动性扩增,投资人预期前景转佳。紧随在公司债后面的,是股票;激励股价的原因与公司债相同,另外是因为用以折算未来盈余为现值的利率(也就是债券的收益率)愈来愈低。大宗商品在扩张后期开始大涨,铜和锌表现尤佳。铜价甚至在衰退初期也表现强劲,这是因为经济扩张期内开始的建设项目,一般会继续做到完工。

在景气循环中明智投资，关键不在于在特定时点是否已投入资金，而是在于投资人于每一阶段投资了什么。无论何时总能找到多头市场。当然，也总有空头市场。

经济周期循环理论就讲到这里。接下来我们仔细看看2007～2009年间的市场崩盘。事情从美国住宅房产2006年交易量触顶开始，接着是房价于2007年开始下跌。这时间相当有趣，因为美国上一次经历类似情况是1986～1991年，也就是刚好20年前。上一次事件人称"存贷危机"（savings and loan crises），情势非常险恶：在那段时间内，美国"房屋开工"（新盖的房子）下跌45%，触及第二次世界大战之后最低水平；至少745家存贷机构出现债务违约。

我想说的是，2007～2009年间发生的事，是典型的经济周期循环现象，而因为银行业一如往常因巨额损失而瘫痪，业者停止为资本支出融资，资本支出因此也崩跌。银行业爆发危机也是典型的景气循环现象——房地产危机毫无例外会造成银行业危机，银行因此必须减少放款。此时企业自然会降低库存，而这也就出现库存、资本支出及房地产周期同步崩跌的情况。如我所言，这是典型现象。但是，2007～2009年间的崩盘，也有一些非典型现象。为解释清楚，我必须讲几个虚构的故事。

让我们从美好的老德国说起。截至2006年，德国房地产一点也不贵（先前多年，我和一些朋友大手笔投资德国黄金地段的房产，价格约为重置价值的40%，现金报酬率约为6%～8%。真的很便宜）。好，假设我们来到德国一个名为霍多夫的乡村，史密特先生是当地一家银行房贷部门的主管。

刚吃完午饭，史密特接到老客户穆勒的电话。穆勒说，他想买一间新房子，"多年来我一直为头期款存钱。"史密特说。"好极了。"他补充道。穆勒可期望获得银行提供房价70%的贷款，因为银行已认识他多年，而且知道他有一份稳定的工作，婚姻稳定，生活健康，有人寿保险，而且收入不错，缴房贷完全没问题。

史密特和穆勒审慎借贷的做法，是负责任的行为，展现了德国人所称的"商业智慧"（geschaftssinn）。德国社会满是这种商业智慧。

现在我们换个环境，假设时间仍是2006年，但地点变成是美国。假设在某个名为迈米（Maimi）的城市，有一位受聘于黄金机会财务公司（Golden

Opportunity Finance, Inc.）的推销员，名叫丹尼尔·威廉斯。阳光灿烂的某个周一早上，丹尼尔打电话给失业的乔·约翰逊。丹尼尔问乔想不想买间公寓。他解释说，地方财务公司（Local Finance Inc.）已准备好为乔提供低成本的资金，贷款前几年甚至不必付利息。一块钱都不必出！此外，房价一上涨，乔就可以将公寓卖掉，也就是说，他不必工作就能致富。在最坏的情况下，乔若无法偿还房贷（会是因为什么原因呢），他只需要交出房子的钥匙，事情就结束了。公寓是这笔贷款的唯一抵押品，借款人不必承担个人责任。

乔才喝过五杯啤酒，不完全理解丹尼尔说的一切（例如，"抵押品"是什么意思呢）。丹尼尔因此再度说明，乔其实不必承担任何风险："房价若上涨，你会发财；房价若下跌，你可以一走了之。"

乔还是不完全明白这是怎么一回事，但丹尼尔带出的关键讯息——不必工作就能致富——令他怦然心动。于是，两人第二天见面详谈，而乔很快就签了借款协议。丹尼尔很高兴，因为他的收入完全靠佣金；推销出愈多贷款，他的收入就愈高。丹尼尔不怎么担心风险，因为大家都知道房价只涨不跌，因此他其实是帮了乔一个大忙，不是吗？

丹尼尔在黄金机会财务公司的上司，或许没丹尼尔那么乐于助人。他知道，法规不允许房贷金额超过房产的价值。因此，他聘请当地一位估价师，为公司经手的房产估价。现在市场上有许多这种不动产估价师，其中有些人的估价明显比较乐观。幸运的是，丹尼尔的上司找到了一位非常乐意通融的估价师（这也是这位估价师生意似乎特别好的原因）。

表面看来，黄金机会财务公司似乎必须承担极大风险，但其实不然，因为该公司将所有贷款卖给大银行公司（Big Bank Ltd.），赚取一定的利润。因此，乔是否偿还贷款，实际上不影响黄金机会财务公司。神奇的是，乔是否还款实际上也不影响大银行公司，因为该银行有一整队财务专家，他们会将这些贷款分割成各种金融商品，就像我们切萨拉米香肠（salami）那样。这条香肠的各个切片，会售予所谓的"特殊目的机构"（SPV）。大银行公司拟定契约，规定借款人（乔及其他类似他的人）的还款首先将付给权利最优先的"切片"，接着再付给其他部分。

这听起来或许很复杂，但请做好心理准备，更复杂的还在后头。那些SPV卖给了国际巨型银行（Global Megabank Inc.），这银行雇用一队出身名牌学府的专家，以这些SPV为基础，创造"债务担保证券"（CDO）。CDO的后盾，是来自SPV的钱，但CDO和支撑SPV的贷款并无直接关系。也就是说，迈米的乔和这些 CDO 并非直接相关，而是仅有间接关系。

现在事情开始变得非常可怕，因为国际巨型银行找上国际信评公司（Global Rating Agency, Inc.），询问能否给予每一片萨拉米香肠正式的信用评等。国际信评公司接受委托，要求国际巨型银行提供相关文件。对方因此提供了包括以下资料的大型电子试算表：

- 有多少贷款在头几年不必付足利息；
- 相关房产的位置；
- 相关房产是贷款人的主要住宅，还是第二寓所；
- 贷款对房产价值的百分比，以及有多少贷款是借款人没拿出头期款的；
- 有多少贷款是未查证借款人经济状况就发放的。

国际信评公司将这些资料输入计算机，计算相关金融商品的评等。国际巨型银行就此事和国际信评公司好好沟通，因为两者的关系实在密切（国际巨型银行是好客户），银行完全了解评级模型的运作方式。银行因此知道每一片萨拉米香肠该怎么切，才能刚好——刚好而已！——获得某一信用评等。最好的切片将获得 AAA 最高评等（仅仅符合资格），对投资人来说这代表非常非常安全的金融商品。但相关金融商品通常有 12 个风险层级，当中有一些显然将获得较低的评等，而它们将以较高利率补偿承担较高风险的投资人。

我答应大家快点讲完，但故事尚未结束。国际巨型银行找到了一个方法，可以将萨拉米香肠的垃圾切片变成金融美食，那就是向国际信用保险公司（Global Credit Insurance, Inc.）购买损失保险。这当然是有代价的，但这钱很值得花，因为它能将金融毒物变成 AAA 级金融商品。

还没完。国际巨型银行开设了一些 CDO 空头公司，为它们拟定一些清楚、书面的投资任务，然后请国际信评公司给予这些 CDO 公司评等。同样程序也应用在任务为持有汽车贷款、信用卡应收账、学生贷款等金融资产的 CDO 公司上。这一切称为"资产担保证券"（ABS），而持有此类证券的 CDO 公司并不需要出现在银行的资产负债表上。

对于自己保留的贷款，国际巨型银行又怎么做呢？该行设置了一些 SPV 或"账外管道"（off-balance-sheet conduits），购买以第三方各种贷款为基础的 CDO 或 ABS，并借由"商业本票"——一种非常短期的债券——为这些 SPV 或账外管道融资。为了获得高评等，该行会发出信用违约交换（CDS）。这些 SPV 在海外注册，国际巨型银行不需要将它们纳入自己的资产负债表，因为该行既不拥有相关资产，也不经手融资事宜。国际巨型银行的算盘，是这些 SPV 可以永续运作，赚取可不时上缴银行的利差，而这对银行的股价及管理层的奖金和股票选择权显然是好事。

我想你大致了解情况了，而这种事在现实中真的发生了，而且规模极大——金融业盖起了商业史上最大的纸牌屋，其基础是像迈米的乔这种借款人。

业者知道自己在做什么吗？种种迹象显示，绝大多数金融业者不完全了解这一切。毕竟，那些萨拉米香肠切片被一次又一次地打包，在全球转售又转售，最终散落在国际退休基金、对冲基金、小型银行，甚至是地方政府手上。部分买家甚至利用这些金融资产，作为高杠杆投资的担保品，而为这些投资融资的，有时正是卖出萨拉米香肠切片的银行的某个部门。股市崩盘时，除了 JP 摩根、高盛、瑞士信贷及某些对冲基金的少数人外，我认为很少市场人士明白整个局势是多么危险。要是真的明白，那些银行业者又怎么会自己也买进这种东西呢？

萨拉米香肠机器的运作，我就讲到这里，尽管我的叙述难免高度简略。不过，有人可能想问：这一切到底所为何事？我认为，金融业者做这些事，主要是为了（1）赚取更多手续费收入，以及（2）提高杠杆。前者不会对社会构成系统性威胁，但后者会。未来两者皆将无数次重演，但我认为，要过很长一段时间，类似 2007~2009 年崩盘这么大规模的运作才会再度出现。

上述曲折故事，讲的是 2007~2009 年的崩盘前，金融机构的种种过分行为。在此之外，非金融企业（如汽车厂商、快递公司、食品制造商及药厂，都有实在的产品或服务）看来强健得多。直至 2007 年，非金融业平均赢利非常高。此外，非金融业资本支出并未过度，资产负债情况事实上几乎是"二战"以来最健康的。

但是，非金融企业也有一个问题，那就是它们的融资方式。非金融企业有三个传统的资金来源：（1）发行股票；（2）发行债券；（3）向银行贷款，而几乎任何资产皆可作为后两者的担保品。例如，政府公债或优质公司债可以作为担保品，债券价值扣掉 10%、15% 或 20% 的"折扣"（haircut），就是可担保的借款额。担保品也可以是各式各样的有形资产。很多资产可以借由这种方式换取实在的现金，这过程称为"证券化"（securitization）。

企业发行股票，法律上并无义务要向股东支付股息或退还股本。至于债券，则是按预先约定的时程，在相当长一段时间内还本付息。因此，企业发行股票或债券，可说是相当安全的筹资方式。至于银行贷款或信用额度，理论上风险大一些，因为银行可以终止借贷协议，或是在贷款到期后不再展期。现实中，银行往往愿意协助企业解决困难，除非情况实在无望；因为银行若断然终止放款，可能会严重损害担保品的价值，甚至伤害银行的声誉。

2004~2006年间，企业融资方式有所变化。企业利用商业本票融资的情况大幅增加，这基本上是一种并无任何担保品支持的极短期的债券。企业这么做是大有理由的：大家都知道，银行经营成本高昂，想想管理层的高额奖金、大理石皇宫般的营业场所，诸如此类的东西。企业利用商业本票融资，实际上就是绕过银行，避免间接承担银行的经营成本。

但是，银行虽然必须承担各种成本，许多钱是花得有道理的（皇宫般的营业场所或许是例外）。例如，当贷款客户陷入财政困难时，银行有管理团队负责与客户协商解决方案。此外，流动性紧缩时，银行也可以向央行寻求资金支持。

商业本票市场就没有这种安全机制。企业发行商业本票时，必须指望有人愿意购买。每一批商业本票到期时，企业就发行新一批替代，一样必须指望有人愿意买进。

但如果有一天，没人想买你的商业本票，那怎么办？本次金融危机爆发后，商业本票的买家骤然消失，成千上万家公司忽然间面临现金紧张的窘境。想想如果你有一笔每六个月展期一次的浮动利率房贷，正常情况下一切安好。然后，忽然间银行不再跟你展期，你必须马上偿还全部贷款。想想看！那些公司的情况，跟这差不多。

因此，这就是我们面对的情势：房价已升至过高水平，正展开自然的周期性修正；金融体系不知不觉中盖起一间巨大的纸牌屋，拜资产证券化所赐，信贷扩张至非常离谱的程度。此外，非金融业愈来愈仰赖一个没有安全机制的市场融资。这金融纸牌屋内发生的一切，人称"影子银行"（shadow banking）；各种浮动价格资产所累积的财富，则可称为"影子金钱"（shadow money），当中有部分的确非常可疑，而它们全都非常脆弱。这一切可酿成大祸，而事实正是如此。以下是灾难发生的简单十步骤：

1. 迈米的乔及类似的借款人缴不出他们根本就不应该借的房贷。他们将房子的钥匙交给银行，放弃自己的房产。

2. 房价开始下滑，房地产周期的下跌阶段由此开始。高杠杆玩家拖欠贷款，以兆美元计的纸上财富消失无踪。
3. 银行开始担心同业的 CDO 与 SPV 曝险，业者因此停止互相拆借。
4. 股市崩跌，以兆美元计的纸上财富又告蒸发。高杠杆玩家被迫抛售持股。
5. 建屋量下跌，许多营建商及房地产开发商破产。
6. 市场恐慌、流动性萎缩之下，商业本票市场停摆，银行的账外营运工具及非金融企业资金中断。
7. 索赔蜂拥而至令 CDS 卖方周转不灵，获违约保险的债券风险骤然升高，大大超出买家预期。
8. 信评公司遭控告，它们将一些证券的评等从 AAA 一步降至垃圾级。某些退休基金及投资人按规定只能持有投资级债券，他们因此卖出那些遭大幅降级的证券，引发新一波的被迫抛售。
9. 非金融企业因资金匮乏且担心前景，大幅削减资本支出。在此同时，企业开始降低库存，令经济萎缩加剧。换句话说，资本支出及库存周期的下跌阶段均告开始，周期性锁模现象上演了。
10. 企业被迫裁员，失业人口大幅增加。消费需求因此萎缩，信用卡及消费者贷款的坏账愈来愈多。

这十个步骤并不是像骨牌那样一步接一步发生，真实的情况是一个全球恶性循环，每一步同时互相强化，结果是房价、股价、公司债价格、资本支出、库存及一般信贷规模全部跌至远低于长期趋势的水平。

每次房地产周期进入下跌阶段皆会引发银行业危机，而这一次则有点异常，因为银行业经历了一场真正的"挤兑"，类似 19 世纪常见的银行挤兑。唯一的差别，是这一次并非一般存户发起挤兑，而是机构投资人及银行业者本身发起的——他们停止互相拆借。

市场开始崩塌后，原本可以证券化、因此显得很像货币的资产，骤然间完全失去作为担保品的价值。在此同时，货币几近停止换手——这现象经济学家称为"货币流通速度减慢"。货币流通速度的降幅，很可能是 80 年来最大的，而全球资产价值的跌幅，也是 80 年来最大的其中一次。这一切留给未来一个重要教训，货币和资产在这场危机中的角色也饶富兴味。下一章说明货币与资产的本质，以及它们的功能。

第二章

通胀永远是货币问题

2009年8月,我和家人在希腊度假。虽然当时全球经济显然有复兴希望,那年夏天许多餐厅不难订位。有一天,我在绝美的圣托里尼岛(Santorini)一家"1800"餐厅用餐,我姐姐(她是幼儿园老师)问了我一个好问题:

"拉斯,我不明白……为什么现在大家都好像没钱?钱不能就这样消失,对吧?钱总得落在某处……"

那时天气太热、地方太美,实在很难好好思考经济问题。因此我简短地回答说,现代经济体中,大部分金钱是信贷,而信贷实际上可以取消,因此钱是可以消失无踪的。但是,姐姐的问题问得很好,接下来就让我们仔细看看,金钱于经济危机期间到底发生什么事,我们可以从中得出一些重要结论。

让我们从货币的定义说起。几乎所有经济学家皆同意,货币的功能为(1)交易媒介;(2)计价单位;(3)价值储存。中央银行通常会追踪三类基本的货币总计数,称为M0、M1及M2,它们统称"狭义货币"(narrow money),主要包括现金及简单的银行存款——都是一般人方便使用的简单金融工具。在此之外还有M3、M4及M5等"广义货币"(broad money),包括机构存款、购屋互助会(building society)股份及其他金融工具。

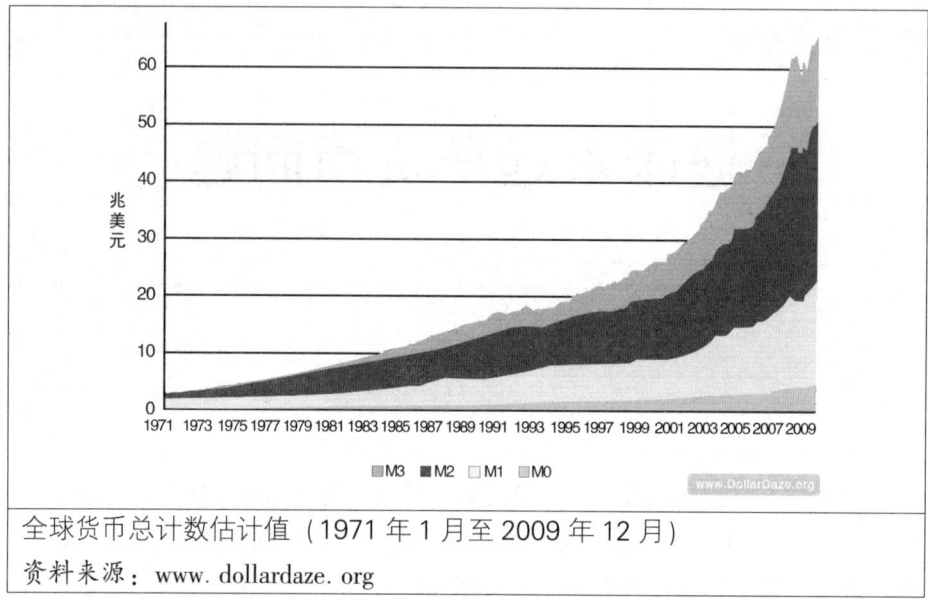

全球货币总计数估计值（1971年1月至2009年12月）
资料来源：www.dollardaze.org

在我看来，就货币的交易媒介及计价单位功能而言，央行的货币定义很好，但就价值储存功能而言则不够完整。想想人们如何储存自己的财富，都是用"货币"吗？有一部分当然是，例如银行存款，以及货币市场账户（M2）、国库券（M5），或现金（M0）。但拥有相当储蓄的人，多数有很大一部分财富是配置在房地产、股票、债券、珠宝，以至更特别的东西，如具收藏价值的汽车、金条或高质艺术品上。因此，许多人其实会将财富放在不符央行的货币定义之资产上，但这些资产又具有货币的价值储存功能。此类资产称为"浮动价格资产"（variable price assets）。

有人或许会认为，此类资产和正式的货币有一项显著差异，因为一元的货币就是一元，没有浮动价格这回事。但是，美元兑欧元或日元的价格事实上是波动的，假以时日可以出现很大波动——如所有浮动价格资产。以国际角度观之，所有价值储存工具的价格都是浮动的。

为了让大家对一些数值和比例有概念，我将从浮动价格资产说起。我粗略估算了全球整体浮动价格资产的价值，结果如下表。在此我排除了所有普通汽车，以及飞机和游艇——这些资产的价值通常会随时日而损耗。

我估算的是2004年的数字，这年全球GDP为41兆美元。或许会有人觉得我选这一年很奇怪，但我这么做，主要是因为2004年是经济周期中段很"正常的"一年，全球经济及资产市场均相当平静——既非十分兴旺，也非陷于衰退。在说明这些浮动价格资产前，我想补充一个数字：2004年全球货币供给仅略低于40兆美元，也就是几乎和全球GDP一样。

表格最后一行显示，我估计2004年全球浮动价格资产总值在170~220兆美元之间。也就是说，浮动价格资产总值约为GDP的4至5倍。此外，因为货币供给额约等于一年的GDP，我们也可以说：浮动价格资产总值约为全球货币供给的4至5倍。

另一个重要结论是：房地产通常占浮动价格资产总值超过一半——至少在"正常的"2004年是这样。我认为这结论重要，是因为房地产周期一旦进入下跌阶段，财富的跌幅非常大。例如，在我估算的例子中，房价若跌30%，蒸发的财富相当于世界总货币值（M5）的80%左右。

至于资产价格下跌导致财富蒸发对经济的影响，经济学家已尝试以多种方法估算，大致共识是：在其他条件不变的情况下，财富每蒸发100元，经济产值会减少6元，除非财富仅非常短暂萎缩。在此我们必须记得，在市场崩盘前，浮动价格资产的价值会更高一些，或许是全球GDP的5至6倍，崩盘造成的财富损失因此会更大。假设在繁荣周期高峰，浮动价格资产总值为GDP的5倍，随后出现了以下变化：

- 股价跌50%；
- 房价跌35%；
- 债券价格涨20%（因为资金蜂拥抢进安全资产）。

2004年全球浮动价格资产估计值（兆美元）		
浮动价格资产类别	总资产值（兆美元）	估计值中值（对全球GDP之百分比）
住宅房地产，经合组织（OECD）国家	*60-80*	*170%*
住宅房地产，新兴市场国家	15~25	*49%*
全球商用不动产	15~25	49%
房地产总值	90~130	*268%*
债券	45~55	122%
股票	35~40	100%

(续表)

2004年全球浮动价格资产估计值（兆美元）		
浮动价格资产类别	总资产值（兆美元）	估计值中值（对全球GDP之百分比）
黄金	1.6~2.0	4%
收藏品	0.3~0.6	1%
浮动价格资产总值	*172~228*	*488%*
－估计重复计算的上市公司资产	(2~8)	(12%)
＝扣除重复计算的浮动价格资产总值	170~220	476%

这三项变化的净影响，是浮动价格资产总值萎缩约25%，相当于GDP约125%（或货币供给的135%）。乘以财富效应百分比，结果是GDP将因此萎缩约7%。

这种财富效应并非实时的，它会分几年呈现，而如果资产价格短期内完全恢复旧观，财富效应可能不会那么严重。但是，市场崩盘时，价值萎缩并非仅限于这些资产。某家瑞士大银行的人跟我说，他们估算过危机期间，美国资产证券化市场骤然停摆对该国货币供给的影响。他们将所有常用的担保品价值加起来，打一个标准折扣，假定这些资产将有一段时间不再用于证券化，结果是货币供给跌幅相当于美国GDP约25%！

全球浮动价格资产分布情况

下图显示各类浮动价格资产的典型分布情况，由此可见财富蒸发的主要可能来源。例如，金价下跌对经济的损害微乎其微，而住宅及商用不动产价格下滑，则可能重创经济。

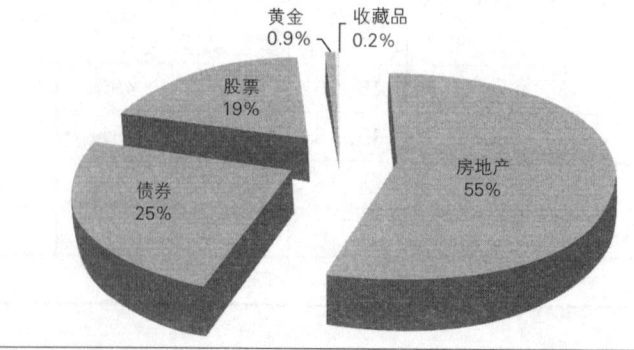

接下来我想做一些估算，但这次是关于实体经济而非金融领域。假设经济陷入非常严重的衰退，营建及资本支出均萎缩40%，因为资产价格下挫摧毁了担保品，令恐慌扩散、商业需求下跌。这分别令GDP减少5%和4%。再假设库存降幅相当于GDP的2%，而民间消费因为民众恐惧、财富损失及失业恶化而减少6%。若民间消费本来占GDP的70%，则消费减少6%将令GDP萎缩约4%。让我们将数字加起来：

营建萎缩	GDP的5%
资本支出减少	GDP的4%
库存减少	GDP的2%
民间消费减少	GDP的4%
经济整体萎缩幅度	GDP的15%

上述估算当然有各种技术问题，某些经济学家看到可能会大动肝火，但我觉得这是针对以下情况相当合理的粗略估算：（1）房地产周期进入下跌阶段；（2）信贷市场因此陷于瘫痪，导致（3）资本支出剧跌及（4）库存大减，（5）民间消费也显著减少。

我的估算结果——GDP萎缩15%——是很恐怖的事，好在现实中通常不会发生这种事。假设我估算的结果分三年实现，期间经济累计趋势成长为6%（每年约2%）。GDP萎缩15%的估计是假定"所有其他条件不变"，因此如果真实的趋势成长有6%，那么GDP实际上不会跌那么多。再假设政府开始以庞大的赤字预算刺激经济，而央行则将利率降至接近零，并且借由购买债券等手段，为金融体系挹注流动性。拜这一切所赐，一场周期衰退大灾难，可能淡化为较短暂、较轻微的衰退。

2007~2009年的次贷萨拉米香肠危机（这是我的说法），正是这样的情况：多个国家的利率降至接近零，央行动用全部标准工具（加上一些匆忙中研拟出来的措施），支撑银行体系并增加货币供给；有几个国家的政府让预算赤字扩大至相当于GDP的10%，甚至更多。

倘若当局不推行这些刺激措施，结果会如何？倘若当局听从许多评论者的建议，听任危机发展，"清除体系中所有腐败事物"，结果会如何？果真如此，我认为我们将重温1930年代大萧条的教训：衰退倾向自动复元，萧条则是无法轻易摆脱的陷阱。情况就像高尔夫球掉进了湖里，而不是沙坑里。

事实上，萧条可以成为一种险恶的均衡状况，在当局有效干预前一直持续下去。经济陷于萧条时,如俗语所言,婴儿会随同洗澡水一起被倒掉:富有创业巧思的企业家无法取得资金;体质脆弱的公司纷纷倒闭;受过良好教育、有心做事的人也只能浪费时间和才华;正进行大规模资本投资的好公司,会因为资金枯竭而深陷困境。此外,罪案会大幅增加。多代累积的智慧与有形资产,将贱价售予对这些资产之创造没有贡献的机构,如产油国的主权财富基金。最后,衰退期间唯一持久的财富损失源自失业。失业率于萧条时期可能升至20%,造成永久的损害。听任危机发展,会造成恐怖的不必要损失。

反对政府干预的另一个论点,是央行对金融体系挹注那么多资金,将引发严重通胀。如经济学家米尔顿·弗里德曼(Milton Friedman)正确指出,通胀永远是"一种货币问题",因此,上述反对意见似乎大有道理。但是,当局其实并不是试图增加流动性;他们不过是试图阻止流动性萎缩。这怎么说呢?嗯,货币有货币的运作规律。以下这条简单公式正是解释货币的运作:

> **货币数量**
> 乘以
> **货币流通速度**

等于

> **商品及服务数量**
> 乘以
> **商品及服务平均价格**

这公式人称"货币数量论"(quantity theory of money),但它其实并非一种理论,不过是描述一个干巴巴的事实而已。这公式适用于一个家庭、一个国家、全世界,甚至你跟自己的小孩玩大富翁(Monopoly)时也适用。

经济衰退时,不仅是货币供给(M)因为信贷遭取消而萎缩,如上一章所述,货币流通速度(V)也减慢了。政府当局并无直接方法能迫使民间部门提高货币流通速度,但当局可以借由下述手段补偿一二:(1)调降利率,令持有货币的吸引力减弱;(2)允许银行提高杠杆;(3)购买债券,一方面可压低利率,另一方面可增加货币供给及财富。

因此，只要对商品与服务的需求远低于产能，只要货币流通速度减慢，央行大举挹注资金不会造成通货膨胀。只有当需求追上产能时，央行才需要收回资金。

回想我姐姐的问题："拉斯，我不明为什么现在大家都好像没钱？钱不能就这样消失，对吧？"我想，正确、简短的答案是：

事实上，经济体中的钱是可以就此消失的，主要有三个原因：

1. 我们经济中的货币，大多数是信贷，其基础为还款的承诺。信贷协议是可以修改（削减金额）或取消的。"银行是天晴时借给你雨伞的机构"，这句话一点也没错。经济酝酿危机时，银行及其他放贷机构会开始怀疑还款承诺，进而停止放贷。
2. 如果我们认同浮动价格资产有货币的价值储存功能，那么这些具货币功能的资产的确是会萎缩的。房地产及金融资产价格下滑时，人们对自身财富的感觉会改变。他们会说自己"赔了钱"，尽管那些资产技术上并不称为货币。资产价格下跌时，人们会调整行为，减少支出。
3. 货币流通速度可以在短时间内大幅减慢，藏在床垫下的钱没有任何经济效果，实际上如同消失了。

姐姐问我时，我没答得这么完整，但我想重申：圣托里尼那天实在太热了。

总结一下这一章。每次出现周期性危机时，总会有人预期危机将绵延多年，一如1930年代的大萧条及1990年起的日本。但是，这毕竟是相当罕见的情况。果真发生时，那是因为经济坠入了真正的萧条（这是完全可避免的，因为央行创造货币的能力是无限的），又或者是病入膏肓的企业靠着国家补助，一直拖延改革，后者正是日本的情况。经济复兴时，必须是建基于具有国际竞争力的强健企业。

此处我想指出的是，经济周期循环一如其名，是一种循环。也就是说，造成衰退的种种力量，也可以反方向发挥作用。我在本章假设导致GDP周期性萎缩15%的那些力量，也是可以反向起作用的。

事实上，到了某个时候，它们很可能真的会这样。统计显示，衰退愈严重，随后的复兴通常愈有力。此外，银行业危机之后的复兴往往是很迅速的，因为银行业危机本身并非过度支出或过度投资（此类问题需要很长时间解决）之症状。这种快速复兴发生时，经济若能避免通胀过高的问题，唯一的原因是央行及财政当局能有效地防范经济过热。央行的角色尤其重要，因为当局可以很快就从加速状态转为刹车减速。因此我们的第一个结论是：不要混淆了周期与趋势。

另一个重要结论，我想应该是：像次贷萨拉米香肠灾难这种危机过后，我们应准备迎接一场大复兴，而不是长期的停滞。这可能将是一场结构性的长期复兴，而我认为期间我们将经历许多泡沫、恐慌及崩盘。这也是下一章要讲的。

第三章

三年一个泡沫

我想,粗略而言,泡沫是指一组资产的价格在短短几个月或几年内,涨至荒唐的高位,然后崩跌。下图就是一个极佳例子:1998~2000年间的信息科技泡沫,期间那斯达克(Nasdaq)股价指数经历了非常健康的长期多头走势后,在狂飙的两年内疯涨360%,然后彻底崩盘。下图显示那斯达克市场在这时期的表现。

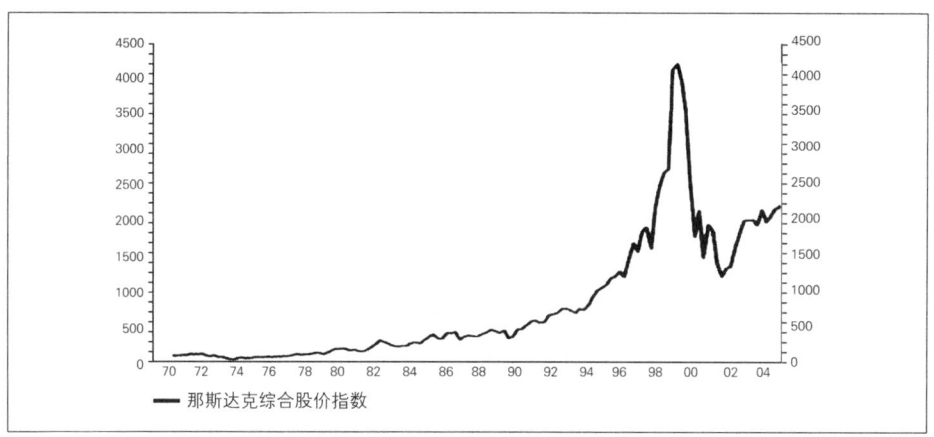

仔细观察该图,你可以看到,直至1998年初,那斯达克处于健康有序的多头走势中。像1981~1998年间的那斯达克市场走势,通常是受两个因素支持:(1)廉价的资金;(2)引人入胜的"故事"。就那斯达克的多头走势而言,这故事主要是计算机性能大幅提升、网际网络快速普及,以及手机全球风行。的确是让人非常振奋的发展,相关股票上涨是大有理由的。

但是，该图也显示，那斯达克市场于 1998 至 2000 年间陷入疯狂状态，大盘两年内上涨数倍。举一个例子，在那期间，曾有一家名为 Theglobe.com 的公司以 9 美元的股价挂牌上市，首个交易日就暴涨至 97 美元，市值高达 10 亿美元。我提这家公司，是因为终其一生，该公司的营收不过是区区 270 万美元，而且亏损累累，也没有自己的技术或专利。另有一家公司名为惊奇宽带网络（The Fantastic Corporation），是我和伙伴合创的，成立仅四年，公司市值就高达 46 亿欧元。我们身为员工，虽然对自己创造出来的一切感到自豪，但有时难免会想，自己什么时候才能趁股价高涨套现获利（我必须补充一句，这家公司拥有许多专利，而且营收也颇可观，还获得英特尔、德国电讯、路透、Loral、英国电讯、意大利电讯、朗讯、KirchGroup 及新加坡报业控股的财务及业务支持）。

信息科技泡沫不过是众多金融泡沫的例子之一。根据我自己的计算，自 1557 年以来，世界曾经历 47 场大泡沫，因此也就有 47 场大崩盘（我在 www.superscares.com 将它们全列了出来）。其他人或许会得出不同的结果，但我认为自己的数字是颇合理的。我尝试将这些泡沫分类，这有点复杂，因为许多泡沫牵涉多个商业领域，这也就是为何以下类别的数目加起来超过 47：

- 金融与信贷　　　　　16
- 基础建设　　　　　　13
- 房地产　　　　　　　12
- 大宗商品　　　　　　11
- 贸易相关活动　　　　9
- 农业　　　　　　　　9
- 收藏品　　　　　　　3
- 制造业　　　　　　　3

最常见的四类泡沫和主要商业周期直接相关，这毫不意外。最常见的类别是金融与信贷，而信贷扩张是主要商业周期的一部分。举例来说，如前两章所言，信贷扩张是酿成次贷萨拉米香肠灾难的核心因素。第二常见的类别——基建投资——则和一般持续 9~10 年的资本支出周期有关。至于房地产，本身就有一般持续 18~20 年的周期。大宗商品则与资本支出及房地产周期有关,因为这两种活动均需要使用许多大宗商品。由此可见,泡沫主要出现在经济中本质上最波动的领域,这些领域往往与景气循环密切相关。

几年前我曾听过瑞士信贷首席全球策略师乔纳森·韦莫特(Jonathan Wilmot)的一场报告。他当时指出,资产价格大幅上涨,主要发生在全球化与创新的年代。他以英国永续公债(Consols)的收益率图,显示300年来经济所经历的各个时期。英国永续公债是没有到期日的债券,其殖利率图是债券中最长的连续图,可反映发达国家1700年以来利率与通胀预期的大致情况。该图如下:

该图显示,有三段时间债券收益率是大致持续下跌的:1700~1720年、1800~1913年,以及1970~2010年。这三段时期均属由全球化及创新驱动的"通缩型荣景期"。

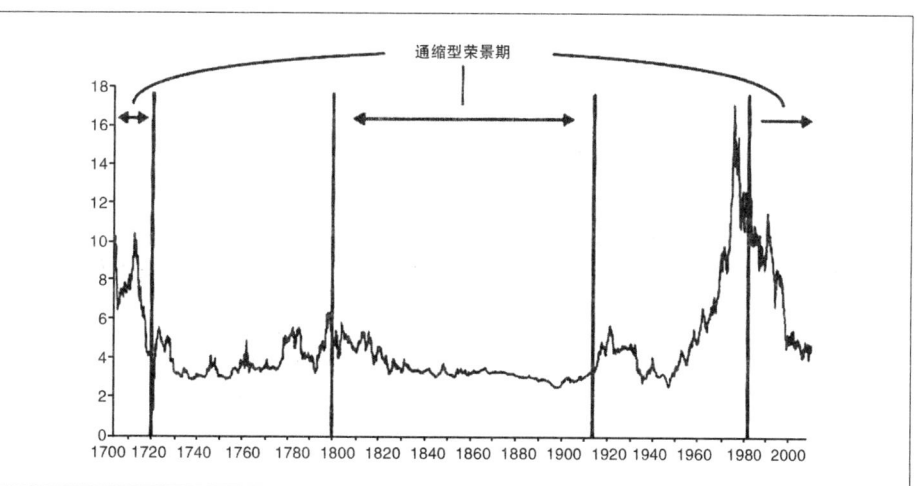

英国永续公债收益率,1700~2009年

1700~1720年:这段荣景期标志着英格兰、苏格兰及欧洲大陆部分地区早期工业革命的初步突破。

1800~1913年:工业革命真正加速,并开始扩散至全球的时期。在此同时,旧世界与美洲大陆、印度、澳洲、新西兰及其他地区的全球贸易大幅扩张。

1980年起:信息科技的创新突破,创造出第一个真正全球规模的通缩型荣景期。

资料来源:瑞士信贷;垂直线由本书作者所加

接下来我想讲一点涉及专门理论的内容。通缩型荣景期发生的事，有一部分可以用第二章提及的货币数量论公式解释。该公式如下：

$$MV = PQ$$

公式左边的 M 代表货币供给量，V 代表货币流通速度；右边的 P 代表商品及服务的平均价格，Q 代表商品及服务的销售量。如果全球化与创新令企业因为竞争激烈及生产力提升而几乎不可能提高价格（P），那么，央行即使释放出大量货币（MV），也不会造成通胀问题。事实上，央行为防范通缩（物价下滑），甚至可能被迫这么做。结果是货币量（MV）大幅增加，而这可能反映在商品及服务数量（Q）快速成长上。换句话说，在通缩型环境下，经济的速度上限相当高。

但在此之外还有一个效应：货币量的增幅，很大一部分流入了资产市场，"资产膨胀"（asset in. ation）由此而生。上述公式其实也涵盖资产膨胀现象，因为 P 和 Q 可视为不仅代表一般商品如汽车及手机的价格与数量，还代表诸如股票与土地等资产的价格与数量。资产的需求超过供给时，价格就会上涨。因此，再说一遍：通缩型荣景期的宽松货币会制造出资产膨胀。历史经验支持这说法吗？分析我列出的数百年来大泡沫，你会发现一个有趣的形态：

- 1700~1720 年的通缩型荣景期有两个泡沫，不算多，但两者规模皆非常大。它们分别是"南海泡沫"（South Sea Bubble）及"密西西比泡沫"（Mississippi Bubble），后者伴随着 Banque Generale 及 Banque Royale 这两家银行的崩溃。20 年内两个泡沫，也就是平均每 10 年一个泡沫。
- 接下来的 80 年中，仅有 6 个泡沫，也就是平均每 13 年一个泡沫。
- 然后是 1800 至 1913 年的通缩型荣景期，至少有 21 个泡沫，也就是平均每 5 年一个泡沫。
- 1913 至 1980 年间，只有 4 个泡沫，也就是平均每 17 年一个泡沫。
- 1980 至 2010 年间有 12 个泡沫，包括一些规模极大的。也就是……平均每 3 年一个泡沫！

如今世界正处于历来最大、最一致的通缩型荣景期，因此泡沫也空前的多。而因为我稍后将指出，未来数十年仍将是低通胀、高成长的时期，这也意味着期间我们将经历很多次金融泡沫与崩盘。我想平均每 3 年一次泡沫加崩盘，是合理的预期。

但是，我们可以预期的动荡，并非只有泡沫与崩盘。我们也将经历许多所谓"恐慌"（scare）。十几岁时，有天我在家里做功课，同时打开了收音机。电台正播出一名环保人士的访问，但我没怎么听，直到那位环保人士说了一些引起我注意的话。他说，到 2000 年时，估计地中海将已严重污染，一进入岸边 25 公里的范围内，就势必会闻到恶臭。之前我曾到过法国蔚蓝海岸（Cote D'Azur）的沙滩，知道当地人让未经处理的污水直接排进海里。因此，我觉得那位环保人士说的事，并非不可能。我很害怕。

国际畅销书《成长的极限》（*Limits to Growth*）大概也是在那时候出版。我父母买的是 1974 年的版本，书中预测，如果世界经济持续快速成长下去，不久之后各种资源将陆续耗竭。该书的预测是基于麻省理工学院一个巨大计算机模型的运算结果，书中载明，根据已知的矿藏，黄金将于 1983 年耗竭，白银和水银是 1987 年，锡 1989 年，锌 1992 年，铅与铜 1995 年，铝则是 2005 年。稍微令人宽慰的是，该书还有乐观得多的第二组预测：假定实际矿藏是当时已知矿藏的 5 倍，那么估计黄金将于 2003 年耗竭，水银是 2005 年，白银 2016 年，石油 2024 年，诸如此类。这些预测也叫我害怕：如果在我成长期间，世界大宗商品一样接一样耗竭，我这一代人该怎么过下去？

但是，1974 年最大的恐慌，是冰河期似乎迫在眉睫。这恐慌稍早就已开始。1973 年，《科学文摘》（*Science Digest*）刊出一篇相关文章，作者写道：

> 全球气象学家目前仅有两点共识：一、我们没有数万年时间为下一个冰河期做准备；二、我们监控大气污染的谨慎程度，直接影响这场气候危机的性质及发生的时间。这些科学家表示，人类愈早面对相关事实，大家愈安全。

在学校，老师告诉我们，上个冰河期部分时候，丹麦完全被冰覆盖；如今人们说，这情况料将重演，而且可能很快就会发生。安妮与保罗·艾利希（Anne and Paul Ehrlich）出版著作《富裕之终结》（*The End of Affluence*），书中预测全球变冷将打击农业产出。1975 年 4 月 28 日，《新闻周刊》（*Newsweek*）大篇幅报导此书，并宣称：

> 种种恶兆显示，地球的气候形态已开始剧烈改变，而这些变迁可能

预示着粮食产量大幅减少,在几乎每一个国家产生重大政治效应。粮食产出减少可能很快成为事实,距今或许只有 10 年。

该文又称:

> 去年 4 月,美国 13 个州发生 148 次龙卷风,逾 300 人罹难,财物损失约 5 亿美元,是有记录以来最惨重的龙卷风灾情。气象学家对冷化趋势的成因与严重程度意见分歧,对这趋势如何影响各地气候也有不同看法。但他们几乎一致认为,在本世纪余下时间里,这趋势将损害农业生产力。如果气候变迁如某些悲观者担心的那么严重,未来因此造成的饥荒将是一场浩劫……气象学家对政治领袖感到悲观,认为他们很可能不会采取积极措施对抗气候变迁,甚至不会设法减轻气候变迁的影响。

事实上,如果我曾研究历史,我会知道,对冰河期来临的恐慌早已发生过。以下是 1895 年 2 月 24 日《纽约时报》一篇报导的首段:

世界或将迎来下一个冰河期
地质学家认为地球或将再度冰封

> 最近人们又在热烈议论,近期及长期以来的一些迹象,是否显示地球将迎来又一个冰河期。倘若这成为事实,现在享受温暖热带阳光的国家,将面对冰雪终年不断的极地气候。地质学家的研究已证实,格陵兰(Greenland)及北极其他土地上有一些棕榈树及其他热带植物的化石,显示这些地区一度为丰饶的植被覆盖,而那是热带气候才可能产生的。

接近 2000 年时,我已克服了自己的首项恐慌(地中海污染得发出恶臭),因为不仅地中海(以及丹麦的海岸,还有我所认识的所有湖泊)远比我小时候干净,空气也是,因为汽车引擎及触媒均改善了,而工厂排出的烟也远比以前干净。此时我也远不如以往那么担心人类耗尽各种资源,因为各类大宗商品的价格普遍因产出过剩而下跌,或至少涨幅落后于通胀。《成长的极限》出版后,对冰河期即将来临的担忧很快就告一段落,因为地球温度开始转升。

但我有了新的担忧，那就是千禧虫或所谓"Y2K"问题。媒体普遍预测，2000年一开始，世界经济很大一部分将陷于停滞，因为计算机会以为这一年是"00"年。

公元第二个千年的最后一天，我和家人在法国阿尔卑斯山区迎接新年，心想：时间越过午夜时，世界上的计算机会停止运作吗？

结果什么事也没发生。第二天我们的信用卡仍然可以用，手机运作如常，滑雪缆车也是。全世界几乎没发生任何Y2K问题。又一场虚惊。

诸如此类的恐慌，在我看来，是人们对某个既有或潜在问题的关注，演变成与实际问题完全不成比例的媒体疯狂渲染。而且，许多恐慌（若称不上绝大多数的话）也引发公众与实际问题不成比例的反应，结果是弊大于利。《星期天电讯报》专栏作家克里斯多夫·布克（Christopher Booker）和欧洲议会前研究主任李察·诺斯（Richard North）博士，在他们合著的《吓死人》（*Scared to Death*）中，列出了1980年以来的明显恐慌事件：

- 毒蛋
- 李斯特菌
- 疯牛病
- 肉品、起司与大肠杆菌
- 比利时戴奥辛灾难
- 仪式化的虐待儿童行为
- 含铅汽油
- 二手烟
- 石棉
- 全球暖化
- 千禧虫
- 禽流感

这些事件每一项都曾经显得很恐怖。例如，世界卫生组织曾指禽流感是人类面对的最大健康威胁，负责此事的世卫高官预测，可能将有高达1.5亿人因此丧生。这真是天文数字，远比两次世界大战的总罹难人数多。事实上，若要成为现代人类最大的健康威胁，禽流感必须超越疟疾才行——每年约有2.5亿宗疟疾个案。世卫组织发出上述警告之后的4年中，死于禽流感的人不足两百。

至于疯牛病，英国海绵状脑病咨询委员会主席接受电视访问时表示，此病的确可能造成高达 50 万人死亡。《观察家报》大篇幅报导，疯牛病可能一年杀死 50 万英国人，导致英国被封锁在其他国家之外，最终崩解。当有人怀疑某些英国人可能受蛋里的沙门氏菌感染时，一名政府顾问提议捕杀 5000 万只家禽，尽管死于食物中毒的实际人数已开始自然减少，而且没有任何证据显示感染源为蛋。但是，那些家禽最终还是遭捕杀。

冷化及冰河期再临将造成全球粮食短缺之预言，当然并未成为事实；从那时起，农业食品产出增加了逾 50%，全球渔获量增加约 75%。冷化自然停止了，回首前事，我们应该庆幸当年没有听科学家的话，引导河流改道，并以黑煤灰覆盖北极冰帽以提升地球温度。

我认为金融泡沫/崩盘与公众恐慌之间有许多共同点。两者皆有两组参与者：（1）率先传播相关观念的人；（2）宣扬、放大这些观念的人；（3）因渴望公众注意，提出最极端诠释的明星煽动者；（4）被打动的百万群众；（5）必须让人看到自己有适当反应的权势精英。

社会角色	金融泡沫	公众恐慌
为观念播种	财务分析师	科学家
宣扬观念	大众媒体、银行	大众媒体、压力团体
明星煽动者	明星分析师及预言者/传福音者	明星科学家/从政者
造成大众的歇斯底里	投资人	民众
被迫或被说服以不理性的行为回应	基金经理人、企业领袖、监管者、从政者	监管者、从政者

这些体系或能发挥惊人的力量。为了解此中原因，我们必须着眼于心理因素。且以泡沫为例，看看在资产价格稳步攀升一段时间后，两项发挥作用的所谓心理"框架"因素：

- **代表性效应**（representativeness effect）：我们倾向认为自己观察到的趋势将延续下去。
- **定锚**（anchoring）：我们的决定，受那些看似指向正确答案的输入影响。

我们也会陷入所谓的团体盲思（groupthink），届时我们将盲目追随大众：

- **假共识效应**（false consensus effect）：我们一般会高估了和我们想法一致的人之数目。
- **适性态度**（adaptive attitudes）：我们会发展出和自己来往的人一致的观念。
- **社会比较**（social comparison）：我们会以其他人的行为，作为自己觉得费解的问题之讯息来源。

第三组、或许也是最叫人痛苦的心理现象，则解释我们如何陷入自欺境地：

- **验证偏误**（confirmatory bias）：我们的结论，过度偏向自己希望相信的一面。
- **认知失调**（cognitive dissonance）：证据显示我们的假设错误时，我们会试图规避相关信息，或加以扭曲，并试图避免会突显这种不协调之行动。
- **自我防卫的态度**（ego-defensive attitudes）：我们会调整自己的观点，好让它们似乎能证实自己做得对。
- **同化误差**（assimilation error）：我们会错误解读自己接收到的信息，好让它们似乎能证实自己做得对。
- **选择性的接触**（selective exposure）：我们会尝试仅接触那些似乎能证明自己行为与观点正确的信息。
- **选择性知觉**（selective perception）：我们错误解读信息，好证实自己的行为与观点正确。

这还没完，第四组心理现象显示，我们倾向高估自己的才能，因此往往赌过头：

- **过于自信的行为**（overconfident behavior）：我们会高估自己正确决断的能力。
- **后见偏差**（hindsight bias）：对于已知结果的事，我们倾向高估自己预见结果的能力。

这种种因素结合起来，力量足以产生像1998~2000年间那斯达克市场，或李斯特菌恐慌这种疯狂现象。在这种大规模疯狂现象发展过程中，我们会一再遭同样的观点与资料疲劳轰炸，而这些信息是来自各种媒体，也可能包括同事、家人与朋友。我们会愈来愈难抵抗狂潮。

但是，到某个时候，恐慌会失去证据的支持，而资产价格升势也会失去资金的支持。后者一旦发生，也就是金融泡沫得不到新资金支持时，资产价格往往会开始快速下滑。快速下跌的市场，和快速上涨的市场一样容易迷惑人心。跌市期间的投资人行为，同样有人提出心理理论解释，其中最重要的一些，跟"心态"（attitude）有关。心态是人脑从许多印象中得出简单结论所用的一种简化与压缩数据的方式。实验显示，改变一种心态不仅需要许多新信息，还相当费时，往往至少需要几个月时间。但是，惊慌的人——因为某些事而备受震撼，以致心跳加速、手心出汗、注意力溃散的人——可以在数分钟内，甚至数秒内改变心态。当数以百万计的投资人陷入恐慌时，他们的反应变得异常快，而这往往令资产价格直线下挫。一旦如此，抗拒趋势已不是困难所能形容。那根本是无用的。

恐慌和泡沫或许显得很不同，因为前者涉及恐惧，后者则主要是贪婪；但是，驱动两者的心理因素大致相同。它们包括：（1）框架；（2）团体盲思；（3）自欺；（4）高估个人能力，以及甚至是（5）惊慌。在这些因素支配下，人们会盲目忽视要求冷静思考行动方案的成本效益之呼吁。此外，如果有人提出证据，显示人们的恐慌是过度的，甚至是毫无根据的，这些证据也会很快遭漠视。此过程甚至涉及"对比误差"（contrast error）：人们对异见者的评估，远比实际情况差。例如，人们会觉得他们比较蠢、不诚实或存心不良，或是拿着放大镜寻找他们的错误，以此为借口贬低他们的想法。而最常见的情况，可能是人们以阴谋论去看异己者，视他们为被大公司或政党收买的人。

除了心理效应外，信息过滤及社会/财务压力也是促成泡沫或恐慌的要素。社会上没人有时间去亲自研究轰炸我们的全部讯息与恐慌。有谁能坐下来细阅数千页的研究报告，形成个人有根有据的见解？事实上，谁有这种技术呢？无论是金融还是科学，几乎所有研究报告都充斥着奇特的术语与数学公式。因此，我们得到的讯息是媒体喂我们的，而媒体得到的，则是银行或压力团体喂它们的。

但是，受欢迎或成功的记者，并不是仅报导事实。他们必须将资料戏剧化,甚至是夸大,以求讲出好故事。因此,某些媒体所做的事,大部分可说是讲故事而非寻找真相。好故事必须有英雄与罪人,媒体往往会做这种选角工作,并放大相关角色。而且,如果媒体能证明(或宣称)自己揭露了阴谋或某些被掩盖起来的真相,故事的英雄就变成是媒体自己了——这可真不赖。

这一切会造成社会压力,而社会压力可以很快变成财务压力。譬如说,事实上曾经有分析师因为对投资狂热提出警告,危及投资银行的生意,被禁止接触媒体或客户,甚至是被炒鱿鱼。而科学家如果研究一些可能危及有力人士利益的议题,则可能失去研究资助,面对失业、事业毁于一旦的威胁。质疑主流观点的人,往往是服务较小型机构如对冲基金的金融专家,或是以自己资金投资的人;而在公众恐慌中质疑主流观点的人,则往往是不需要担心事业前途的退休科学家。

具有讽刺意味的是,异见科学家结果往往只能从受公众恐慌威胁的产业获得研究资助,无意中为阴谋论者提供了极有力的弹药。

因为《吓死人》是 2007 年出版的,该书未提及 2009 年的猪流感。如果我们将猪流感及核能(证实远比煤安全,因为煤已造成数十万人丧生,而且严重污染空气)算进来,那么 1980 至 2010 年间,我们总共经历了 14 场恐慌,也就是平均每 3 年一场。同期金融泡沫/崩盘也是平均每 3 年一场,这看似巧合,但两者有一个饶富兴味的共同点:《吓死人》两位作者指出,恐慌频发期是 1980 年代初开始的,和泡沫频发期恰恰相同。

我已指出,泡沫频繁和最新的通缩型荣景期有关但为什么恐慌频发期也在同一时间开始呢?泡沫是金融乐观情绪过度之谬,恐慌则是过度悲观之谬。乐观可带给人乐趣(直至市场崩跌),悲观则并不愉快,那么,为什么那么多人常常过度恐慌且悲观呢?

这或许有很深的根源。人们对自己的生活、社区及个人能力,一般是相当乐观的。例如,在被问到自己的驾驶技术是否比一般人好时,大多数人会说是。但是,人们对距离自己较远或不受自己控制的事物,则通常比较悲观。如果你问人们认为自己社区、国家以至整个世界的环境是好是坏,他们几乎总是认为社区的环境比国家整体好,而国家又比整个世界好。这情况几乎举世皆然。因此,议题愈不切身、愈笼统,人们愈是偏向悲观。

这种悲观倾向,也可能是社会变迁加速促成的。近代之前,社会在许多方面是静态的,也就是说,人终其一生都不会经历结构变迁。你耕耘自己的田地,秋收冬藏,生死荣枯,循环不息,没有所谓通往未知将来的前进趋势。约莫百年前起,人们才会于在世期间目睹社会的明显变迁;如今变化的速度愈来愈快,社会就在我们眼前不断改变。这就像快速穿越雾气笼罩的黑暗森林——我们看见各种阴影与形状,听见自己无法完全理解的声音。我们于是幻想出野兽与怪物,填满心里的图像。当然,如果我们真的遭野兽紧追,例如身后就有一群饿狼逼近的话,我们就完全不会去担心远处奇怪的形状和声音。从前,几乎每一个家庭都会有小孩夭折,而如果你感染肺炎或其他严重疾病,那你就凶多吉少了。

现代社会恐慌如此多,或许也可以这么解释:我们需要这些恐慌。充斥恐怖、死亡与毁灭情节的电影卖座鼎盛,报纸上几乎总是坏消息居多,这种现象或许显得怪异。但是,在我看来,这完全是因为我们传承了战斗的基因,所以如果社会不再面临重大威胁,我们会自己制造一些出来。

第三种解释则跟罪恶感、净化与宗教有关。许多人怀有根本的罪恶与污秽感,而这很可能是因为人常在动物本能与人类知识的两端挣扎不已。我们活着,但却是唯一知道自己必将死亡的动物。我们杀生,但也可以感受到慈悲。我们自私自利,但也有道德观念。宗教借由忏悔、祈祷、斋戒及苦行苦修,为我们提供了自我净化的途径。视人类文明及生活方式为一种必须净化的罪恶,符合上述情感。

社会是极为复杂的体系。经济学家一度认为,以理性的人互动产生可预料的均衡状态为假设,可研拟出经济及金融市场运作的最佳模型(此学派称为古典经济学,后来称为新古典经济学)。如果你的数学公式假定人是理性的,你会期望所谓的"线性"(linear)关系。例如,若某商品涨价,你会预期人们买少一些。若价格进一步上涨,你会预期消费者进一步减少购买。

如今相关观点远比以前微妙,人们一般认为,人虽然通常是理性的,但个人以至社会整体可以在相当长的时间内做不理性的事。我们可以执拗地因为股价下跌而卖出股票,因为股价急升而买进,又或者陷入各种不理性的恐慌中。

动力学以级联(cascades)、(自我增强的)正反馈环路(positive feedback loop),以及"反抑制因子"(dis-inhibitors,自然的缓和力量遭抑制)描述此类情况。这些"非线性特质"（non-linearities）会影响描绘经济现象的统计模型。学者及财务工程师长期以来假定市场机率呈常态分布——又称高斯分布（Gaussian distribution），画出来是标准的钟形曲线。但是，受非线性特质影响，发生极端事件的风险高于这种模型的预测。人们谈论钟形曲线分布形态时，会以"肥尾"（fat tails）形容这种情况，而金融圈则以"尾部事件"（tail events）称呼极端事件。系统若有许多正反馈环路及尾部事件，通常会变得有点混乱无序，学术术语称为呈现"高维度决定性混沌"（high-dimensional deterministic chaos）。但不是所有事物皆混乱无序，我们的经济、社会趋势、金融市场，事实上是周期、趋势及高维度混沌之结合。

在这种情况下，预测未来显然是很困难的事，但这当中很大一部分工作在于区分：（1）周期；（2）泡沫；（3）恐慌；（4）趋势。例如，当某种狂热开始形成或某个泡沫破灭时，人们往往会认为某个趋势已结束。1998~2000年间信息科技泡沫形成时，许多人认为"旧经济"将几近消失。

而在泡沫破灭后，一些人认为新经济是个笑话。但那是华尔街的崩盘，不是商业大街的崩溃：网络泡沫从膨胀到爆破，信息科技的发展未曾停止，创新持续不断。金融周期转向了，但创新趋势则持续下去。2007~2009年次贷萨沙米香肠崩盘后，许多人认为迈向自由市场经济的趋势已终止，我则认为房地产周期转向了，但全球化/创新趋势持续不断。

因此，辨明这些现象的确至关紧要，但有时并不容易。不过，个别现象愈是看得清楚，我们愈能看清大局。

第二篇　世界趋势 50 年

本篇阐述人口、总体经济、环境问题、资源及基础科学的根本大趋势。这些趋势将塑造我们的未来。

- 全球人口成长正在减速，但人口总数大约于 2050 年稳定下来前，料将增加约 20 亿，也就是 30%。
- 全球城市人口将增加约 30 亿。
- 农村人口将萎缩，许多乡村将遭废弃。
- 2010 至 2050 年间，全球人口将老化，退休人口将增加 16 亿，约 90% 的增幅将出现在新兴市场国家。
- 人类预期寿命每 10 年将增加约 2.5 年，因此 2010 至 2050 年间共将增加 10 年。但是，接近 2050 年时，预期寿命的增速将大幅提升，因为借由应用先进的生物及基因技术，防衰老技术届时将突飞猛进。
- 2010 至 2050 年间，全球 GDP 将实质成长约 300%。换句话说，2050 年全球 GDP 料将是 2010 年的 4 倍。
- 期间发达国家人均实质所得将成长一至两倍。
- 大多数新兴市场国家人均实质所得则将成长 3 至 5 倍。至 2030 年，新兴市场 20 年间的经济产出增幅，将超过 2010 年世界六大发达经济体之总规模。
- 2010 至 2050 年间，全球财富将成长约 300%，浮动价格资产将增加约 800 兆美元。
- 全球中产阶级每年将增加 7000 至 9000 万人，总数从 2010 年的 10 亿，增至 2050 年的 25 亿。
- 中国将成为世界最大经济体。
- 至于最底层 10 亿人口之国家，平均所得将大致停滞，有些国家甚至将倒退。
- 受过高等教育的人口，每15年将增加一倍。
- 妇女解放的速度极快，接受高等教育的女性将超过男性。
- 退休人口大增之下，许多发达国家在退休给付上将面临储蓄不足的困境。数个西方经济体将经历严重的债务危机，日本或许也未能幸免。
- 俄罗斯、日本，以及东欧和南欧部分地区的劳动人口将急剧萎缩。
- 人类知识每8~9年将增加一倍，2010~2050年间将成长约4500%。成长最快的领域将是基因/生物科技、信息科技及替代能源。
- 污染大致上将减少，但我们需要数十年时间才能控制碳排放量。地球温度或将升高摄氏1~2度，海平面将小幅上升。
- 我们将不会耗尽任何资源，但因为经济快速成长，有些资源将短暂缺货，价格将因此急涨。
- 农田单位产出的成长速度，将开始超过需求，我们需要的农田面积，最终将因此减少。

第四章

全球人口趋势

1957年我出生时，全球人口为28亿。2010年，世界总人口已接近70亿；也就是说，我出生至今，世界人口增加不止一倍。2050年左右，全球人口预计将增至约90亿的顶点——自我出生以来增加近3倍，2010至2050年间则增加约30%。目前全球人口每年增加约8 000万，约等同整个德国的人口。

目前地球上70亿人口如何分布呢？我们可以从欧盟及其他发达国家，如美国、日本、加拿大及澳洲等说起。这些经济成熟的国家总人口约为10亿，占全球约14%。

印度又如何？印度占世界人口17%，因此印度人口也超过发达国家的总数。印度优等生的数目，比美国小孩总数还多。再看另一些例子：印尼有2.3亿人，巴西1.9亿，俄罗斯1.41亿，越南8 700万。真的很多人。

高盛全球经济研究主管吉姆・欧尼尔（Jim O'Neill）2001年创造了"金砖四国"（BRIC）一词，作为巴西、俄罗斯、印度及中国这四个新兴市场国家的统称。欧尼尔关注这四国，是因为他认为它们短期内不仅将有出色表现，未来数十年也将是全球投资人必须关注的关键主题。这四国占地球陆地总面积四分之一，占世界总人口至少40%——四国总人口为25亿。

因此，金砖四国都是大国。但这四国引人瞩目的另一个原因，是它们成长潜力丰厚。例如，四国均已证明能制造具全球竞争力的商品。我们不应忘记，俄罗斯是全球第一个将卫星送上轨道的国家——无人卫星与载人卫星皆然，该国现在有一些才华洋溢的信息科技专家和工程师。印度邦加罗尔等地的软件业举世闻名。2010年的印度经济，规模其实还不如意大利，但预计将于2025年超越德国，而且在此之后，将因有利的人口结构而享有巨大的比较优势。这一点本章稍后将再阐述。

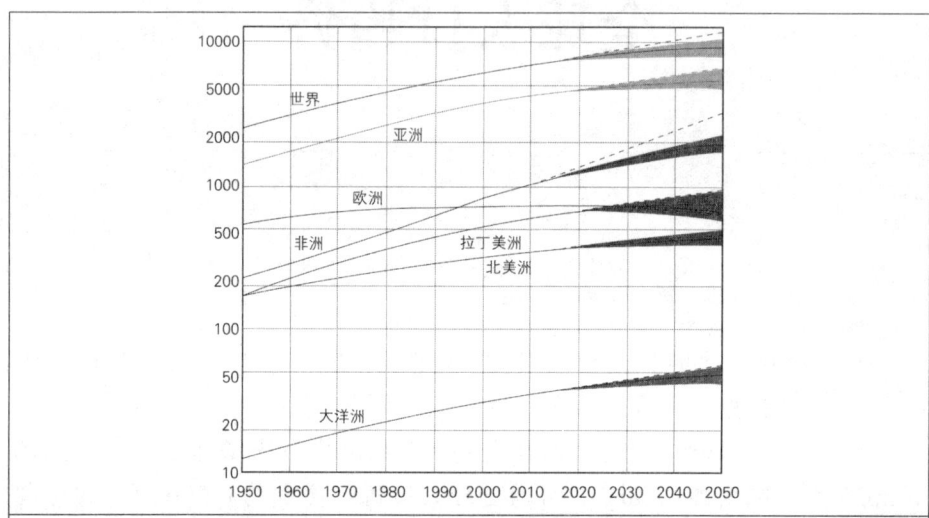

世界人口（1950~2050），历史数据及联合国预估值。纵轴采指数呈现方式，以彰显成长趋势之变化。预估值以可能范围的形式呈现，预估中值以实线显示。

资料来源：维基共享资源（Wikipedia Commons）

巴西有自己的"硅谷"，就在毗邻圣保罗的坎皮纳斯（Campinas），该国也制造竞逐全球市场的飞机，甚至包括奢华的私人飞机。巴西的德裔与日裔居民，是这两个民族在本国之外最大的社群之一，而这意味着巴西拥有优秀的工程人才。日裔虽然仅占巴西人口1%，但学生数目却占该国总数15%。巴西最大的企业巴西石油（Petroleo Brasileiro）是深海钻油的世界领先业者。圣保罗和里约热内卢的都市艺术有型有趣，而大家也都知道巴西的桑巴舞和巴莎诺瓦（bassa nova）。巴西真酷。

中国又如何？中国经济几十年来突飞猛进，显然已超越比利时，然后是荷兰、意大利，很快也赶过了英国和德国。如今中国经济规模势已超越日本，成为世界第二大经济体。

最能彰显中国潜力的，可能是海外华人。海外华人总数约6 000万，如果是一个国家，将是全球第三大经济体。华人无论是在中国台湾、香港，以及新加坡、马来西亚还是美国，经济上一般皆有非常出色的表现。例如，华人占马来西亚人口约25%，而尽管马国政府以积极补偿政策保护当地马来人，中高收入阶层仍是以华人为主。新加坡人口78%为华裔，数代之间，该国从原始丛林社会转变为全球最富裕的四个国家之一，这种变迁叫人惊叹不已。令这一切显得格外不凡的是，华人离开本国时，绝大多数是两手空空，甚至是三餐不继的难民。

讲到吃饭，1995年我曾在香港一家知名餐厅吃午餐，谈生意。我们的葡萄酒喝完时，我看见房间对面有一名侍应生，就打个非常明显的手势，要他过来。他跑到我们的桌前。虽然我很欣赏他的敬业态度，但觉得跑过来是有点夸张了。但这不是我要讲的重点，我想强调的是：他竟然……是跑过来的！

部分经济体2010~2030年GDP预估值(单位:10亿美元)											
	巴西	中国	印度	俄罗斯	金砖四国总数	法国	德国	意大利	日本	英国	美国	G6总数
2010	668	2 998	929	847	*7 452*	1 622	2 212	1 337	4 601	1 876	13 271	*24 919*
2015	952	4 754	1 411	1 232	*9 364*	1 767	2 386	1 447	4 858	2 089	14 786	*27 333*
2020	1 333	7 070	2 104	1 741	*14 268*	1 930	2 524	1 553	5 221	2 285	16 415	*29 928*
2025	1 695	10 213	3 174	2 264	*19 371*	2 095	2 604	1 625	5 567	2 456	18 340	*32 687*
2030	2 189	14 312	4 935	2 980	*26 446*	2 267	2 697	1 671	5 810	2 649	20 833	*35 927*
2010~2030年间变动	1 521	11 314	4 006	2 133	*18 994*	645	485	334	1 209	773	7 562	*11 008*

资料来源：高盛2003年报告，全球经济报告第99号，Dreaming with the BRICs: The Path to 2050

结论是，金砖四国有25亿人，而且具备长远发展所需的动力与知识。此外，这四国控制着可观的自然资源，尤其是俄罗斯和巴西。但是，在这四国之外，还有"下一个十亿群组"（next billion），包括孟加拉、埃及、印尼、伊朗、韩国、墨西哥、尼日利亚、巴基斯坦、菲律宾、土耳其和越南（高盛称之为"N-11"）。将这11国人口和金砖四国加起来，大约有35亿人在经济上正力争上游；也就是说，发达国家每一名金融马拉松跑手，面对3.5名经济短跑手。

重要的，不仅是这些经济体的规模，还有它们对全球经济成长的贡献。

上表显示高盛 2003 年时，对金砖四国及六大成熟经济体（G6）2010 至 2030 年间的 GDP 成长预测。

我觉得这表格值得细阅，因为它显示了一些非常值得注意的事。请看底行那两个以斜体显示的总数：18 994 和 11 008。它们告诉我们：根据高盛的模型，金砖四国这 20 年间经济产值将增加约 19 兆美元（18 994），而六大成熟经济体同期则仅增加 11 兆美元（11 008）。

展望更远一些（如高盛所为），则我们预料将于 2040 年左右看到中国经济规模超越美国。必须补充一句，这是指中国的 GDP 总额，而不是人均 GDP。再过 10 年，也就是 2050 年，中国经济规模将比美国大约 25%。2010 至 2050 年间，G6 经济产值料增加 29 兆美元，而金砖四国则预料增加 78 兆美元。加上 N–11，新兴市场经济规模期间增幅将达 100 兆美元左右，也就是说，世界经济 40 年内将成长 3 倍。换句话说：40 年后，世界经济规模将是现在的 4 倍。

GDP 数据实在吗？

国内生产总值（GDP）数据概括人们付钱购买商品的情况，数据不反映商品的真正价值或质量。如果美国人耗费异常高的金钱彼此控告，又或者欧洲人花费巨额金钱收税或避税，这些支出会提升 GDP，但对人们的整体福祉并无贡献。

另一方面，GDP 不反映许多商品效能或质量之提升。我现在喝的咖啡、吃的面包和水果远比我年轻时好，但我为它们付出的实质成本却减少了。某些信息科技产品的价格每年均下跌 50% 左右，这本身会导致 GDP 减少，但消费者却能因此得益。你口袋里的智能手机，功能比 30 年前的大型计算机主机还强，而且方便易用得多，但成本却只是后者的零头。

结论？下一波荣景非常大，主要受中国、俄罗斯、印度、巴西以及墨西哥、印尼和越南等国家推动。在我看来，现在投资中国，有点像 1960 年代投资日本，或 1970 年代中期投资韩国。中国就像是下一个日本，但人口总数是日本的 10 倍。真的非常非常……大。

新兴经济体的成长，将产生什么影响？这些经济体快速成长时，许多人将脱离贫穷状态，开始有钱做一些非必要消费。美国智库布鲁金斯研究院（Brookings Institution）预测，全球中产阶级2008至2020年间将增加18亿人。高盛估计，全球中产阶级2010至2030年间每年将增加7 000~9 000万人，相当于每天增加22万人，20年间全球中产人口将从2010年的10亿左右增至2030年的25亿。这当然会对我们的环境和自然资源，以及商品及服务之需求有显著影响。稍后我将讨论这些问题。

这趋势还有许多其他重要投资含义，我们将逐步说明。为了解这一切，我们可以从马斯洛金字塔（Maslow's Pyramid）说起。如下图显示，马斯洛金字塔描述人类各层次的需求，底层是最基本的物质需求，如食物和水。

我们可以将这金字塔简化为以下四层：

- 自我实现："我们希望实现梦想……"
- 美感："我们希望体验美与艺术……"
- 情感："我们需要爱与关怀……"
- 物质："我们需要食物与居所……"

人们评论马斯洛需求层次时常提出的一点，是所有人其实都极想满足所有层次的需求。我也觉得事实大致如此。毕竟，上一个冰河期刚结束，也就是约11 500年前，在土耳其的哥贝克力山丘（Gobekli Tepe），就已经有人利用石灰岩塑造了许多T型巨石。这些巨石多数重达10~50吨，切割、饰以精美的雕刻、再从采石场运上山，对石器时代的人来说，是多么艰巨的工作。当然，埃及金字塔的建造也是类似的奇迹——最古老的金字塔建于逾4 600年前。欧洲一些大教堂经历多代人方建成，也是令人惊叹的杰作。许多大教堂最华丽的装饰藏在顶部，人眼几乎看不见。人们说，那是石匠做给上帝看的。这种出于满足美感及自我实现需求的劳动，有时是由非常贫穷的人完成的。

不过，在此我们必须注意的是，人如果未能先满足低层次需求，可能会严重损害满足高层次需求的能力。如果你的孩子在挨饿，你会重视自尊？你会去偷东西给孩子吃吗？

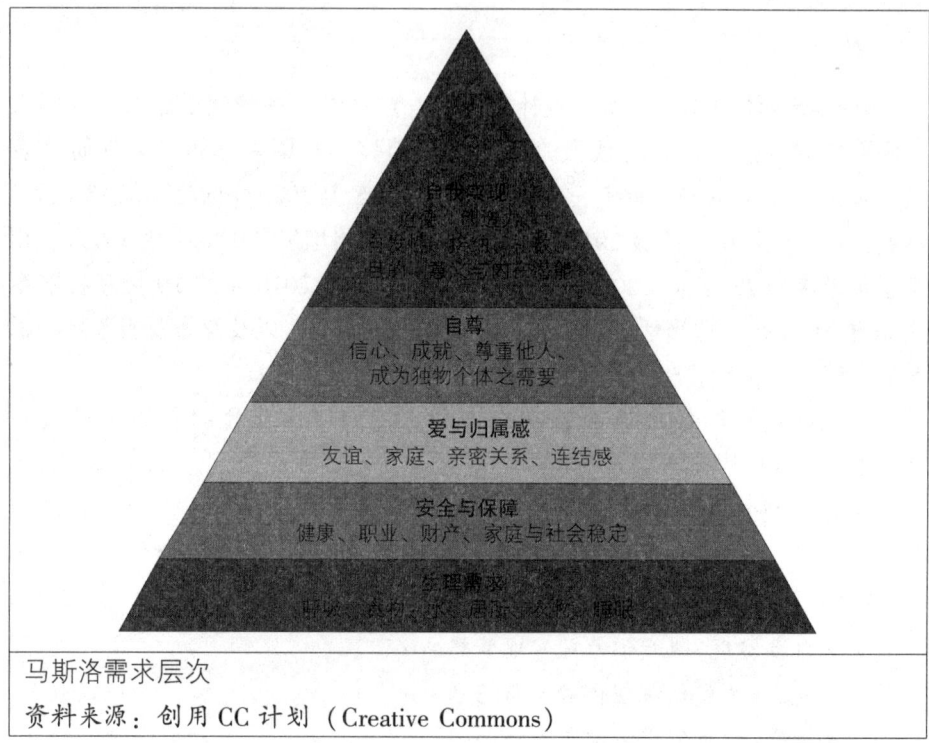

马斯洛需求层次

资料来源：创用CC计划（Creative Commons）

无论如何，我认为人们晋身中产阶级后，就能花钱购置体面的房子（搬离贫民窟）、照顾好自己的健康，并购买机车、汽车等商品。这些都是很实在的：每年估计将有7 000~9 000万人从满足基本生理需求的层次，升级至寻求安全与保障，他们将购买以亿计的汽车与房屋。未来数十年，中国估计将有3~5亿人从农村移居城市。如果是5亿人，那跟整个欧盟及正申请加入欧盟的国家之总人口也相去不远。

此外，许多人晋身中产之际，也将有不少人从中产底层升至上层，甚至晋身富裕以至极其富裕的层级。这意味着旨在满足美感、情感、自我实现需求之商品与服务将更常见。我认为这将令以下12类私人休闲活动大大兴旺：

12 类主要休闲活动			
购物	休闲	娱乐	聚会场所
时装/时尚	旅行	电影和音乐	餐厅
艺术	运动	网络/印刷品	酒吧
奢侈品	保健	电子游戏	夜店

在世上最穷的一些国家，这种现象微不足道，但它们在富裕社会却极其重要。说明一下，这里的时装/时尚，主要是指服饰，但也可以是任何涉及刻意、审慎规划的风格转变之事物。艺术则是指纯粹的艺术品，例如抽象画、雕塑，及艺术音乐等。奢侈品是指质量独特、国际知名的商品，每一件似乎都独一无二。旅行、保健、运动、音乐、电影、餐厅、酒吧及夜店皆不言自明，而网络则是指网际网络、行动媒体及关系网。

当然，我必须补充一点：这些领域往往相互重叠。我稍后将指出，奢侈品是这12个领域中最赚钱的。我将告诉大家，奢华大品牌的赢利如何丰厚到与营收不成比例，以及奢侈品生意的成长速度在全球经济中如何一枝独秀。

谈论新兴市场时，我们不能不提新兴经济体未来对大宗商品及替代能源的巨大需求。了解相关市场的人，均不相信我们已快耗尽某些天然资源（稍后我会再谈这问题）。问题根本不在这里，问题是我们对某些天然资源的需求将快速增长，很可能将有多年时间超过我们靠传统方式所能供应的。此外，就能源市场而言，我们将有减少排放、抑制财富大量向产油国转移的压力。因此，我们将必须创新，而且必须很快就有成果，而这或将成为约束我们的一个因素。

我们还面对另外两大限制：金融失衡与人口老化。接下来先谈人口老化。

为解释老化问题，我们必须从几个重要数字说起。从纯生物角度看，一名女性终其一生可以生16~20个小孩（少数人可以生更多）。

另一个重要数字是2.1，也就是现代社会的所谓"替代生育率"（replacement fertility）。如果每名女性平均生2.1个小孩，人口将保持稳定（0.1的零头是因为有些妇女无法生育，有些则未具生育能力就已去世，而且男婴自然略多于女婴）。但是，如我们指出，2.1这数字仅适用于现代社会。发展中国家的替代生育率高于2.1，因为这些国家死亡率较高，且男/女出生比率可能更悬殊一些。在这些国家，替代生育率介于2.5至3.3之间。第三个重要数字是：2010年，全球平均替代生育率略高于2.3。

替代生育率古今不同。两百年前，欧洲实际生育率似乎为每名妇女平均生6.5~8个小孩。当时绝大多数人务农为生，而农夫有很强的经济诱因多生小孩，因为他们很小就能帮忙干活，尤其是农夫年老时必须靠第二代照料农田，同时照顾自己。事实上，即使农夫变成性情乖戾的糟老头，他的孩子可能还是必须照顾他，因为拥有农田的，很可能就是老农夫！当然，养小孩起初是一项负担，但那只是颇短的时间，因为小孩十来岁甚至更早就能开始帮忙务农。以前童工很普遍，大家不觉得有问题。我看过曾祖父的回忆录，他小时候整天都在照顾牛。那时候很多小孩夭折，而数百年前，在生育率5.6~8的情况下，人口实际上相当稳定。这是很残酷的事，但至少能保持稳定，因此在生态意义上是可取的。

接下来我想应该讲一下几种人口成长模式。我们从数百年前西方世界的模式说起，有几个国家目前仍处于这状态。我称这模式为"阶段1：前工业人口稳定期"。

阶段1：前工业人口稳定期

- 人们不避孕；生育率很高
- 医疗技术非常有限
- 没有退休保障制度
- 孩子的教养期很短，很早就开始工作
- 孩子因为土地而与父母系在一起，他们是父母退休后唯一的收入来源
- 生育率：5~8
- 人口：稳定
- 生产力与财富：稳定或缓慢成长
- 失业或就业不足：稳定、轻微
- 例子：
    - 大多数中古社会
    - 亚马逊与婆罗洲森林零星地区

下一阶段，我想最好称为"阶段2a：技术驱动的人口暴增期"（稍后我将再讲阶段2b）。这阶段主要是由工业化促成。此外，人类的好奇心、技术及

商业巧思、创业精神不仅造就工业化，还促成国际贸易与银行业发展。这一切提升了人们的所得，卫生及医疗条件因而改善，进而降低死亡率，尤其是儿童死亡率。结果如何？人口和平均所得皆开始快速增加。

阶段 2a：技术驱动的人口暴增期

- 不避孕或仅少数人避孕；儿童死亡率相当低
- 还算不错的医疗技术
- 有限的制度化退休保障
- 孩子需要更多、更长时间的教育
- 孩子多数不和父母共住，但社会期望孩子照顾退休的父母
- 生育率：3~8
- 人口：暴增
- 生产力与财富：激增
- 失业或就业不足：结构稳定状态
- 例子：
  - ■ 大多数亚洲新兴国家
  - ■ 拉丁美洲部分地区

但是，科技的演变也促成社会结构的改变。愈来愈多简单的工作由机器完成，不再需要人手。为了让孩子长大后能做一些有意义的工作，父母必须让他们受更多教育，而社会对年轻人的教育要求只会愈来愈高。对父母来说，生很多孩子变成很沉重的经济负担。在此同时，农业的重要性大大降低；孩子几乎一定会离开父母自谋生计，而父母则愈来愈仰赖公共或私人的退休金计划养老。此外，避孕方法变得非常普及。在此情况下，父母多数只生两至三个孩子，让他们受良好教育，而不是像以前那样生八个孩子，然后让其中三个未到十岁就夭折。我称这为"阶段3：教育及社会基建驱动的人口稳定期"。

待社会发展出一些基础设施，使妇女在经济上不必那么依赖丈夫或子女时，第四个阶段就会出现。举一个例子，某些地方开始提供周到的托儿服务。在此同时，国家提供全民退休保障，银行体系则协助人们为养老储蓄更多金钱，这意味着父母退休后在经济上不必依赖子女。

另一方面，随着预期寿命增长，一名妇女若生两个小孩，自由受限的时

间仅限于怀孕后期及育婴期（托儿服务可缩短妇女自由受限的时间），总共约

阶段3：教育及社会基建驱动的人口稳定期

- 避孕方法非常普及；儿童死亡率相当低
- 优良的医疗技术
- 制度化的退休保障
- 孩子需要更多、更长时间的教育
- 孩子多数不和父母共住，而且不必负担父母的养老费用（或仅负担一部分）
- 生育率：2.1左右
- 人口：稳定，但日趋老化
- 生产力与财富：快速成长
- 失业或就业不足：结构稳定、轻微的状态
- 例子：
  - 加拿大
  - 斯堪的那维亚

8年左右，仅占其预期寿命的10%。也就是说，妇女骤然间变得可以追求受高等教育，发展有意义的事业。这种可能性激发了追求妇女平权的运动，而妇女也逐渐获得平等权利。因此，愈来愈多女性选择过更有趣的生活，而不是生很多小孩。而且，因为养育小孩的妇女经济上不再完全依赖男性，离婚变得比以前普及，而且往往成了不多生小孩的原因。

此外，人们如果生小孩，如今不仅希望他们受长时间的优质教育，还希望他们能学钢琴、打网球、踢足球，牙齿不整齐可以矫正，跟好朋友庆祝生日，见识世界，讲多种语言，诸如此类。换句话说，父母对子女的期望提升了，因此往往只生一两个，以确保自己能为他们奉献足够的时间。我称这为"阶段4：教育及期望驱动的人口萎缩期"。

讲到这里，我必须回过头来，补充一个类别："阶段2b：医疗驱动的中古式人口暴增期"。此处的关键词是"中古式"。人们将现代医疗技术引进到一些经济及社会毫无发展的地方，就会产生这种情况。结果是这些地方人口暴增，但生产力及社会基建却完全未有相应进步。以人道立场而言，医疗条件改善是好事，但由此衍生的社会与环境长期后果却非常棘手。

阶段 4：教育及期望驱动的人口萎缩期

- 避孕方法非常普及；儿童死亡率相当低
- 优良的医疗技术
- 制度化的退休保障
- 孩子需要更多、更长时间的教育，而且需要参与许多课外活动
- 孩子多数不和父母共住，而且不必负担父母的养老费用（或仅负担一部分）
- 生育率：低于 2.1
- 人口：日渐减少，且快速老化
- 生产力与财富：人均值成长，但整体则停滞
- 失业或就业不足：结构稳定、轻微的状态
- 例子：
  - 东欧
  - 日本
  - 南欧、德国

阶段 2b：医疗驱动的中古式人口暴增期

- 不避孕或仅少数人避孕；儿童死亡率相当低
- 还算不错的医疗技术
- 有限的制度化退休保障
- 孩子的教养期很短，很早就开始工作
- 孩子往往因为土地而与父母住在一起，他们是父母退休后唯一的收入来源
- 生育率：3~8
- 人口：暴增
- 生产力与财富：稳定或缓慢成长
- 失业或就业不足：急剧恶化
- 例子：
  - 撒哈拉以南非洲地区
  - 中东部分地区

总结一下我所讲的 4+1 个人口发展阶段，影响人口发展的关键因素包括：父母希望每一个小孩都能过美满充实的生活；教育成本日趋沉重；社会保障制度取代子女的抚养，成为人们养老的主要支柱。但我们或许可以说，最关键的因素，是女性角色的转变。

我已提到女性如何促成生育率下降，但我认为女性的角色需要进一步阐述。许多机构曾研究世界各地女性社会角色之变迁，其中包括高盛、波士顿顾问集团、世界银行及国家经济研究局（NBER）。这些机构发现，几乎所有地方均呈现一个明显趋势：女性日益趋向与男性权利相同、机会平等。

电视似乎是促成这趋势的因素之一。国家经济研究局 2007 年的研究发现，引进有线电视对印度农村社会有非凡影响：收看有线电视不过一至两年，当地农村家庭变得比较乐意送孩子上学，尤其是女孩子。此外，女孩子辍学的情况也减少了。最后，收看有线电视的妇女开始减少生孩子。

那么，妇女解放的速度有多快？世界银行做了一项国际研究，分析各类型教育女生对男生的比率，结果发现这比率出现惊人变化。我们先看发达国家的情况：

发达国家各类型教育女生对男生的比率， 1998~1999 与 2006~2007		
	1999	2007
小学教育	100	100
中学教育	100	100
高等教育	119	129
资料来源：联合国《2009 年千年发展目标报告》		

小学教育的数字并无令人意外之处，因为在发达国家，男孩女孩全都必须上学，而男女生的数目大致相等。中学教育的数字也一样。

现在看看高等教育。此类别涵盖中学之后的教育，涉及大学、技术学院及理工学院等。1999 年，发达国家正接受高等教育的女生比男生多 20%。也就是说，女性在接受高等教育方面不仅已和男性平等，还已占得明显优势；而且，不过是 8 年时间，女性的领先优势明显扩大：接受高等教育的女生对男生比率，从近 1.2 升至近 1.3。在我看来，这彰显了女性的非凡成就，而转变之快实在惊人。

下一个表格显示发展中国家的情况：1999 至 2007 年间，女性在小学教育领域拉近了与男性的距离（差距缩窄 4 个百分点），中学教育进步更大（差距缩窄 5 个百分点）。而最惊人的进步，则出现在高等教育上，男女生的差距 8 年间缩窄了 18 个百分点。

发展中国家各类型教育女生对男生的比率，1998~1999 与 2006~2007		
	1999	2007
小学教育	91	95
中学教育	89	94
高等教育	78	96

资料来源：联合国《2009 年千年发展目标报告》

一项人口资料 8 年内出现 18 个百分点的变化，是极其罕见的事，但上述变化是千真万确的。妇女解放的趋势，是戏剧性、重要且普遍的。

有人说，如果你教育一个男孩，你就只是教育了该男孩。但如果你教育一个女孩，你等同教育了整个家庭，因为这名女孩将来会坚持送自己的孩子上学。妇女解放及其效应是一个重要的超级趋势。随着女性接受更多教育，她们得到更多就业机会，所得增加，在家庭里的地位也提升了。此外，受过教育的妇女，其子女也会受更多教育，而且一般比较健康。女性持家时，一般不会像男性那么倾向购买烟酒，会更重视食物、医疗、教育、衣物，以及个人护理产品。妇女解放看来正大力协助拆除全球人口暴增的炸弹、改善下一代的前途，并提升人均所得。妇女更有力量、退休人口增加，或许也有助促进世界和平。

我稍早提到，2010 至 2050 年间，世界人口料将增加约 30%，也就是约 20 亿人。在此期间，除俄罗斯与东欧外，所有新兴市场地区的人口均将增加（见下表）。

2010 至 2050 年间世界各地人口估计变动幅度	
非洲	+93%
西亚（土耳其及中东国家）	+60%
大洋洲（澳洲、新西兰及太平洋群岛）	+43%
印度	+33%
北美洲	+28%
拉丁美洲及加勒比海地区	+24%
中国	+5%
西欧	−2%
东欧，包括俄罗斯	−18%
日本	−20%

资料来源：联合国世界人口展望，2008 年修订版

　　从上表可见，未来 40 年间，非洲人口增幅将居各地区之冠；从环境角度看，这是很吓人的事，但这也可能意味着诱人的经济潜力。不过，我们也不要轻易为此兴奋不已：别忘了，尽管非洲天然资源丰富，撒哈拉以南地区约 10 亿人的总经济产值，比西班牙一国还少。非洲基本上仍处于不可持续的"阶段 2b：医疗驱动的中古式人口暴增期"。我将在下一章说明此中原因。

　　但是，非洲确实也有一些令人乐观的情况：非洲国家对亚洲的出口快速成长，而亚洲国家对非洲农业的投资也日益增加，这应将促进技术、商业及管理知识的转移。此外，大宗商品价格上涨已帮助许多国家降低外债，而拜手机之类的新科技所赐，非洲国家得以跳过传统技术，直接采用成本较低的新系统。事实上，哈佛大学 2007 年一项著名的研究就显示，印度南部的渔民使用手机后，回港口前就会联系潜在买家，他们的赢利因此增加 8%，而鱼获零售价则下跌 4%。伦敦商学院估计，手机渗透率每增加 10 个百分点，GDP 将提升 0.5%。

　　成长率居次的是中东地区，人口同样势将暴增。1950 年，该地区人口仅 1 亿，但 2010 年已高达 4.3 亿左右。和非洲大部分地区一样，中东多数地区也是处于阶段 2b 的人口暴增期。

　　北美方面，美国将保持相当高的人口增长率，以该国经济发展之成熟，这是相当突出的现象。除了移民流入外，这也是因为美国经济某种程度上具

某种新兴市场特质。该国所得分配相当不平均，而且有大量来自新兴市场国家如墨西哥的第一代及第二代移民，这些人的生育率一般高于其他美国人。

印度的生育率是中国的两倍，每名印度妇女平均生三名小孩左右。因为印度儿童非常多，该国目前的抚养比（dependency ratio）其实相当高；也就是说，需要别人抚养的人，占人口相当高的比例。但是，抚养儿童的成本，仅为照顾老人的四分之一至三分之一。此外，非常重要的一点是，预计该国生育率2025年左右将开始下跌，印度将因此享有巨大的人口优势：届时儿童人口比重降低，而社会仍未明显老化。但是，印度的隐忧之一，是该国南北差距很大：南方社会较富裕、成熟，人口平均年龄较高；北方人口较稠密，教育程度较低，生育率较高。为享受整体的人口优势，印度必须普及教育，或是推动适度的人口迁移。

中国生育率相当低，很快将开始面临老化问题。预计该国劳动人口将自2020年起开始萎缩。此外，2010年左右，中国的抚养比将于略低于50%的水平触底（50%的抚养比，意味着0～14岁及65岁以上人口占总人口一半）。到2050年时，这比率将上升至80%。中国已开始必须顶着人口劣势的逆风前进。

欧洲方面，人口至2025年将增加约1 000万，但此后将开始减少，使得2010至2050年间仅净增加2%。

日本及东欧的人口正显著萎缩。举例来说，俄罗斯人口已开始下跌。该国人口目前（2010年）约为1.4亿，估计到2050年将萎缩至8 000～9 000万。俄罗斯生育率1999年跌至1.17的低点，随后小幅上升，但本世纪内没有什么希望可升至令人口稳定下来的水平。俄罗斯劳动人口目前约为1亿，至2050年估计将跌至6 500万。至2025年时，跌幅估计约为1 500万人。

稍早我提到，2010至2050年间，世界人口将增加约20亿人，这听起来很多，但这数字掩盖了一个截然不同的趋势：人口增长率正愈来愈低。

发展中国家的正常发展，是从"前工业人口稳定期"进入"技术驱动的人口暴增期"，这转变在经济上是可持续的，但在环境上则可能是不可持续的。经济发展至某程度——通常是人均GDP超过1.5万美元，这些国家就会进入"教育及社会基建驱动的人口稳定期"。最后，随着社会变得更成熟，民众期望进一步升高，社会估计就会进入"教育及期望驱动的人口萎缩期"。

另一种发展途径，是发展程度停留在中古时代的社会，从"前工业人口稳定期"跳进"医疗驱动的中古式人口暴增期"；这种转变无论在经济上还是环境上，都是不可持续的，因为这些地方无法适度发展经济与社会以适应人口暴增的情况。但是，即使是在这些落后地区，社会某些领域最终也将开始有效运作，然后可能就步上其他发展中国家的发展途径。

无论如何，全球人口增长率正在下滑。1970年，全球生育率为4.5，到2000年已跌至2.7。估计到2050年，全球生育率将降至2.05，略低于替代生育率。在此情况下，全球人口增长率将从2010年的1.2%左右逐步下跌，预计至2050年左右停止增长。全球人口增长率一度于1950年代触顶回落，然后于1963年创出2.2%的新高位，预计此后再也不会超越此水平。人口成长率此后持续下滑，到2020年时估计将降至0.7%。换句话说，全球人口增长已持续放缓约50年。此外，此趋势几乎举世皆然。幸运的是，这基本上是人类自主选择的结果，这在历史上是破天荒头一遭。这事实上是好事，因为若非如此，地球势必人满为患。

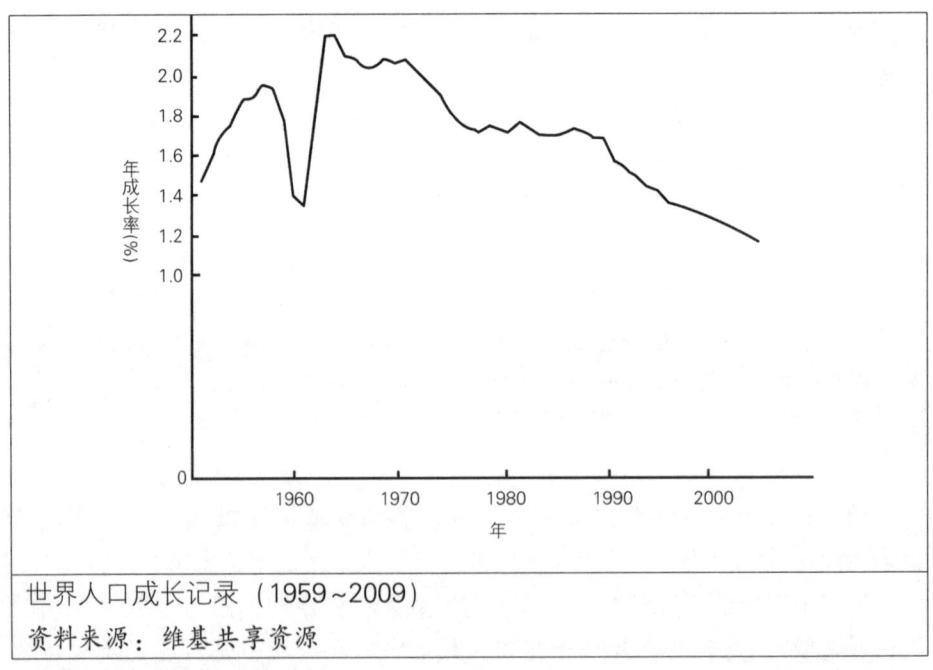

世界人口成长记录（1959~2009）
资料来源：维基共享资源

但是，人口成长放慢，老化问题即随之而来。这是拜两项因素所赐：生育率下跌，预期寿命增长。1900年出生于美国的人，预期寿命约为47岁，而这数字到 1950 年已增至 68 岁。美国统计局估计，2050 年出生的人，预期寿命为 84 岁。届时日本人预期寿命为 91 岁。美国人预期寿命从 47 岁增至 84 岁花了 150 年，也就是每十年平均增寿 2.5 年。全球而言，1850 至 2010 年间，预期寿命几乎是稳定地每十年增加 2.5 年。2010 至 2050 年间，欧洲预期寿命估计将增加 6~7 年，而亚洲则估计增加 10 年。医疗、卫生、营养条件改善，是预期寿命增长的主要原因，但在多数发达国家，这趋势正因民众肥胖、吸烟及缺乏运动而减缓。但是，借由基因及生物技术，我们大有可能大幅延长寿命，将预期寿命提高至 150 岁，甚至更长。我估计部分相关技术将于 2050 年前面世，也就是说，我们或许将能见证一个过渡期之开始，届时预期寿命每年将增加逾一岁。

老年人口（60 岁以上）预计将从 2010 年的约 6.8 亿持续增加，至 2020 年达 10 亿。10 亿名老人！等同成熟经济体现今的总人口。老年人口 10 年间逾 3 亿的增幅，约等同美国 2010 年的人口。到 2030 年，发展中国家的老人，数目是经济合作暨发展组织（OECD）现今总人口的 3 倍。

而这趋势不会就此停步。到 2050 年，60 岁或以上的人口将高达近 20 亿，占世界总人口约 22%。日本诚然是极端的例子，该国老年人口比例届时将高达 38%。事实上，世界人口至 2050 年的增幅，约 80% 将是年逾 60 的人。甚至 80 岁以上的人口也将增至惊人规模：估计将从当前的 9 000 万左右，增至 2050 年的 4 亿。

新兴市场国家又如何？尽管这些国家多数将经历很长的人口成长期，它们也逃不过老化趋势。发展中国家 80 岁以上的人口如今占全球的 50%，到 2050 年时，这比例将增至逾 70%。2005 年，65 岁以上的人口仅占亚洲与拉丁美洲人口的 6% 左右，非洲甚至只有 3%。但是，到 2030 年，这些比例几乎将增加一倍，到 2050 年，则估计是 2005 年的 3 倍。事实上，到 2050 年，多数新兴市场国家的年龄结构，将类似发达国家今天的情况。中国的老年人口如今（2010 年）不到 1.5 亿，但到 2050 年估计将增至 4.38 亿左右。

以下两个表格显示较完整的情况，第一个表格显示老年人口总数，第二个则显示变动幅度，两者皆以百万人为单位。第一个表格显示，全球老年人口将从 2006 年的 7.28 亿，增至 2030 年的 14 亿，再增至 2050 年的 24 亿。

60 岁或以上人口（单位：百万人）			
	2006	2030	2050
已开发经济体	248	363	400
开发中经济体	480	1 014	1 968
总数	728	1 377	2 368

资料来源：联合国人口部门，2006 年《人口老化》（Population Aging）报告

下表显示相关增幅，最后一栏显示，2006 至 2050 年间的老年人口增幅，90%出现在新兴市场国家。

60 岁或以上人口增幅（单位：百万人）			
	2006~2030	2030~2050	总数	占总增幅比例（%）
已开发经济体	125	37	162	10
开发中经济体	531	954	1 485	90
总增幅	656	991	1 647	100

资料来源：联合国人口部门，2006 年《人口老化》报告

如果说有某个数字是你应该记住的，那或许就是：未来 40 年间，全球已届退休年龄的人口增幅，将远大于发达国家目前的人口总数。如果你做医疗护理生意，这实在是利润丰厚的大市场。以下是 65 岁以上的人，在某些开销上和 65 岁以下人口比较的结果：

- 护理服务　　　　　　30 倍
- 居家照护　　　　　　10 倍
- 医院服务　　　　　　4 倍
- 处方药　　　　　　　3 倍
- 医生服务　　　　　　2.5 倍

但是，对社会整体而言，这也是巨大的财务负担。OECD 与国际货币基金组织（IMF）均估计，2010 至 2050 年间，发达国家人口老化相关支出占 GDP 的比例将增加 7 个百分点，从 2010 年的 20%左右，增至 2050 年的 27%左右。下表显示各国相关支出中期及长期的变动幅度，按问题之长期严重程度排序。

国家	老化相关支出增幅对 GDP 之%，2005~2025	老化相关支出增幅对 GDP 之%，2005~2050
西班牙	4.5	13.5
新西兰	5.7	12
澳洲	3.3	7.9
加拿大	3.3	7.9
德国	2.2	7.5
法国	3.1	7.3
英国	2.8	7.2
日本	3.4	7.1
美国	2.9	7
意大利	3.1	7
瑞典	1.8	5.1

资料来源：Boris Cournede, *The Political Economy of Delaying Fiscal Consolidation*, Economics Working Paper No. 548, OECD, Paris, March 9, 2007.

该表显示，因老化问题而面临最严峻财政考验的是西班牙：至2050年，该国将必须为老化问题多付出相当于GDP 13.5%的代价。不过，这表格中的数字并非确凿无疑。例如，欧盟的研究显示，在较乐观的假设下，老化相关支出占欧盟GDP的比例，仅将增加4.3个百分点。是OECD还是欧盟的预测比较接近事实？这当然是取决于一些因素，包括人们的实际退休年龄、他们的退休金有多充裕，以及医疗服务有多昂贵。

美国方面，国会预算办公室（CBO）的一项研究预测，社会保险制度（Social Security）及医疗相关财政支出，将从2005年的相当于GDP 8.4%，增至2050年的19%，也就是增加11个百分点。2008年，美国联邦年收入为GDP的18.5%，因此，年收入对GDP的比例若必须提升11个百分点，税收就必须增加约60%。美国传统基金会（Heritage Foundation）网页上有一个颇能说明问题的图。

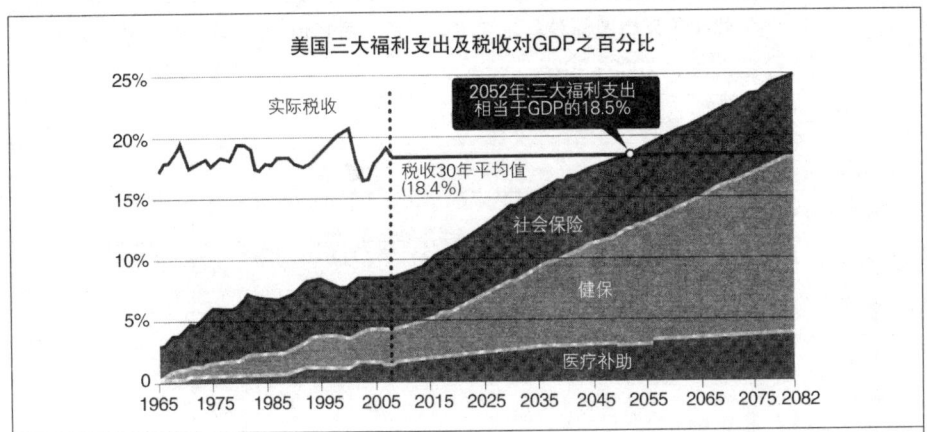

1965~2082年间美国社会福利支出与总税收的实际与估计值。该图显示，除非当局采取断然措施，光是三大福利支出，至2052年就会超过总税收。此图不包括联邦政府在利息、基建、教育及军事等方面的支出。

资料来源：传统基金会2009年联邦年收入及支出图表册

这图得小心看，免得理解错误。它显示的是美国社会保险及医疗相关财政支出，以及联邦政府的年收入，不包括军事、交通基建、环境等方面的财政支出。照理说，当局应该积极为即将来临的老化问题储蓄才对，但美国联邦财政赤字2009年已高达GDP的10%，可见美国人并未这么做。面对老化问题，美国其实扩大了公债规模。这问题我们稍后再谈，但在此必须指出，国会预算办公室所引用的11个百分点是预估中值；该办公室根据对当局措施的不同假设，得出从增加7个百分点到增加22个百分点的预估区间。此处显得异常的或许是，这预估中值如此大：别忘了，美国的抚养比未来不会像欧洲或日本那样严重恶化——美国劳动人口估计将每年稳定增加0.5%，直至2050年。此中主要原因是美国人均医疗成本显著高于其他国家。

我们确实知道的是：全球抚养比将激增。问题在于老化问题有多难应付，而这完全取决于必须为此埋单的人有多强的经济能力。经济学家分析这问题时，首先会看有多少儿童必须抚养。抚养/教育儿童的成本远低于照顾老人。包括东欧与南欧在内的一些国家，因为儿童数目不多，目前抚养儿童的负担较轻。

经济学家接着会看就业年龄人口有多少实际上在工作（"劳动参与率"），以及劳动生产力（"每小时劳动产出"）的成长趋势。他们也会关注资本对劳工人数的比率，因为劳工搭配机械，生产力显然高于没有机械辅助的情况。

先看潜在劳动力的情况。多数国家的劳动力前景黯淡。就美国而言，近两代劳动力快速成长，某程度上是因为愈来愈多女性加入就业市场，以及工时增加。这两股力量基本上已耗尽，但情况并不太差——如稍早所述，直至2050年，美国劳动人口估计将颇稳定地每年成长约0.5%。此外，有明显迹象显示，许多美国人有意延后退休。劳工统计局的数据显示，2008年初，65至69岁的美国人约30%正在工作或求职，高于2000年的24%。60至64岁的劳动人口比例，也从47%提高至54%。婴儿潮时代——1945年至大约1965年间出生的人——最年长的一批人，如今已届正式退休年龄，但许多人选择继续工作。

但是，约三分之二的美国人没有储蓄养老，约四分之一则倾向在民意调查中说自己"永不"退休。这是因为他们喜欢工作还是必须工作，则是另一回事了。另一方面，因为"二战"之后愈来愈多女性加入职场，如今许多家庭领两份退休金，这些家庭的养老储蓄可能非常充裕。

日本的劳动力情况则截然不同。该国劳动人口实际上从1999年起就开始减少，估计将继续每年萎缩1%~1.5%，直至2050年，或甚至更久。欧洲劳动人口估计将在2011年之后开始萎缩，每年跌幅料逐渐扩大至0.7%。

新兴市场方面，俄罗斯的情况尤其严峻，该国劳动力料将自2014年起快速萎缩，每年减少1%~1.5%。中国的情况也不乐观。该国长期执行一胎化政策，迄今累计令人口少增4亿，因此很可能避免了经济与生态灾难。但是，这政策也终将带来经济代价沉重的人口过渡期。如前所述，中国劳动力将持续成长至2020年左右，然后开始萎缩，但估计至2030年仅将轻微萎缩。

但随后萎缩速度将加快。目前中国劳动人数对退休人士的比率为6.5，估计到2050年将降至2以下。顺带一提，中国还有一个现象可能阻碍经济发展：该国儿童男女比例严重失衡。全球平均数是每100名女童有105名男童，但中国却是每100名女童有高达120名男童。这跟当地社会传统由儿子扶养父母有关。

以上讲的是劳动人口，那劳动生产力又如何呢？国际劳工组织的资料显示，1996至2006年间，全球劳动生产力增长25%。十年间有这样的增幅，表现实在出色。

欧元区及美国劳动生产力年增率，历史数据与预估值	
欧元区劳动生产力年增率	美国劳动生产力年增率
1960~1980	4.8	2.1
1981~2000	2.1	1.5
2001~2005	0.8	2.5
2006~2010	1.1	1.5
2011~2030	1.8	2.2
2031~2050	1.7	2.2

资料来源：欧洲央行，Occasional Paper No. 51, August 2006, *Macroeconomic Implications of Demographic Developments in the Euro Area*; George Magnus, *The Age of Ageing*, John Wiley & Sons, 2009.

展望未来数十年，欧美劳动生产力每年料平均成长2%左右，美国成长速度略高于欧洲。按这样的速度，经通胀调整的人均所得每十年可成长逾20%。事实上，一名寿命80岁的女性，如果生活在生产力年增2%的地方，她死时人均生产力将是她出生时的4.8倍。正因如此，她死时社会人均所得将远高于她出生时。按我们的标准衡量，未来将极其富有。

多数新兴市场国家的生产力年增率显然将远高于2%，因为这些国家正在追赶发达国家，而且能以具竞争力的价格采用既有的新科技。此外，新兴市场有非常庞大的劳动力储备，例如现今就有6亿人住在亚洲的贫民窟，几乎毫无经济产出。还有数以亿计的农民以非常古老的方式种田，而未来他们将迁居城市。我们已看到中国等地这种城市化趋势的影响。

发达国家面对劳动力萎缩的问题，显然可以考虑另一办法：鼓励移民。但是，事实是，移民的工作意愿平均而言仅略高于本地居地，而且一段时间之后，他们通常会将亲人（可能是一大串）也带进来，而这可能会加重社会的负担。特别麻烦的是，来自落后地区的移民，可能欠缺对现代社会运作方式的基本了解与尊重，因此可能反对民主、宽容与多元主义。此外，移民涌入会令社会更拥挤，而他们的生育率也往往高于本地人。甚至有不少例子显示，移民的子女融入社会的情况还不如父母，结果长期失业或沦为罪犯。德国等国家还遭遇一个问题：移民的子女学业表现显著不如本地学生。因此，移民短期内或许有助于缓解人口问题，但长期而言大有可能令抚养比恶化，并导致公共支出不成比例地增加。

但这问题有一个例外情况,那就是高收入移民。他们通常是受过高等教育,或是富有创业才能的人。此类移民不仅能填补职缺,还往往能开创新商品与服务,甚至是开设新公司,促进就业、税收与经济成长。高收入移民会以低税及商机丰富的国家为目的地。例如,美国取得博士学位的人,至少40%是移民。此外,美国的研究显示,移民创业的可能性高于本地人。哈佛法学院的维维克·瓦德哈(Vivek Wadhwa)指出,美国1995至2005年间开设的工程与科技公司,四分之一至少有一名新移民创办人。我可以想到三个原因解释这现象。首先,移民他国必须有颇强的积极性才能成事,这意味着成功移民者往往并非泛泛之辈。第二,新移民在社会中一般比较孤立,因此更有必要开创事业。第三,人们移民通常是因为相信自己具有优秀潜质,在另一个国家更能一展所长。

我已提到人口老化的财务负担,接下来我想稍微仔细说说这问题。首先问大家,以下说法对吗?

"领导市场的成熟企业一般能赚得大量可自由运用的现金。换句话说,此类企业享有非常大的盈余。这些盈余有一部分会投资在新创企业上。"

这段话说得对。再看以下这段:

"OECD国家一般存很多钱,并将这些钱投资在前景亮丽的新兴市场。此外,这些国家拨出巨额资金,准备支付逐渐老化的人口未来的退休金及医疗费用。"

听起来合情合理,但事实却非如此。当前的反常事实是,贫穷的新兴市场国家大量借钱给富国使用,而在养老支出即将暴增之际,多数受影响的发达国家几乎未曾为此存钱。

这看来真的很异常,但我可以提出一些原因解释。首先,已开发经济体在1980至2007年间大幅扩张。在这种环境下,人们自然倾向得意忘形,假定好日子将延续下去;既然如此,又何必储蓄?此外,发达国家多数民众从不曾经历战争或萧条,而且他们期望政府在环境恶劣时照顾他们,这令他们认为自己不必储蓄。不过,最重要原因可能是资产价格(尤其是房价)持续大涨，许多人因此不必储蓄也变富有了——只要资产价格能保持升势。这令许多人认为自己是在储蓄的。新兴市场国家的民众则因为社会保障制度不健全，而且近年的危机记忆犹新，安全感远不如富国民众，因此会存很多钱。

发达国家储蓄不足，是一个巨大的威胁。问题有多严重？有时我会看《金融分析师期刊》（Financial Analyst Journal），该期刊2007年3/4月号（Vol. 63，No. 2）有一篇颇吓人的文章，以下是其摘要：

> 美国联邦政府若是正确记录其明确债务及允诺的义务，2006年美国财政赤字将是2.4兆美元，而国家负债则高达64兆美元。虽然资本市场似乎很关心官方公布的预算赤字（这是后顾式数字，反映已发生的事，很容易误导人），面对联邦政府预算赤字料持续扩大、无比严重的情况，市场除了打呵欠外没有什么反应。是投资人无知吗？投资人应谨记，资本市场会出大错，原因正是人们普遍相信市场不会出大错。

让我换个方式讲：如果你认为美国现在就应该为每年累积的债务存好钱，而该国2006年预算赤字高达GDP的20%左右（补充一句，2009年更是高达GDP的30%）。2006年，美国国家总负债是63.7兆美元，相当于美国全部土地、大楼、道路、汽车、工厂、金融资产，以及所有美国女性的珠宝之总价值。就此而言，该国其实是资不抵债的。这是2007~2009年的危机爆发前。因此，有一天美国真的会垮掉，美国公债将变得一文不值。世界将几乎没顶——至少财务上是这样。又或者，这只是理论上的情况。

这可不是开玩笑的事，但或许没上面讲的那么严重。毕竟，如果拿现有的资产跟未来40年的债务相比，谁不是资不抵债？多数人、多数公司，以至多数国家能够保持不破产，是因为他们未来持续会有收入。美国的储蓄低于应有水平，但也未至于资不抵债。

不过，多数发达国家的确有储蓄不足的问题。英国理财教育公益团体信贷行动（Credit Action，www.creditaction.org.uk）的资料显示，2008年4月，英国消费者负债每五分钟增加约100万英镑。该组织的网站这么描述英国那年的国民统计：

- 消费者今天将再借入3.04亿英镑
- 消费者今天将支付2.59亿英镑的利息
- 家庭平均负债今天将增加12.22英镑
- 今天将有74间房子因为房贷违约而遭金融机构没收

- 今天将有292人宣告无力偿债或破产
- 今天将有388宗向法院提出没收房贷抵押品的申请，而法院将发出272项没收房贷抵押品的命令
- 今天将有404宗房东收回出租物业的申请，而法院将发出306项由房东收回出租物业的命令

以下这个有趣现象，可以看出英国人欠缺储蓄观念：18至24岁的民众被问到什么是ISA（免税储蓄账户）时，约15%说应该是一种iPad配件，10%则说是一种能量饮料。

以前的社会曾经是多数人退休后不久就逝世，如今许多人会过快乐漫长的退休生活，也就是所谓的"黄金时光"。这很好，但民众和政府必须为此存够钱，而他们偏偏又没这么做。以前美国储蓄率有多年时间徘徊在8%左右，这是不够的，但储蓄率随后还持续下滑，2005年春甚至跌至负值。

日本又如何？我想多数人会认为日本人存很多钱，以前确实是这样。"二战"之后，日本人的储蓄平均约为GDP的15%，1970年代还升至20%左右。但这比率随后触顶并大跌，2005~2006年日本人的储蓄跌至仅为GDP的3%。2010年，30~40岁的日本人会存起6%~7%的所得。而这些人父母那一代，在30~40岁时会存起25%~28%的所得。日本的储蓄还有一个问题：绝大多数是报酬率接近零的现金与存款，仅约15%放在股票上。这意味着日本的储蓄无法像其他地方那样靠投资报酬滚存累积。

欧洲方面，储蓄率最低的国家包括英国与西班牙。如我稍早提到，这很可能跟两国的房市荣景有关。欧陆国家如德国、法国与意大利的储蓄率是较负责任的8%~11%，属较合理的水平。但是，一般来说，愈往欧洲南部走，愈难找到储蓄明智，投资赚取良好长期报酬的人。欧洲北部民众的储蓄主要投资在股票及投资基金上，南欧人则主要持有债券、第二间房子或现金，后一组资产的报酬率一般较低。

人口老化、劳动力萎缩有好处吗？我可以想到几个好处。社会老化时，继承遗产的子孙数目将减少。许多家庭的情况是父母的劳动成果将由独子继承。此外，大学入学压力将减轻，而技术要求较高的工作也会比以前好找。最后是购屋的负担应可减轻。

老化问题有解决方法吗？事实上是有的。问题可以结合以下措施处理：提高退休年龄、降低退休金给付、加税，以及强制推行个人退休储蓄计划。

但是，这些措施不容易实施。高所得税会导致人才外流、逃税与工作意愿减弱，长期而言适得其反；增值税（VAT）若太高，同样会鼓励逃漏税。降低退休金给付很难实行，因为老年人握有许多选票，因此有很大的政治影响力。未来切实可行的方案，很可能是结合消费相关的税项（房地产、汽车、能源等）、强制性储蓄账户，以及较高及弹性的退休年龄（毕竟人们健康改善了）。

问题在于此类方案能否及时有效实施，避免财政崩溃。我估计多数国家做得到，但某些规模较小的国家最终可能难逃噩运。国家负债对 GDP 的比率超过 60%，情况通常就会令人担忧；而一旦年度利息支出超过名义 GDP 年度增幅，财政状况离令人恐慌的状态就不远了，因为届时负债对 GDP 的比率很可能从本已偏高的水平进一步上升，从此积重难返。2010 年时负债最重的发达国家是意大利与希腊，负债相当于 GDP 的 120% 左右。日本更是高达 180%，看起来更严重，但该国公债超过一半是由政府机关持有。负债属中等水平的国家包括美国、加拿大、德国、法国、瑞典、荷兰及葡萄牙；负债较轻的国家则包括挪威、澳洲、新西兰、爱尔兰、丹麦、西班牙、英国与芬兰。

最后再讲一件跟老化有关的事。许多人相信以下说法：人变老时会减少储蓄，卖出手上的债券与股票，因此对市场构成下跌压力。但事实不一定如此。学者研究各国民众在各人生阶段的储蓄情况，以下表格概括了该研究的结果。

各年龄层储蓄占所得之百分比						
年龄	英国	加拿大	日本	德国	意大利	美国
25~34	6	2	11	11	13	9
35~44	9	4	20	14	17	14
45~54	12	7	18	16	18	15
55~64	8	10	20	10	18	11
65~74	11	6	20	8	17	-5
75 岁以上	20	8	26	10	16	-7

资料来源：Steven A. Nyce and Sylvester J. Schieber, *The Economic Implications of Aging Societies: The Costs of Living Happily Ever After*, New York: Cambridge University Press, 2006.

美国人年老时的确会大幅减少储蓄，德国人会稍微减少。但另一方面，日本人及英国人年老时实际上会增加储蓄,而意大利人则大致保持不变。换句话说,并无有力证据显示人口老化将引发金融资产抛售潮。

此外,并无实证证据显示人口老化曾引发金融资产抛售。美国就业年龄人口于1920及1930年代增加,期间股价劲涨至1929年,随后崩跌85%,并低迷了许多年。相反,第二次世界大战之后至1970年代,美国就业年龄人口对总人口的比例下跌,但期间股价稳步上涨。

第五章

全球财富趋势

1945年至1975年间,国际资本流动量约为全球GDP的1%。但是,跨国资本流动自由化后,资本即有如溃堤之水。1975年至2000年间,国际资本流动量增至略高全球GDP的5%,而全球GDP在此期间大幅增长。

趋势并未就此停步。到2005年时,国际资本流动量已增至全球GDP的16%,而经济自由化趋势显然已演变成具有更大意义的现象:迈向全球化的超级趋势。新经济体的快速发展涉及各地民众、文化、企业及国家史无前例的合作。一切皆已国际化。例如,你在美国开车经过免下车汉堡餐厅,透过对讲机点餐。你或许不知道,接受你点餐、将资料输入餐厅计算机的人,并不在你眼前的建筑物里,她可能坐在印度某家提供此类服务的公司里。

如果你看过《ID4星际终结者》(*Independence Day*)这部电影,你一定会记得巨型外星母舰出现的场景。该母舰的体积约为月球的四分之一,绕着地球转,派出数十艘宽达24公里的飞船执行任务。真是令人难忘的场景。

想象一下,这是真实的事,而这些飞船里装满了"人",他们构成一个文明社会,经济产出等同美国、德国、日本、英国、法国及意大利(合称G6)的GDP总值。他们对各种资源的需求无疑非常大,他们的产出也极大。地球上若新增这样一个社会,世界经济将受巨大冲击——无论影响是好是坏。

而这跟我们将实际面对的情况其实相去不远。2010年,G6国家GDP总值估计略低于25兆美元,而四大新兴经济体——金砖四国——的GDP总值则略高于5兆美元。因此,2010年全球经济仍主要受旧世界支配。但到2030年,金砖四国的GDP总值估计将达约25兆美元(经通胀调整)。因此,届时这四国的经济规模将等同今天的六大发达国家。

这转变不过是20年间的事。而且，金砖四国的成长还将延续下去，达到G6今天的规模，只需要两至三年，这四国自2010年以来的经济产值增幅（不是经济总产值）将等同美国、德国、日本、英国、法国及意大利2010年的经济总产值。巨大的飞船已经着陆。事实上，如果我们将N-11国家也算进来，不用20年，新兴市场经济产值的增幅就会超过今天G6的总产出。它们所增加的产出，不到20年就等同今天G6的总产出。

这就是我们面对的情况。想象一下，你坐一架飞机，飞越美国每一处，然后飞越英、德、法、意每一处，再飞越日本每一处，你看到的所有东西、这些国家里的一切，规模等同新兴市场不到20年内将创造出来的新文明。所有的房屋、道路、汽车，一切的财物，新兴市场国家20年内将创造出来。而且20年后，它们将以更快的速度继续创造一切。

商业与投资领域有些数字并不是很重要，但另一些数据则令人目瞪口呆，这些才是你真正必须理解的数字。新兴经济体预期中的成长，的确是令人目瞪口呆的。

当然，有人会怀疑这种预期是否脱离现实。万一高盛及其他预测者全都大错特错呢？例如，这些预测者多数遭次贷萨拉米香肠危机杀个措手不及（但不包括高盛），他们的眼光真有那么准吗？

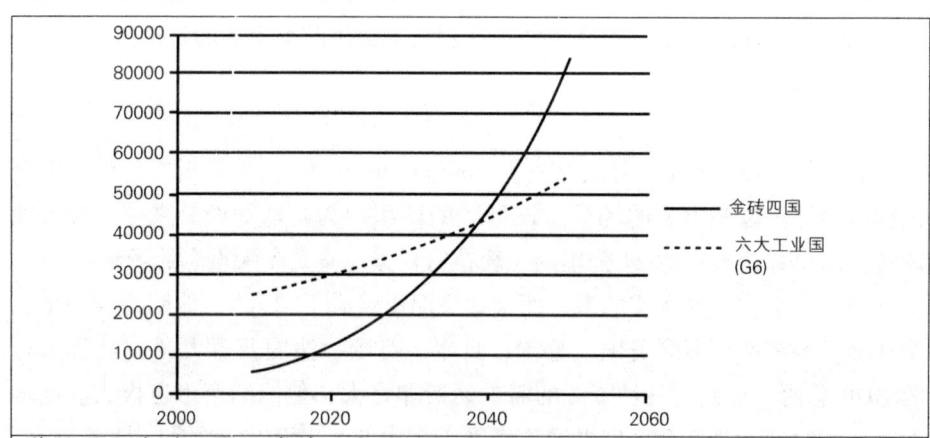

此图显示金砖四国（实线）与六大工业国（虚线）2010至2050年间GDP预估值，单位为千美元。从图中可见，至2040年，金砖四国的经济规模将超过六大工业国。国际市场已感觉到来自这四大新兴市场的巨额资金，这趋势未来必将增强。

资料来源：高盛2003年研究报告 *Dreaming with the BRICs*

我的看法是，新兴经济体要做到我描述的事，并不需要不可思议的奇迹。日本、新加坡、中国香港及韩国等地已示范了这种经济发展过程，而这当中其实并无秘诀，不外乎自由市场、教育、储蓄及低税。西方国家也经历过这种阶段，只是新兴市场国家如今有一大优势：他们可以跳过整代的旧技术，直接采用生产力最强的最新技术。这些国家的首批火车，不像西方国家那样是蒸汽动力火车；他们使用的首批手机，也不会是每个重达25公斤。富国在经济发展上带头，新兴经济体追随在后，这比带头前进省力多了。再加上全球85%的人口居于新兴市场国家，全球GDP势将暴增应不难理解。

但是，以上引述的数字来自高盛2003年的研究报告。2009年末，高盛发表一份新报告，表示他们的预测可能有显著偏差。2003年以来，新兴经济体的成长远比高盛原本预期快，而发达国家的成长则不如预期。因此，新兴市场亮丽的成长前景，是确凿无疑的。

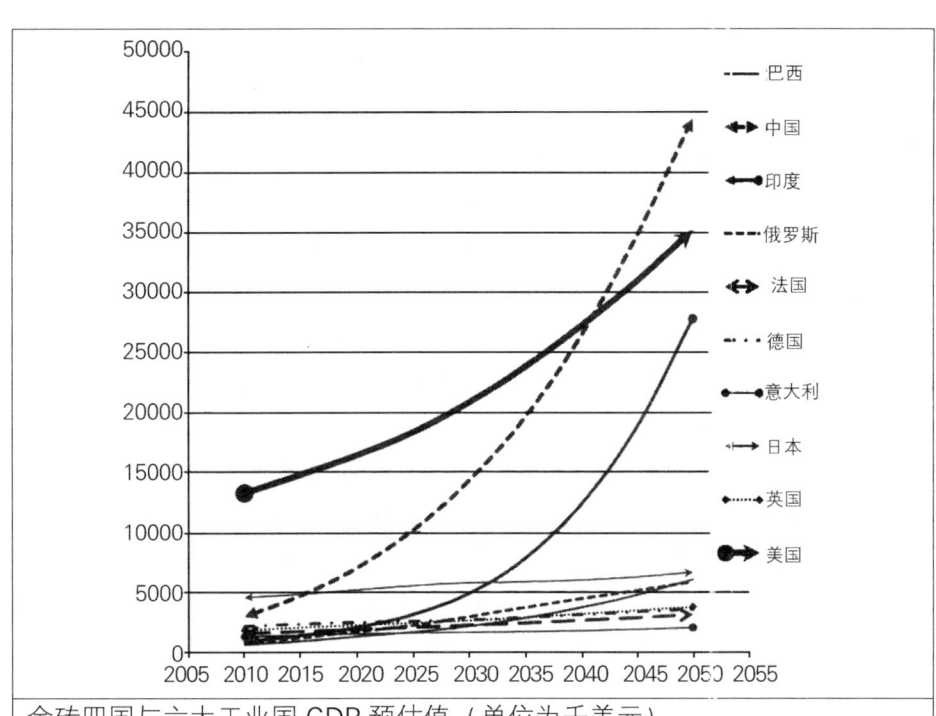

金砖四国与六大工业国GDP预估值（单位为千美元）
资料来源：高盛2003年研究报告 Dreaming with the BRICs

新兴经济体快速成长之际，社会也将持续城市化，许多民众的生活将因此根本改变。1800年，世界人口仅3%住在城市里。1950年，这比例已增至约三分之一。下图清楚显示城市化为什么是非常重要的趋势。该图显示全球城市与农村人口自1950年起的走势。至2050年，全球城市人口比例料将增至三分之二。

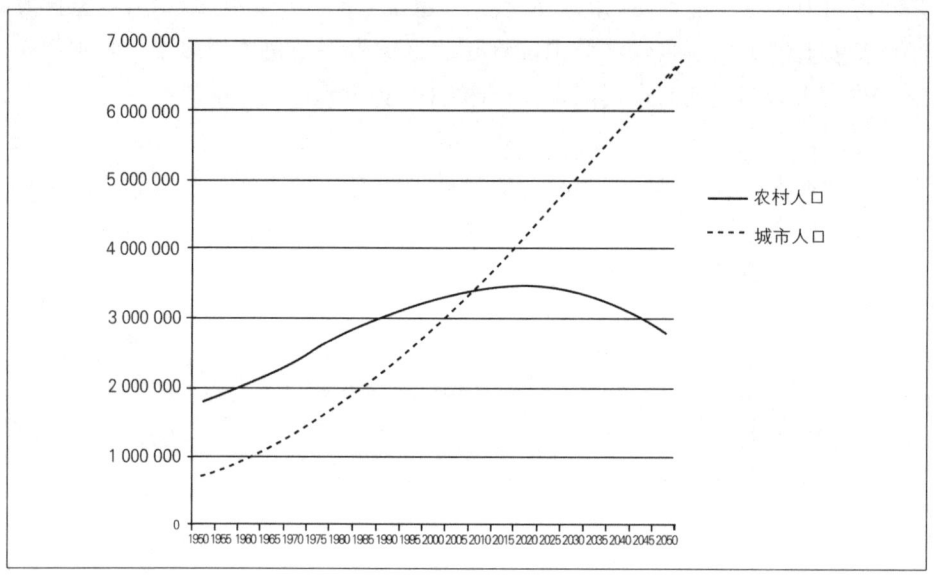

如该图显示，未来40年间，全球城市人口将增加约30亿，也就是平均每年增加7 500万。城市化是一个超级趋势，它意味着许多人将骤然体验和城市生活相关的一切，例如汽车、公寓、商店、媒体与品牌。城市生活有许多坏处，例如城市多数嘈杂，有些城市污染严重，而且可能不是儿童成长的好环境。但是，城市化有其优势。城市居民人均消耗的能源，往往远低于郊区或农村居民。此外，在新兴市场国家，城市居民较可能获得干净的食物、饮用水，较好的医疗服务及教育机会，而且有很多机会接触新观念与新知识。城市居民通常不会生很多小孩，因为不再务农的人不需要儿女的劳动力，而且孩子都必须上学。此外，随着城市化速度超过全球人口成长，一些农村地区的人口将减少。

———

人们感受到新兴经济体成长效应的途径之一，是透过我称为全球"钱潮"（wall of money）的现象。经济快速成长加上本国货币升值，将令新兴市场消费者的国际购买力整体大幅提高。有些地方将经历西班牙某些地区曾经历的情况：欧洲北部的人蜂拥而至，买进大量土地（顺带一提，这过程本地人通常适应得很糟），建起别墅与公寓。一些欧洲人也已见识过俄罗斯有钱人的厉害，他们骤然出现，以无人能及的高价购进房地产、游艇、飞机与收藏品。

讲到有钱人，美林及凯捷（Cap Gemini）多年来共同发表有关"高净值人士"的研究报告。所谓高净值人士，是指不包括主要住所与消费品在内，净资产超过100万美元的人。换句话说，这是针对富人可用于投资的财富之调查（凯捷如今独自发表报告）。

相关报告显示，高净值人士数目2006年大幅增长至950万人，共持有37兆美元的金融资产，平均每人380万美元。注意：这数字不包括这些人士的房地产或其他固定资产，也不包括财富较少的人的资产。2008年，高净值人士持有的金融资产已增至40.7兆美元，人均值首度超过400万美元。此外，可自由运用的私人财富超过3 000万美元的人，也就是所谓的"超高净值人士"，数目增至1 010万，成长最快的国家为印度、中国与巴西。

这是在金融危机之前。2009年初，全球高净值人士数目较上年减少14.9%，财富则萎缩19.5%。超高净值人士也减至"仅有"860万人。但是，全球高净值人士持有的金融资产估计将能保持年均8.1%的成长速度，2013年增至48.5兆美元。下表显示2013年高净值人士持有的财富之分布情况：

各地区高净值及超高净值人士2013年预计持有的可自由运用财富		
区域	财富金额（兆美元）	占全球百分比
亚太	13.5	28.07
美国	12.7	26.40
欧洲	11.4	23.70
拉丁美洲	7.6	15.80
中东	1.9	3.95
非洲	1.0	2.08
资料来源：凯捷2009年世界财富报告		

上述预测特别值得注意之处是，2013 年这些有钱人的总财富将比 2008～2009 年市场崩盘前的高点多 20% 左右。此外，亚太区的财富将称冠全球，占全球的比例将从 2006 年的 23% 升至 2013 年的 28%。

未来数十年，全球钱潮的规模将有多大呢？假设 2010 至 2030 年间，金砖四国加 N-11 国家经济产值将共增加 25 兆美元（这估计如今显得有些保守）。加上经合组织国家，经济产值总增幅将约为 40 兆美元。

如第二章所述，浮动价格资产总值约为 GDP 的四至五倍。储蓄与资产需要时间累积，资产成长速度因此不会很快；但另一方面，多数新兴市场国家储蓄率很高，资产成长速度因此较快。简单起见，假设新兴市场的资产与 GDP 保持正常比率。据此估算，2010 至 2030 年的 20 年间，新兴市场资产将实质增加 160 兆～200 兆美元。1 兆是 1 加 12 个零，因此这预估增幅是 160 000 000 000 000 至 200 000 000 000 000 美元。接下来我想讲一点趣事。我找到一个网站（http://87billion.com/），上面显示不同数量的百元美钞实际有多大。该网站最大金额的例子是 3 150 亿美元：如果以百元美钞叠起来，将有"125 英尺宽、200 英尺长、450 英尺高"，相当于曼哈顿一栋摩天大楼的体积。因此，160 兆～200 兆美元以百元美钞叠起来，相当于 450～500 栋摩天大楼，也就是整个曼哈顿的摩天大楼那么多的百元美钞。

如果我们展望至 2050 年，并将焦点放在全球实质 GDP 与财富上，相关数据会更有趣。资诚（PricewaterhouseCoopers）2006 年发表了一份报告，名为《主要新兴经济体规模预估及经合组织国家竞争对策》（*How Big Will the Major Emerging Market Economies Get and How Can the OECD Compete*）。下表显示该报告的一些预测。

主要经济体 2005 及 2050 年人均 GDP				
	按市场汇率计算之人均 GDP		按购买力平价计算之人均 GDP	
	2005	2050	2005	2050
美国	40 339	88 443	40 339	88 443
加拿大	31 466	75 425	31 874	75 425
英国	36 675	75 855	31 489	75 855
澳洲	32 364	74 000	31 109	74 000
日本	36 686	70 646	30 081	70 646

（续表）

主要经济体 2005 及 2050 年人均 GDP			
按市场汇率计算之人均 GDP		按购买力平价计算之人均 GDP	
2005	2050	2005	2050
法国	33 978	74 685	29 674	74 685
德国	33 457	68 261	28 770	68 261
意大利	29 455	66 165	28 576	66 165
西班牙	23 982	66 552	25 283	66 552
韩国	15 154	66 489	21 434	66 489
俄罗斯	4 383	41 876	10 358	43 586
墨西哥	6 673	42 879	9 939	42 879
巴西	3 415	26 924	8 311	34 448
土耳其	4 369	35 861	7 920	35 861
中国	1 664	23 534	6 949	35 851
印尼	1 249	23 097	3 702	23 686
印度	674	12 773	3 224	21 872

资料来源：资诚公司 2006 年报告《主要新兴经济体规模预估及经合组织国家竞争对策》

我想这表格比较有意思的是右边两栏，它们显示主要经济体 2005 及 2050 年经通胀调整的人均 GDP。该表显示，在此期间，美国人均实质所得将增加一倍以上，而其他发达国家人均所得则估计将增加一至两倍。表中最底下的七个发展中国家，人均所得的增幅则高得多。总人口目前接近 40 亿的这些发展中国家，人均购买力将增加 3~5 倍。

这表格的数字还有一些有趣之处。首先，新兴经济体名义人均 GDP 的涨幅，远高于按购买力平价（PPP）计算之数值。这意味着这些国家所得成长之余，货币也将升值。如果你住在某个经合组织国家，超长期投资这些新兴经济体（譬如说持有相关国家的股票与房地产）将可双重得益。

此外，新兴经济体 2050 年时的生活水平也值得注意。表格第三栏显示，按购买力平价计算，2005 年德国人均 GDP 为 28 770 美元，法国为 29 674 美元。第四栏显示，按购买力平价计算，俄罗斯与墨西哥 2050 年人均 GDP 均将超过 4 万美元，而巴西、土耳其与中国将约为 3.5 万美元。许多新兴市场国家 2050 年的生活水平，包括最大的 5 个，将高于德、法 2005 年的水平。以今天的标准衡量，未来的世界将极其富裕。此外，到 2050 年时，国际所得分配将远比今天平均。

资诚的报告并未聚焦于 2050 年的财富展望，但我想用其数字估算一下。根据该报告，2010 至 2050 年间，全球 GDP 以购买力计将成长约三倍，也就是从一年约 60 兆美元增至 240 兆，增加 180 兆美元左右。2010 年的资产值因金融危机而受挫，但如果我们按浮动价格资产相当于 GDP 四至五倍的"正常"比率计算，那么 2010 年至 2050 年间，全球浮动价格资产总值将实质增加约 800 兆美元。某些资产市场可轻易扩张，吸收这种财富增长。例如，市场届时肯定将供应更多股票、公司债及房地产。但也有一些资产的供给是无法增加的，例如优质沿海土地，又或者是博物馆级的收藏品。此类资产有一些将疯狂涨价，一如泡沫期间那么疯狂。

本章稍早我谈了人口老化与劳动力触顶/萎缩的问题，但接着就说未来数十年经济料将强劲成长。这说得通吗？在此背景下，未来 40 年间世界 GDP 真的能实质增加三倍吗？欧洲人口不成长，经济产出真的能增加一倍以上吗？

让我们看看下面这表格，它显示欧元区以下四项资料：(1) 就业年龄人口变化；(2) 生产力年成长率；(3) 人均工时变化；(4) 实质 GDP 年变动率。

欧元区实质经济成长、历史数据与预估值				
	就业年龄人口 年变动率	生产力 年成长率	人均工时 年变动率	经通胀调整 GDP 年变动率
1960~1980	0.7	4.8	-1.2	4.3
1981~2000	0.5	2.1	-0.3	2.3
2001~2005	0.4	0.8	0.1	1.3
2006~2010	0.2	1.1	0.8	2.1
2011~2030	-0.3	1.8	0.2	1.7
2031~2050	-0.6	1.7	0.1	1.2

资料来源：欧洲央行，Occasional Paper No. 51, August 2006, *Macroeconomic Implications of Demographic Developments in the Euro Area*; George Magnus, *The Age of Ageing*, John Wiley & Sons, 2009.

最右栏显示经通胀调整的 GDP 年变动率，数据显示欧元区 1960 至 1980 年间实质 GDP 快速成长，但随后显著放缓。估计 2010 至 2030 年间，欧元区 GDP 年成长率将降至 1.7%，而 2031 至 2050 年间则降至仅 1.2%，实在很低。我将在本书稍后指出，拜信息科技和基因技术之创新，劳动生产力未来有望大幅成长。上表第二栏（生产力年成长率）实际上作了类似假设。简单来说，人口老化起初将令欧元区经济年成长率降低 0.3 个百分点，然后是降低 0.6 个百分点。相对于 1980 至 2000 年，欧元区经济成长率将几近减半。

接下来这表格显示美国的情况，显然比欧元区乐观。美国经济未来应可保持 2.5% 左右的成长率，这是我不相信流行的美国经济崩溃论的原因之一。假设经济年均成长 2.55%，持续 40 年，美国经济 2050 年的规模将是 2010 年的 2.6 倍。美国的确有收支失衡的问题，但该国将保持强大的经济实力。

美国实质经济成长、历史数据与预估值				
	就业年龄人口 年变动率	生产力 年成长率	人均工时 年变动率	经通胀调整 GDP 年变动率
1960~1980	1.6	2.1	−0.1	3.6
1981~2000	1.1	1.5	0.6	3.2
2001~2005	1.1	2.5	−1.1	2.5
2006~2010	0.7	1.5	−0.5	1.7
2011~2030	0.3	2.2	0	2.5
2031~2050	0.2	2.2	0.2	2.6

资料来源：欧洲央行，Occasional Paper No. 51, August 2006, *Macroeconomic Implications of Demographic Developments in the Euro Area*; George Magnus, *The Age of Ageing*, John Wiley & Sons, 2009.

我没有日本的相关数据，但该国前景不可能很好，因为：（1）该国劳动人口持续萎缩；（2）国家负债已达危险水平；（3）生产力成长缓慢。日本可能变得像美国汽车厂商那样，业务规模萎缩之际，福利负担成为无法承受之重。既然成长可以解决债务问题，那么萎缩是可以酿成债务困境的。日本是现代首个名义 GDP 长期萎缩的主要经济体。因此，我们的主要结论是：美国经济前景还不错，欧洲成长速度会慢一些，日本则将显著萎缩。

新兴市场的经济前景则截然不同，以下是多数新兴经济体的共同特征：

1. 处于自由化过程中。
2. 经济成长率相当高。
3. 高储蓄率。
4. 政府财政健全。
5. 经常账有盈余。
6. 币值低于应有水平。
7. 借贷文化处于早期阶段。
8. 很高的抱负。
9. 平均年龄较低。
10. 低税。

并不是每一个新兴经济体均符合所有上述特征，但的确有一些符合全部特征，还有许多接近符合全部特征。这些经济体将快速成长，而这足以抵销全球人口老化的效应。

值得注意的是，新兴经济体成长之际，其货币应将升值，这一点我稍早已略为提到。我个人认为，这趋势将持续至新兴经济体的生活成本接近——或高于——多数经合组织国家。想想西班牙的例子。我19岁时（1976年），曾和一位朋友在冰岛两家乳牛场工作了四个月。我们随后去了西班牙，拿这四个月的工资当头期款，在太阳海岸（Costa del Sol；译注：西班牙南部地中海沿岸地区）买了一栋位于山顶，含3万平方米土地的房子。这栋房子总价约1.2万美元，并无自来水、厨房或卫浴间。我们花了约6 000美元装好这一切。我们不过是工作了几个月的大学生，但在西班牙几乎就是有钱人了。当时西班牙是新兴市场国家，一切真的很便宜。

2007年，也就是21年后，我和（西班牙裔）妻子到西班牙的马略卡岛购买避暑别墅。我想，以我们现在的购买力，可以买一间非常奢华的。结果我们大感意外：当地房价和瑞士最贵的地区不相伯仲，远比德国等地昂贵。我们去看一间600平方米的房子，含通往海边1万平方米的土地。的确很好，但要价是2 200万欧元（结果我们买了一间较便宜的）。

关键在于资金将流向经济快速成长，以及人们想居住的地方。因为未来经济成长主要源自新兴市场，相关国家的货币将大幅升值。升值速度与幅度很难预测，但撰写本书时，我是一家软件公司的股东之一。这家公司在楚格（瑞士）、纽约、香港及深圳设有办公室。我对公司的成本结构了如指掌，知道中国办公室的租金加资深软件开发人员的薪资,是瑞士或纽约的七分之一。因此,就此例而言,中国的物价水平要上涨六倍才会与瑞士或纽约相同——途径不外乎通货膨胀或货币升值。

———

阅读本章时,你或许一直在想,这些不过是经济学家的预测,完全没提到财富及所得成长将靠什么因素推动。"我们怎么能这么肯定全球经济将如此大幅扩张?"问得好。"什么样的科技才能让这种展望有一丝成真的希望?"你可能还有其他忧虑:"成长不是已达致大自然允许的极限了吗?环境压力和资源短缺不会迫使我们终止经济成长,甚至将经济规模缩小至更可持续的水平吗?"

下一章我们来谈科技问题,再下一章则谈环境问题。

第六章

全球科技趋势

现代智人（homo sapiens）的历史可追溯至约 20 万年前，期间绝大多数时候我们过着狩猎采集的生活。人类花了数千年时间，才学会磨利石头的一边，拿来当工具用。然后又过了数千年，才有人想到可以将石头两边都磨利。至于将两边磨利的石头装在木柄上当斧头用，则又是数千年后的事了。

但是，上一个冰河期约 11 500 年前结束后，人类发明了耕种。数百年前，人类社会进入工业年代。火车、汽车、飞机、化学工业、电力陆续出现，新事物的普及速度愈来愈快。火车从面世到 80% 的美国人负担得起这种交通方式，花了 120 年，电话是 100 年，收音机是 70 年。然后是电视，这次又快一些，只花了 60 年。

IBM 个人计算机 1981 年面世，随后是网际网络，后者只花了 20 年，就已在美国取得 80% 的普及率。下一个关键发明是手机，15 年就已取得 80% 的普及率。苹果公司推出 iPhone 后，"app-store"（应用程序商店）也开张了。这是一个市场，独立软件公司在此销售基于苹果行动技术的软件与服务。开张头 12 个月，已有约 3.5 万个软件推出，用户下载次数超过 10 亿。这一年内，每天平均约有 100 个 iPhone 应用程序推出，日均下载次数近 300 万。换句话说，平均每小时下载次数 125 000，每分钟 2 000 次，每秒约 33 次。这不过是第一年的情况，而且只是许多行动技术平台的其中一个。这种创意爆发实在应列入《吉尼斯世界纪录》。不仅是发明的脚步加快了，新商品的普及速度也愈来愈快。

在此同时，我们的知识也加速累积。加州大学柏克莱校区 2005 年一项研究显示，全球数位信息 2004 年增加了 60%，而这一年的增幅，就已经是美国国会图书馆既有资料的 57 000 倍（为什么这令我觉得图书馆前途有限）。每年付梓的新书高达 100 万种左右。以大众为市场的期刊约有 8 万份，学术期刊 4 万份，通讯（newsletter）4 万份，报纸 2.5 万份。真是巨大的数量。人类的创新与知识似乎正指数式成长。

这怎么可能？原因之一是"后设概念"（meta-ideas）的传播。所谓后设概念，是指启发、发展、检验、捕捉、散布及运用概念的新方式。举例来说，第一部印刷机就是一种后设概念，它让所有其他概念得以快速有效传播。古腾堡（Johannes Gutenberg；译注：约 1398~1468，发明活字印刷术的德国人）的第一部印刷机 1450 年面世，标志着欧洲开始在世界舞台上崛起。远洋船，如西班牙的卡拉弗（caravel）轻快帆船，也发挥了类似作用。西班牙人到达美洲后，将自身的一些观念传给了印第安人，同样也将印第安人的一些观念带回欧洲，包括洋芋、番茄、玉米、可可、香草、烟草及许多其他作物之种植。

后设概念的例子非常多，包括引导人们追求真理的复杂思想体系，如逻辑、科学方法、数学、统计学、学术论文的同行审阅制度、言论自由及新闻自由等。较新的后设概念包括大学、专利及版权法、卫星电视、国际银行业、创投业，以及网际网络。后设概念产生巨大的网络效应，促进意念与知识的流通发展。

在这些概念形成前，人们有如生活在孤岛上，受制于迷信和严重的团体盲思。他们会视身边的事物，如雷暴，纯粹是神灵创造的现象，而跟合乎逻辑的自然现象无关。他们假定有某种神秘的以太（ether）、液体或灵魂，不去研究遵循数学/物理/化学定律的实际力量。他们若是发现一些新东西，会保守秘密，尝试私下出售。他们如果发现一些新资料，会加以扭曲以迎合既有观念，或是折磨发现新资料的人，直至他们承认既有观念是正确的。

最伟大的 15 个后设概念

若不是有伟大的后设概念，新概念很可能快速丧失，或未能发挥效用。以下为历来最伟大的后设概念。

1. **逻辑**。逻辑发展出教人借由有条理的思考，辨明真假的系统工具。
2. **写作与印刷**。借由文字、符号、音符或图表记录思想与概念，让它们得以超越时间与地域。

3. **观察自然**。有系统地记录自然现象。
4. **基本科学方法**。借由客观的积累获取知识。提出合乎逻辑的假说解释能观察到的现象,描述可证明假说是否成立的可能方法,有条理地加以检验。
5. **在受控环境下复制资料**。将某些现象从它们复杂的环境中隔离出来,在受控的环境下检验。
6. **奥卡姆剃刀原则**(Occam's razor)。将科学解释简化为最简单的真实形态。
7. **正式评审制度**。正式的科学论文必须接受称职的同行审阅,同时维持媒体上活跃的非正式同行评审。保持新闻自由。
8. **以数学方式描述自然**。可能的话,以统计概率及相关性或数学公式描述科学观察(不排斥其他描述方式)。借此提供支持或否定假说的数学/统计证据。
9. **以论文论学术功劳**。率先在合格期刊上发表经同行评审的论文,以科学方式描述新现象或新理论的人,被承认为该现象或理论的发现者。
10. **保留权利**。以专利、版权与商标等方式保护智慧财产权。
11. **旅行与迁徙**。人的流动促进意念之交流,人们也能观察到新事物。
12. **银行业与创业投资**。资金配置的基础设施,让最佳构想获得资本支持。
13. **电讯技术**。使观念得以对大众快速传播,也允许互动交流。
14. **以科学为基础的教育**。学校与大学等机构提供以科学为基础的知识与技术,并检验、记录这些知识,使人们能仰赖它们。
15. **私营企业与产权制度**。提供财务诱因,鼓励人们将意念转化为商品与服务。

以科学为基础的教育是最伟大的后设概念。全球高等教育机构在学人数,似乎每15年左右就增加一倍,这意味着思考、传播知识、执行创新的人愈来愈多,而且这些人还愈来愈聪明。新西兰学者詹姆斯·弗林(James R. Flynn)发现,人们的智商测验分数逐年上升,而这现象几乎举世皆然。这发现如今称为"弗林效应"(Flynn Effect)。发现这现象之前,研究老化如何影响智商的科学家简单比较各年龄层的智商,得出智商会因为老化而衰减的结论。虽然这结论是对的,但弗林发现,研究者测量到的年龄智商差异,有一部分其实是基线误差（baseline errors），因为每一世代的平均智商其实持续升高。

智商为什么会升高呢？有人自然假定这完全是因为教育改善之故。但是，智商测验中最受教育影响的部分，如词汇、算术及常识，其实并未真正改善。真正改善的，是人的"原始智力"（raw intelligence）。这现象显示在所谓"一般智力因素加载测验"（general intelligence factor loaded tests），如"瑞文氏推理测验"（Raven's Progressive Matrices）的结果上。一般智力因素的概念，是基于极其普遍的现象：一个人若是在某方面很聪明，极有可能在许多其他方面也很聪明。

因此，人类大体上的确是愈来愈聪明了，而教育并非解释这现象的好因素。混种优势（heterosis）可能是促成这现象的因素之一：不同地域、种族的人结合，下一代的基因集父母之长，因此比父母更优秀。相反的情况是同系繁殖，会导致后代质量衰退。人类较以前更常旅行与迁徙，是促成混种优势的原因，未来时代的基因组合因此得以强化。但是，遗传因素肯定不是人类智力提升的唯一原因，因为基因的自然演变并没有那么快。环境因素，如营养改善、家庭规模缩小、教养质量改善可能是重要原因。这些因素也是现代人长得较高且更长寿的原因，而如果较高、较健康、营养较佳的人并未拥有较高的智力，那无疑是违反我们直觉的。对身体好的东西，对头脑应该也有好处。

全球智商每十年提升约3%，但地域差异显著，某些地方进步惊人。弗林研究荷兰某些地方1952年起的瑞文氏测验结果发现，如果将1952年的平均分数定为100，那么1982年的平均分数已升至121.10。也就是说，30年间升了21分，每十年升7分左右。他的研究显示，十多个国家也呈现类似趋势。20%的增幅无疑很可观，而全球每十年增加3%，则可能显得平平无奇。但我觉得这种衡量方式其实很容易误导人。例如，有些人可能直觉地以为智商140的人计算速度比智商70的人快一倍，但两者差异远非如此简单。下表显示智商分数代表的意义：

人类智商类别	
智商范围	类别
140以上	天才或接近天才
120~140	非常优秀的智力

（续表）

人类智商类别	
智商范围	类别
110～120	优秀的智力
90～110	正常或一般智力
80～90	迟钝
70～80	近乎弱智
70 以下	确定弱智
资料来源：D. Wechsler, The Measurement of Adult Intelligence, Williams & Wilkins, Baltimore, 1944	

如上表显示，智商分数的差异意义重大。智商 140 的人，可能是年收入数百万美元的顶尖科学家或商人，而智商 70 的人，则很可能在他并不怎么理解的社会环境中挣扎求生存。

根据《吉尼斯世界纪录》，智商最高纪录是 210，为韩国年轻人金雄镕（Kim Ung-Yong）所拥有。金雄镕 24 个月大就能说（说!）日、韩、德、英四种语言。3～6 岁时，他在韩国汉阳大学学物理，4 岁时就能解答高深的随机微分方程题。我大致能想象汉阳大学的学生和一名小弟弟一起上课的感受。不知道他那时是否含着奶嘴。7 岁时，金雄镕受邀访问美国太空总署。15 岁时，他在科罗拉多州立大学取得物理博士学位。智商是金雄镕一半（即 105）的人，智力可并不是他的一半。并不是说，智商 210 的人两岁能说四种语言，3 岁上大学，而智商 105 的人就是两岁能说两种语言，6 岁上大学。人类智力之差异，远大于智商分数所暗示的差距。

1995 年，美国心理学协会组成一个由尤力克·奈瑟（Ulric Neisser）带领的工作小组，全面评估智商研究的状况——这是一项所谓的"后设研究"（meta-study）。该研究的其中一项结论极不寻常：1932 年的美国儿童若是接受 1997 年的智商测验，平均智商分数将只有 80 左右（1997 年为 100）。这结论之所以不寻常，是因为如果 1932 年儿童平均智商是 80，那么按现代的标准，多数人其实是"迟钝"或"近乎弱智"的。我相信人类智力成长对促进知识发展与创新大有帮助。

总结一下，因为以下原因，人类知识与创新正指数式成长：

- 高等教育在学人数每 15 年增加一倍；
- 后设概念持续发展与传播；
- 平均智商每年成长约 0.3%。

我认为这些因素形成了知识成长的全球网络效应。这种效应会自我增强。那么，我们的知识成长速度实际上有多快呢？网络上有许多答案，从每年倍增到每 15 年倍增不等，热门答案是每 5 年倍增，但这些答案几乎全都没交代资料来源。不过我找到一项有趣的资料，那是 2007 年汤马斯·富勒（Thomas Fuller）发表的人类知识 25 个领域的成长情况。

人类知识指标年增率及倍增所需年数		
领域	年增率（%）	知识倍增所需年数
纳米科技专利	44.91	1.87
纳米科技期刊	42.03	1.98
全球暖化专利	38.62	2.12
普恩蛋白（prion）专利	33.76	2.38
程序设计专利	33.53	2.40
干细胞专利	26.47	2.95
普恩蛋白期刊	25.57	3.04
全球暖化期刊	24.71	3.14
流行病学专利	17.37	4.33
干细胞期刊	16.63	4.51
程序设计期刊	12.55	5.86
阿兹海默症专利	11.26	6.50
肿瘤学专利	10.02	7.26
阿兹海默症期刊	9.65	7.52
肿瘤学期刊	9.23	7.85

(续表)

人类知识指标年增率及倍增所需年数		
领域	年增率（%）	知识倍增所需年数
科技史学家普赖斯（de Solla Price）对世界科学文献成长率的估计	7.00	10.24
流行病学期刊	6.22	11.49
火星期刊	5.78	12.34
页岩油期刊	5.53	12.88
美国核发的专利	5.21	13.65
全球大学生数目	4.85	14.64
1970年起的天体物理学出版物	4.01	17.67
美国专利申请个案	3.88	18.21
美国出版的书籍	3.65	19.33
页岩油专利	2.58	27.21

资料来源：Thomas Fuller, http://newsfan.typepad.co.uk/does_human_knowledge_doub/2007/05/league_tables_a.html

　　根据这些资料，富勒认为，人类知识倍增需要超过5年的时间。我想根据自己的经验粗略估计一下。1983年，我在某家大学教经济学时，为学生写了一大本有关食品业营运规划的书。我手写（!），然后交给秘书用打字机打出来。这是非常耗时的工作，每次我拿着一堆草稿进办公室时，这位秘书总是以恶毒的眼光看我。文字稿都打好后，我们用胶水贴上图表，然后替学生影印、装订。真的非常费工夫。

　　数年之后，我替某家出版社写一本有关国际市场调查的书。为了写这本书，我必须跑图书馆，预订第二天才能到手的书和影印资料。然后我会看这些资料，得到一些启发，第二天再跑图书馆找更多资料。我在新买的奥利维蒂（Olivetti）计算机上打出整本书，很不幸这计算机每周死机好几次。又是很费工夫的工作，但比上一次手写并用胶水贴图表省事多了。

　　今天我们有先进的计算机、网际网络及Google等工具，我的工作效率远高于以前。我若是有问题，通常几分钟内就能找到答案。当然，我的阅读与思考速度跟以前完全一样，但如果我看到某项参考资料来自一本有趣的书，我可以从亚马逊网站把书下载到我的Kindle阅读器，马上就能开始看。我的计算机不再死机，而且拼字检查程序能帮我避免许多错误。如果我不确定自己是否已经写了某些内容，我可以用关键字快速搜索一下。如果我忘了某个档案存在计算机哪个资料夹里，我也可以用关键字快速搜寻我的计算机和服务器。还有，如果我想知道自己在网络上找到的某个大型档案是否涵盖我想找的资料，我也只需要做几次简易的关键字搜索。书稿写完后，我可以坐在山区的小木屋内，以电子邮件发给出版社。编辑若提出问题，我随时随地皆可用我的黑莓手机（Blackberry）答复。

因此，假设我作为知识工作者的生产力，2010年是1985年的10倍。据此计算，我的知识生产力年复合成长率约为10%。我想，涉及实务工作与实验（例如访谈、化学试验）的知识搜集，生产力成长速度会比较慢，假设是每年5%好了。这样的话，我们可以估计，个人的知识生产力每年成长6%~7%。

如果说2010年的知识工作者数目是1985年的三倍以上（每15年增加一倍），而这些人的生产力期间增加近三倍（每年成长6%~7%），那么2010

技术发展的摩尔定律

雷·柯兹威尔（Ray Kurzweil）是美国顶尖科技专家，至少被颁授16个荣誉博士学位，并曾获三位美国总统颁奖。科兹威尔曾多次创业，开发出许多科技产品，包括CCD平台式扫描器、文字至语音合成器，以及能准确复制真实乐器声音的音乐合成器。

柯兹威尔在自己的事业初期发现，在那些拥有出色意念及团队的初创企业中，少数最后大获成功的公司，主要是因为时机恰到好处。他认为，在高科技业要做到这一点，你必须在商业化所需的核心技术出现前，就开始研发工业，如此方能在技术成熟时立即推出产品。

受此发现启发，他开始追踪各种技术的发展情况，包括微处理器的每秒周转次数、成本、密度、性能及销售量，超级计算机的性能，DNA定序成本，基因图谱数据库，随机存取存储器每位元价格跌势、无线通讯价格/性能，网际网络之主机、流量及骨干频宽，专利，立体脑部扫描的分辨率等。他发现，涉及智能发展的多数事物，其演化速度是指数式的——也就是持续加速之意，一如计算机硬件的摩尔定律（注：有关摩尔定律，请参考本章稍后的说明）。

指数式成长对人类来说是难以理解的。我们的思考倾向是静态或线性的，我们因此往往大大低估了二三十年后智能型产品的性能。

的知识产出会是 1985 年的 12 倍左右；据此计算，人类知识年均复合成长率约为 10%，每 8~9 年增加一倍。如果人类知识继续以这速度扩张（稍后将再讨论这一点），那么我们 2030 年的知识将是 2010 年的 7 倍，而 2050 年知识将是 2010 年的 45 倍左右。果真如此，我们将迎来"知识浪潮"，其澎湃程度远远超过上一章提到的"钱潮"。想想未来 40 年人类知识成长 44 倍，那么全球 GDP 同期成长 3 倍就显得大有可能了。

但是，我们讲的是哪方面的知识？哪些知识成长最快？哪些对未来有最大影响？为回答这问题，我想倒退几步，检视基本自然科学的状态。我认为这包括：（1）数学；（2）统计学；（3）古典物理学；（4）化学；（5）量子力学；（6）遗传学。有些人可能会认为，天文学及地质学也应该算进来，但天文学大量借用数学与物理学，而地质学则主要涉及化学与古典物理学。因此我认为上述六门学科是真正基本的自然科学。

现在看看这六门学科，头四门看来已相当成熟。数学的首波重要突破，是希腊人 2 300~2 500 年前的贡献。我们今天使用的一些统计学模型，是 18 及 19 世纪研究出来的。我并不是说这些学科已不再进步，它们无疑仍在进步，只是很可能已不再加速进步了。我想这些学科的主要发现，大部分已经发生了。古典物理学也已经成熟了很长一段时间，而化学则主要建基于我们对周期系的理解，这系统早在约 150 年前，也就是 1869 年就已经有人提出。不过我想强调一点，化学在某些领域仍有重大难题，例如支援新世代计算机芯片的问题。

人类在这四门学科取得的成就，彻底改变了我们的生活。我们今天购买的东西，从牙膏、肥皂、杂志到汽车、飞机、食品以至房子，莫不拜应用相关科学知识所赐——若不是科技进步，我们不可能以现在的价格买到当前这种质量的商品。因此，至少从这角度看，预期这些学科未来数十年不会有重大突破，是情有可原的。

但是，量子力学——研究原子及次原子体系——的情况就有趣得多。量子力学与爱因斯坦的相对论（以及某些现代艺术）有一个共同特征：它们都几乎无法解释、无法理解。但是，量子力学理论却能轻易证明是正确的。量子力学为化学及经典物理学的许多领域打下更深层的基础，其分支包括量子化学、粒子物理、核物理、凝聚态物理、固态物理、原子物理、分子物理及

计算化学。这学科已大有发展，但无论如何仍称不上成熟。研究量子力学的

粒子加速器

核子科学家早就知道，世界上有比质子、电子与中子更小的粒子。他们如今惯常地讨论此类粒子，给它们冠上诸如正 K 介子（positive kaon）、Y（3940）、sigma-minus、lambda-C-plus、魅夸克 c〔charm-quark（c）〕及奇异夸克 s〔strange-quark（s）〕等名称。他们现在会参考一个"标准模型"，这模型某种意义上有如化学上的周期系。拜周期系的发展所赐，科学家能准确预知他们在自然中未曾见过的原子之存在。同样道理，核子科学的标准模型使科学家能预知更小的粒子之存在。他们给这些粒子冠上更奇特的名称，诸如 charmed-pentaquark、xi-minus-minus、X（3872）、神秘介子（mystery meson），以及备受期待的希格斯玻子（Higgs' boson）。

核子科学家使用设于日内瓦附近的强子对撞机（Hadron Collider），致力寻找上述一些粒子。这是一个 27 公里长的粒子加速器，首期试验的预算高达数十亿欧元。

科学家实际上正努力解答一些基本的大问题，例如宇宙有多少度空间，又或者是：

- 世界上最小的粒子是什么？
- 计算显示，地球上应该存在暗物质（Dark Matter），但我们又找不到。它们究竟在哪里？
- 暗能量（Dark Energy）是否存在？
- 宇宙起源的大爆炸（Big Bang）发生前，是怎样一种情况？

这些问题非常重要，而我们还不知道答案。但是，我相信到 2030 年左右，我们将能发现暗物质，也会知道宇宙间最小的粒子是什么。事实上，我想届时物理学家已就"大统一理论"形成共识。但他们目前还没做到。

量子物理未来数十年可以产生什么发明呢？人们最期待的，是符合经济效益的核融合反应器（fusion reactor），它可以将粒子加热至 120 000 000℃ 的超高温。这若能成为事实，未来数百万年，我们将有无限的干净能源可用。这将是不可思议的巨变，但科学家已为此努力了数十年。最乐观的估计是，

2030年左右就会有厂商推出这种反应器。不过,这当中还涉及许多不确定性,大有可能得耗费50或100年。2009年12月,卡汉姆核融合能中心(Culham Center for Fusion Energy)的网页这么说:

> 实验性核融合机器现在已能产生超过10 MW(百万瓦特)的电力。目前建造中、名为ITER的机器,将能产生500 MW的核融合电力。ITER预计将于2018年开始运作。虽然它已经有发电厂的规模,要产生稳定、可靠的电力仍有技术问题需要解决。因此,在ITER之后,估计还需要建一个核融合电厂雏形。核融合电厂开始发电估计将是30至40年后的事,视研究及资助的集中程度而定。

因此,最有可能的情况或许是核融合发电于2050年前成为事实,并将于接下来的数十年中普及。值得一提的是,科学家也尝试在非高温状态产生核融合能,可能是靠特定状态下的破裂气泡。但迄今为止,这方面的进展并不乐观。

另一个例子是量子计算机(quantum computer),这种计算机以电子的"自旋状态"(spin state)代表基本的信息单位(每一颗电子可以有四个间歇阶段)。量子计算机若研发成功,一部计算机的资料处理能力,就抵得上今天地球上全部的计算机。科学家正为此努力。

科学家也尝试创造出正常温度下具超导性能的物质。我不知道这是否办得到,但成功的话,能源传送的经济考量与地理面貌将彻底改观,而我们也将能够制造出远比人脑更快、更紧密的立体计算机芯片。这听起来像是科幻小说中的事物,但科学家的确正在努力研究。

但是,未来数十年,较可预测、最有希望的两个创新领域,很可能是生物科技与信息科技。为什么是生物科技?因为我们在这方面才刚获得连串突破,它们将彻底改变我们处理生命的技术。生物科技若要达致传统化学的成熟程度,我们就必须像化学家那样,彻底了解最微观层面的运作情况。就生物科技而言,这必须从描绘基因图谱、解开生命的密码开始。我必须描绘出所有生命的基因图谱,然后厘清每一种生物每一个基因的作用,接着是研究各种蛋白质如何制造出来,以及它们的互动情况。这一切太复杂了,在近年之前,实际上根本不可能做到(例如,人类DNA含13亿组碱基对,而计算单一个蛋白质在立体空间如何运动,大型计算机主机也可能需要一年时间)。

但生物科技世界之门刚对我们大幅敞开。不久之前,生物科技就像一种实验技术，像"旧经济"的其他领域一样演变——生产力成长是线性的。但生物科技如今已变成一种信息科技，因为我们已开始了解生命的软件。人类基因组计划（Human Genome Project）1990年开始时，预算30亿美元，计划用13年时间绘出人类的DNA（使用四个样本）。现在要做这件事，只需要6万美元和2周时间；而且不久之后，成本很可能降至1 000美元或更低，而且只需要数天，甚至是数小时。这等于每16个月效能倍增，有如计算机芯片，甚至更快一些。

生物科技进步意义重大。我们可以借生物科技之助，生产出远比既有作物廉宜、环保的粮食。全球人口成长放缓之际，随着基因及其他技术提升农业产出，我们最终将能靠较少的农田养活数量日增的人口。非洲农田平均产量仅为全球三分之一，而因为基因技术可大幅提高全球平均产量，非洲的产量应可提升三倍或更多。医疗也将进步到我们难以想象的地步，在老年人口料将大幅膨胀的情况下，这是大有必要的。目前看来，我们甚至将能复制出已绝种的生物，如长毛象（这可不是开玩笑）。稍后我将用一整章讲基因与生物技术。

干、湿纳米科技

所谓"纳米科技"是一种每次仅操作一个原子或分子的制造过程，可用于制造微芯片的超导元件、性质特殊的材料，例如效能是天然红血球一百倍的人造红血球（有了这种红血球，你可以不使用压缩空气，潜水30分钟）。纳米器具及材料之工业生产，有时被称为"干纳米科技"。至于"湿纳米科技"，则是指生物工程。相对于干纳米科技，湿纳米科技有巨大优势，因为大自然已送给我们一个庞大的有用代码库，以及快速、指数式自我复制某种设计的能力。

湿纳米科技已进入飞速发展阶段，而干纳米科技很可能要到2030年之后，才可能成为规模庞大的产业。

创新令人叹为观止的另一个领域将是信息科技。信息科技业2000～2003年崩盘后，许多人认为这产业的好日子也差不多结束了。但是，随后云端计算、行动宽带、Google、Skype、亚马逊及苹果大获成功，信息科技之创新显然完全没有停下来。先前的崩盘不过是投资圈内的暂时消化不良。信息科技创新持续，但未来数十年会非常出色吗？

会的。1965年，戈登·摩尔（Gordon E. Moore）——英特尔创始人之一——撰文指出，一块芯片（或集成电路）上可容纳的晶体管数目每两年增加约一倍，而且这可以在符合成本效益的情况下达致。摩尔还预测，这种效能倍增的速度将持续一段时间。这现象很快就被称为"摩尔定律"。基于当前的科技概念，我们大有理由预期摩尔定律将继续有效一段时间（预计将持续至略超过2020年）。最后我们将必须以立体芯片设计、光学计算、超导体或量子计算为基础，进行一些重大变革，以维持或提高效能改善速度，否则效能倍增所需的时间可能将拉长至5年。不过，从目前的研发情况看来，我们可能很快就可以制造出资料处理能力接近人脑的计算机。事实上，目前正有数项大型研发计划，希望以计算机模仿人脑的运作。正进行此类研究的机构包括美国国防部高等研究计划署（DARPA）及IBM，两者皆为信誉卓越的研究者。DARPA在网际网络的早期开发上发挥了很大作用，而IBM则开发出打败国际象棋冠军加里·卡斯帕洛夫（Gary Kasparov）的计算机。两者皆人才济济，正致力开发重要的新技术。未来20至40年间，信息科技料可为我们贡献许多创新，稍后我将用一章的篇幅阐述。

核心科学、发现与创新	
未来数十年，科技发现与创新将极其快速地发展。	
发现	创新
• 数学 • 统计 • 古典物理 • 化学 • 量子物理 • 基因学	• 计算机硬件 • 软件 • 电讯 • 电子媒体 • 化学产品 • 核融合电力 • 生物工程 • 人脑模拟 • 纳米科技 • 替代能源

追踪人类集体智慧演变情况的方法之一，是分析专利申请或专利获准的数量。世界智慧财产权组织追踪全球专利申请个案，发现1991至2006年间专利申请快速增加（如下图显示）——15年间几近倍增。

"二战"刚结束时，西方国家的创造力表现全面压倒其他国家。但是，日本及韩国崛起后，两国在国际专利统计上锋芒毕露。数据显示，截至2006

年，全球绝大多数专利由日本、美国、欧洲、韩国及中国持有——东西方国家平分秋色。中国民众/企业占全球专利申请的比例，从 2000 年的 1.8% 增至 2006 年的 7.3%。拜此所赐，未来数十年亚洲获授予的专利数量看来将领先全球。

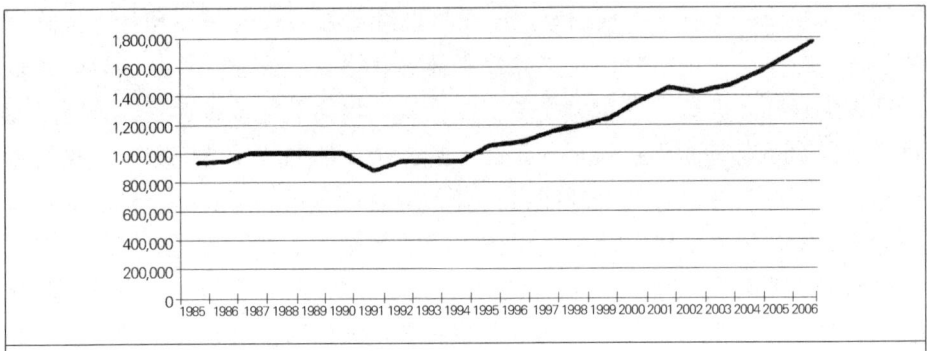

全球专利申请个案数，1985～2006 年。
专利申请数量并不直接反映人类的知识成长，因为这些数目无法量化创新、效能、质量或生产力之成长。一项计算机技术专利可能令计算机效能成长十倍，而有些专利则没那么重要，甚至在商业上毫无作用。
资料来源：世界智慧财产权组织《世界专利报告：2008 年统计回顾》

本章的主题是智能、知识与创新，我认为最重要的结论是：

- 人类平均智能将继续以每年约 0.3% 的速度成长；
- 知识工作者的数目将继续每年成长 5%；
- 未来数年，计算机芯片与基因组定序的效能每年将成长 50%～75%；
- 科学与技术知识总量每年将增加 10% 左右，受上述两因素以及后设概念的持续发展激励。

这一切的综合效果，是人类智能将惊人成长。稍早我问道：世界经济成长怎么能像我们预估的那么快？答案就在上述结论中。

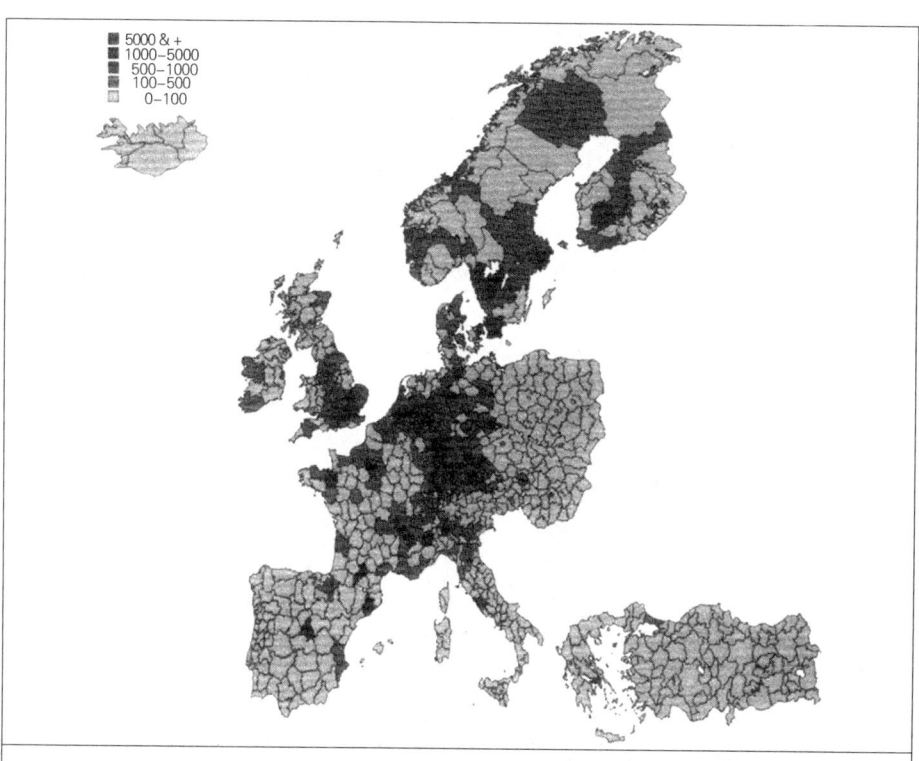

根据专利合作条约（PCT）提出的专利申请数量，欧洲，2003~2005年
专利申请数根据优先权日期及发明者居住地计算，国际层面的PCT申请则按欧洲专利组织（EPO）的名称体系，以分数计算方式（fractional count）处理。图中地区依美国Territorial Level 3标准划分。冰岛并无分区数据。有趣的是，2003~2005年间专利申请之区域分布情况，和数百年前工业革命与启蒙运动发生的地区大致重叠——我稍后会讲这一点。
资料来源：经合组织2008年专利统计概要

现在我们反过来问一个问题：既然我们的知识可以增加得这么快，经济成长为什么不能再快一些？首先，许多知识并不能提升产出，可能只是帮助节省成本，或促成并不反映在GDP统计上的质量改良。第二，人类许多活动完全不受创新影响，有时是因为我们就是喜欢事物原来的样子。我能想到的最佳例子是意大利提琴制造家史特拉底瓦里（Stradivari）制造的小提琴，最好的一批生产于1698至1720年间，如今每一把价值以百万美元计。在盲测（blind test）中，这些小提琴不比今天制造的最佳小提琴优胜，但也毫不逊色。最后一个原因,是我们现今的工作时间比以前短。

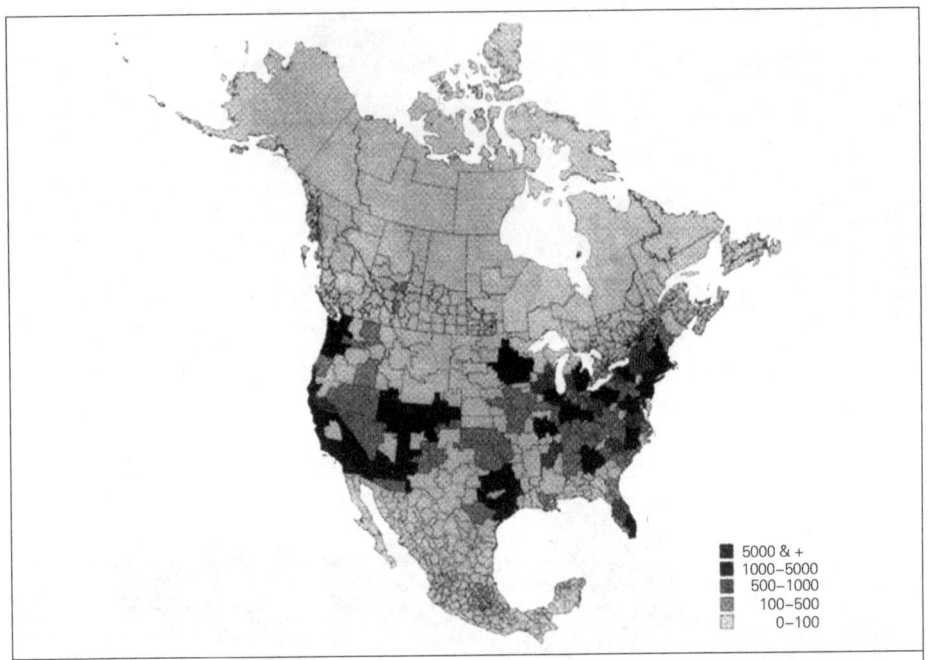

根据专利合作条约(PCT)提出的专利申请数量,北美,2003～2005 年
专利申请数根据优先权日期及发明者居住地计算,国际层面的 PCT 申请则按欧洲专利组织的名称体系,以分数计算方式处理。墨西哥并无分区数据。图中地区美国部分依 Territorial Level 3 标准划分,加拿大部分则按统计用地域单位命名法第三层(NUTS 3)标准划分。
资料来源:经合组织 2008 年专利统计概要

这就是为什么欧洲及美国的单位劳工生产力每十年"仅"成长 25% 左右,尽管人们可运用的知识同期可能增加一倍以上。财富及知识大幅增加,意味着未来将产生一些在今天看来无比神奇的商品与服务。

神奇发明的清单很长。你能想象收集太阳能的道路吗?又或者是裂缝能自动"愈合"的道路?全像电视(holographic TV)或全像网际网络又如何?庭院中的噪音消除系统?又或者是:

- 让你透过透明荧幕看真实世界,为你解释眼前世界的手机;
- "媒体墙":将整面墙变成显示影片、图像或某种背景的媒介;
- 智能型装置中的内容可轻易在任何显示媒介上播放,例如从智能型手机播放至媒体墙；

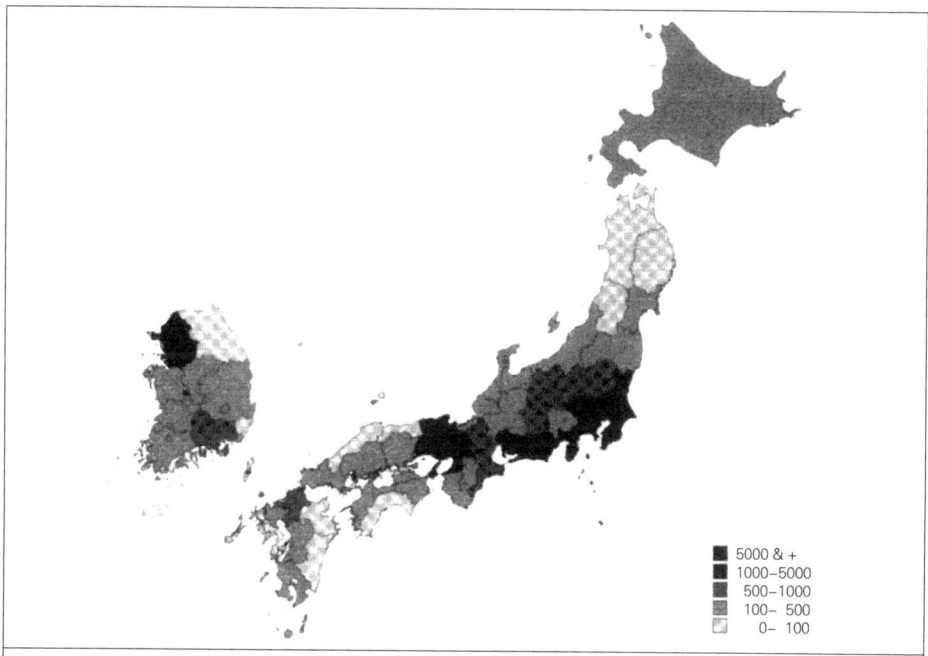

根据专利合作条约（PCT）提出的专利申请数量，日韩，2003~2005年
专利申请数根据优先权日期及发明者居住地计算，国际层面的PCT申请则按欧洲专利组织的名称体系，以分数计算方式处理。图中地区依美国Territorial Level 3 标准划分。
资料来源：经合组织2008年专利统计概要

- 预防哮喘、多发性硬化症、白血病、关节炎、疟疾、高血压、风湿性关节炎、沙门氏菌感染及成瘾症等疾病的疫苗；
- 能在网络上就特定题材搜集资料，并撰写科学共识概要的计算机；
- 不需要司机的汽车，车上装有供乘客享用的在线娱乐，包括电影、电视及上网服务；
- 智能和人类相似或更胜一筹，能当儿童私人导师的计算机；
- 能下载并播放任何媒体档，柔软可折的电子阅读器；
- 从空气中吸收二氧化碳，将它转化为燃料的细菌；
- 智能型周长控制（perimeter control）、闯入侦测及门禁控制；
- 由太阳能电池构成的屋顶与墙壁；

- 根据个人基因构造特别设计的饮食；
- 遥控或自动控制的货机；
- 庭院中的噪音消除技术；
- 生长速度快十倍的植物；
- 能辨识人脸的门；
- ……魔术？

第七章

环境与资源压力

我提到的人口与财富成长将严厉考验世界的资源与环境,这是完全不足为奇的。简单来说,未来40年,我们必须面对以下问题:

- 世界人口将增加约20亿;
- 世界城市人口将增加约30亿;
- 世界的实质购买力及财富将增加3倍。

我想,第三点的意义最重大:人类文明,以及与此相随的一切,40年后规模将是目前的四倍。想想由此而生的污染,以及许多地方将因此遭遇的缺水问题。想想鱼类资源的消耗,生物多样性的衰减,以及全球暖化。还有一个大问题:我们将如何于40年内提升农业产出一倍,满足人类对更多、更好的粮食与肉品,还有生质燃料的需求?我们究竟该怎么做?

问题不止如此。未来的世界,将有愈来愈多年轻单身人士,以及退休人士,他们将不会和家人同住——大家庭将愈来愈罕见。以往有能力的人倾向搬到市郊,但现在这趋势在许多地方已扭转过来。这意味着我们目前的基础设施不仅不符未来的需求,许多设施在未来根本无用。市郊为大家庭而设的房子,对过都市生活的雅皮士毫无用处。因此,我们必须建设、建设、建设。加上旅游、第二间房子、汽车——未来许多人想要的一切——需求暴增,我们应付得来吗?

国家工业化时,会消耗大量工业物资,例如金属。而一旦人们变得比较富有,他们将耗用愈来愈多能源。事实上,人只要花钱,几乎总是直接或间接涉及消耗能源。有些研究者甚至单以能源消耗量衡量社会的成熟程度。社会富裕意味着消耗大量能源。

2010年全球每天用掉约8 500万桶石油。一桶石油大约是165公升，如果全球一天的用油量用船来运载，我们需要50艘超级油轮，每艘有三个足球场那么长。而这里讲的还只是我们消耗的石油而已。全球消耗的能源非常多，除石油外，主要能源来源还包括煤、天然气等。

接下来我讲几个数字，从中可看出我们将面对的一些能源问题。2010年，中国仅有约5 600万辆汽车，人均石油用量仅为美国的十分之一。多数分析师估计，中国汽车总数2030年左右将增至4亿辆，2050年则约为5亿辆。印度的汽车总数起步时低得多，但2050年料将高达约8亿辆。俄罗斯和巴西加起来，2050年汽车总数应略高于2亿辆。也就是说，未来40年间，这四国的汽车总数将增加14亿辆。加上其他新兴市场，以及已开发市场的财富增长效应，未来40年全球汽车总数估计可轻易增加20至25亿辆。假设每辆车每年用油6桶（目前一般是9桶，因此汽车燃油效率必须大幅改善才能降至6桶），再假设汽车增幅为预估区间的下限20亿辆，我们每年将需要120亿桶石油供应新增的汽车，相当于每天3 300万桶，要不我们就得以完全不同的方式来驱动这些汽车。

我们真的需要很多非常聪明的人，才能解决这问题。我们不仅需要发明家，还需要富创意的商人、项目经理、工人、技术人员及资金供应者。

幸运的是，看来我们真的有很多非常聪明的人。本章开头提到，2010至2050的40年间，全球人口势将增加约20亿。这听起来是很大的增幅。但是，我们必须注意的是，不久之前，人类在约25年里，才经历了类似的人口成长。事实是，世界人口成长率已于1960年代触顶，人口增幅绝对值则于1980年代触顶。我们已经完成最困难的考试。

成绩如何？尽管有人一再警告，我们已接近"成长的极限"，"差5分钟就12点"，"眼下是关键时刻"，又或者我们已接近"繁荣的尽头"，实际数据出人意表：

- 新兴市场地区人均摄取热量快速成长：1970年人均每天2 430大卡，2010年估计增至2 730大卡（发达国家人均摄取热量则已于1980年代末触顶——因为肥胖问题，这是好事）；
- 新兴市场国家挨饿的人口比例从1970年的35%降至2010年的不足15%，不仅比例下降，绝对值也减少；

- 1970 年新兴市场国家仅 30% 的人口获得干净的食物和饮用水供应，2010 年这数字已增至 80% 左右；
- 全球几乎每一个地方的人口预期寿命均增长，经济快速增长的亚洲地区增幅尤其显著，唯一的例外是艾滋病肆虐的数个非洲国家；
- 文盲人口大幅减少。

经济方面，我们的成就可谓惊人。过去 50 年来，贫穷改善的程度比先前 500 年还大，而且这是绝大多数穷国的情况。当然，并不是一切都很好，也不是没有国家日趋衰败，但这至少证明一件事：全球人口可以在 25 年内增加 20 亿，而同期人类平均生活水平大幅改善。

人类日益长寿

迄今为止，人类总能找到创造更多财富的方法，也总能视需要找到新的原物料。上一个冰河期之后，地球人口在 100~1 000 万之间。当时的人一小群、一小群聚在一起，过着狩猎采集的生活。20~30 个人在一起，就需要数千平方公里的猎场，方能维持生计。今天，地球上总人口是那时候的 700~7 000 倍。

古人类骸骨的化验结果显示，石器时代北非人类的预期寿命仅为 21 年。罗马帝国时期也几乎一样，只有 22 年。16 世纪中至 19 世纪中，英国人预期寿命约在 30 至 40 年之间，随后开始快速增加。但是，1930 年，中国人预期寿命仍不过是 24 年。

平均而言，人们每周工时缩短了，休假时间变长了。不到一百年前，欧洲人每周平均耗费 6 小时搬煤进屋、清理地毯上的煤粉及炉子的煤灰。他们花在打水洗衣上的时间也差不多，当时人们是用洗衣板人手洗衣的。他们上的是公共厕所，必须每天采购生鲜食品（因为没有冰箱），许多人因为口腔卫生不佳而饱受齿疾之苦，而且因为缺乏抗生素，时常担心感染疾病。如今我们工时减少，休闲时间增加，而且预期退休后还将有多年的生活。事实上，以前的人若能活到退休年龄，就已经很了不起了。

我们对抗疾病的能力也愈来愈强。疟疾目前仍是全球第二致命的疾病，仅次于艾滋病。这疾病至 17 世纪末仍流行于欧洲，在欧洲绝迹是不久之前的事——荷兰上一次疟疾流行是在"二战"期间。1920 年代，美国每年近 2% 的人口感染疟疾。1930年代中，美国每年仍有超过40万宗疟疾感染个案。1933年，田纳西河流域近三分之一的居民感染疟疾。如今这疾病在美国已基本绝迹。

为什么？因为社会日益富裕。研究显示，一个国家人均年所得超过3 000美元，他们就会开始根绝疟疾。

那么，环境恶化问题又如何？人们日常对话常提到的一件事，是人类砍伐了许多森林。的确如此。据估计，地球上的陆地，最多曾有约37%为森林所覆盖，如今仅剩30%。换句话说，过去一万年间，人类砍掉了地球上五分之一的森林，主要是为了开拓农地。20世纪上半叶，这过程应该是加速了，尽管当时并未留下准确的统计数据。

我们现在会追踪森林的状况。联合国粮食及农业组织（FAO）定时测量全球森林存量，这是非常费劲的工作。该组织的数据显示，1985至2000年间，全球森林覆盖率共下跌3%，相当于每年0.2%。但是，该组织2005年的《全球森林评估报告》指出，研究者发现，全球50个森林最多的国家有22个在过去15年间，森林存量实际上增加了。2000至2005年间，全球森林覆盖率的跌幅降至0.18%，相当于每年0.036%。史密森尼学会（Smithsonian Institute）随后的研究显示，某些地方人们因移居城市而放弃贫瘠的农地，结果森林面积增加了，增幅可能足以抵销其他地方遭砍伐的森林有余。事实上，2006年一项基于FAO测量标准的研究（Kauppi, P. E. et al：Returning forests analyzed with the forest identity, 2006）显示，许多地方的森林覆盖面积虽然未有扩大，但森林生物量（forest biomass）增加了，因为森林里树木的密度提高了。该研究报告的作者预测，2006至2050年间，全球森林覆盖率可能增加10%，森林增加的面积约等同印度的国土。这将是跟随富国的典型形态，许多富国的森林面积近数十年来快速扩大。以美国为例，马萨诸塞州、宾州、俄亥俄州及伊利诺州的森林面积自1900年以来扩大了将近一半。

中国的情况也值得注意。虽然还不算很富有，该国目前的植树计划是全世界最大的：11至60岁的大多数民众，每人每年至少必须植树三棵。2008年，共5.4亿人参与这项活动，在山区、城市里的公园、校园、公路及铁路两旁种了23.1亿棵树。中国的林木覆盖面积2000年起开始扩大。

空气污染的长期趋势也令人鼓舞。英国城市的空气污染情况数百年来大大改善，相关研究纪录相当完备。昔日的报告提到，民宅与工厂因为燃煤，排出大量浓烟和煤灰，令人简直难以呼吸。1257年，英格兰王后到访诺丁汉（Nottingham），发现燃煤释出的烟令人欲呕。为了自己的生命安全，王后随即离开当地。在那年代，人类的排泄物往往直接倒在街上，任其腐臭，老鼠最喜欢这情况了。但是，尽管这么多年来人口、汽车、房屋及消费量均大增，伦敦市区的空气污染自 1930 年以来已减少逾 90%。我们不知道若是从工业革命早期算起，空气改善的程度如何，但估计是更可观。

水质的情况也类似。以前污水直接排进泰晤士河，河水臭气冲天，国会的窗帘必须泡过石灰来除臭，以免臭味瘫痪国会运作。1855 年，物理学家麦可·法拉第（Michael Faraday）致函《泰晤士报》，信中这么描述他搭船时看到的泰晤士河：

> 整条河是不透明的浅棕色液体……这条河有许多哩流经伦敦地区，我们当然不能让它变成一条发酵的下水道。尽管发出臭味，人们继续从河中取水洗涤、沐浴及饮用。

法拉第至少该庆幸自己搭的船没有倾覆。1878 年，爱丽丝公主号汽船在泰晤士河翻船，约 600 名乘客罹难，而他们大多数并非溺毙，而是死于污染的河水。事实上，1830 至 1860 年间，数以万计的人死于泰晤士河污染造成的霍乱。今天情况完全不同了。2009 年 7 月 14 日，《伦敦标准晚报》刊出以下报导：

> 渔业专家表示，泰晤士河如今处处是鱼，河水是两百年来最干净的。这条 215 哩长的河，1957 年才被宣告已处于生物灭绝状态，如今却有超过 125 种鱼栖息其间，包括野生鲑鱼、鳟鱼、多佛比目鱼、欧鲽、黑线鳕，以及鲈鱼。这些鱼吸引了包括海豚及海豹在内的猎食者，它们甚至朝上游游至伦敦桥附近。

1999 年，耶鲁及康奈尔这两家世界顶尖大学、世界经济论坛及欧盟执委会联手拟订了一个统一的标准，用于衡量各国在环境方面的负责任程度。科学家团队研拟了一个他们称为环境永续性指标的统计方式，随后多年加以改善，如今已更名为环境绩效指标（EPI），根据每一个国家的 25 项指标编制。这些指标分六大类：环境卫生、空气污染、水资源、生物多样性及动植物生长环境、生产型自然资源，以及气候变迁。它们非常全面，涵盖水质、缺水压力、户外与室内空气污染、杀虫剂监管，以及许多其他方面的情况。这些研究者发现，我们的收入一旦达到某一门槛，就会减少污染环境。EPI 网站资料指出，这一门槛为人均年所得 1 万美元左右：

> 人均 GDP 和环境绩效指标有正相关关系，这是不足为奇的。尤其明显的

是，人均 GDP 达 1 万美元或更高的国家，环境绩效指标整体分数较高。

他们是在比较环境绩效指标分数及各国人均 GDP 后，得出上述结论的。因为通货膨胀及美元贬值，我猜这数字如今可能约为 1.5 万美元。无论如何，这种富国较干净的倾向，也反映在这些研究者 2010 年的最干净国家排名上。

全球最干净的 15 个国家		
1. 冰岛	6. 毛里求斯	11. 马耳他
2. 瑞士	7. 法国	12. 芬兰
3. 哥斯达黎加	8. 奥地利	13. 斯洛伐克
4. 瑞典	9. 古巴	14. 英国
5. 挪威	10. 哥伦比亚	15. 新西兰

资料来源：2010 年环境绩效指标，耶鲁大学环境法律与政策中心及哥伦比亚大学地球科学信息国际网络中心

这 15 个国家中，有 11 个是世界级富国。

除个别国家外，全球污染最严重的国家全都一贫如洗。必须指出的是，上述排名并不反映以下情况：富国常将重污染的工业转移至发展中国家，后者在环境污染上因此受到不成比例的责备。但是，这影响很可能因为上述排名也不考虑人口成长的因素而遭抵销有余。人口快速成长，显然是伤害环境永续性极其重要的因素。如先前所述，人口快速成长往往发生在穷国，而许多富国的人口已开始或将开始萎缩。

因此，总的来说，我认为研究环境问题的人会得出以下主要结论：

- 国家人均所得达到很高的水平时，人口会停止成长，甚至开始萎缩。这显然是纾缓环境及资源压力最重要的因素。
- 国家日益富裕时，为国民提供资源的效率会大幅提升，污染因此减少。富国会推行各种有助改善环境的措施，例如使用较洁净的技术，回收资源，保护景观，以及大规模植树。此外，富国也会治理先前所破坏的环境，并向穷国输出对方无法自行开发的洁净技术。

事实上，世界银行 1992 年发表的国际研究报告《开发与环境》（*Development and the Environment*）就证明了上述结论。该项研究显示，国民所得和污染指标，如二氧化硫和空气中的悬浮微粒，有明显的负相关关系。国民所得

愈高，环境愈干净，愈多民众能获得干净的食物和饮用水供应。

但是，该项研究也显示，国民所得和二氧化碳排放量有正相关关系。由此我们就讲到全球暖化问题。这问题相当复杂，近年来有显著发展。或许除了恐怖主义之外，再没有一个议题能如此牵动人们的情绪。

深入议论全球暖化之前，我想先提出几项多数科学家显然同意的事实。首先，大气中空气成分大致如下：

- 78.08%的氮；
- 20.95%的氧；
- 0.93%的氩；
- 0.038%的二氧化碳；
- 0.002%的其他物质。

除此之外，还有少量粒子与水蒸气悬浮于空气中，它们平均占大气质量1%。

在大气的成分中，氮和氧几乎不产生任何温室效应，但包括二氧化碳在内的其他成分则有这种作用。这并不意味着二氧化碳就是一种污染物。人、动物及许多细菌必须有氧气才能获得能量，植物则必须靠二氧化碳获得养分（以碳建构身体组织，能量则通常靠阳光供应）。

地球透过阳光获得外来能量，约30%的阳光到达地面前由云等物质反射回太空。到达地面的阳光波长范围很广，从紫外线到红外线都有。紫外线是很强烈的光，可造成皮肤癌，波长为100~280 nm。视时间和地点而定，93%~99%来自太阳的紫外线会被地球的臭氧层挡掉。我在上面的空气成分中未列出臭氧，因为它的份量真的很少——如果臭氧集中在大气层底部，它将只有数毫米厚。

以波长为序，光谱上接下来是中波紫外线（ultraviolet B，波长280~315 nm），长波紫外线（ultraviolet A，波长315~400 nm），然后是可见光（波长400~700 nm）。可见光之下是红外线，波长700 nm至1 mm。红外线也是肉眼看不见的，但它可用于取暖或加热。

相对于射到地面的阳光，从地面反射向太空的光线较接近红外线而非可见光，大气层对这些光线的阻挡效果因此有所不同。具体而言，大气层会挡下一些射向太空的红外线，因此产生温室效应。但是，当水蒸气形成云层时，它会令日光在到达地面前就被反射回太空,而晚间的净效果则是暖化。温室效应本身不是坏事,因为若没有它,地球会是一个冰球。不过,我们关注的,是人为造成的二氧化碳浓度改变,以及这对气候的可能影响。

以下是造成温室效应的大气成分。我在每一项成分后面注明它们对暖化的可能贡献度,数字区间很大,因为这是科学家开始产生歧见之处(而且是不小的歧见)。

- 水蒸气、水滴及冰晶体造成约 36%～70% 的温室效应,但正如数字显示,这效应的强弱,显然颇富"弹性"。
- 二氧化碳造成约 9%～26% 的温室效应。二氧化碳颇大的一部分(约 7.5%～10%)每年经植物与海洋循环。如果我们停止排放这气体,约一半的二氧化碳将在 30 年内由海洋及植物重新吸收。约 6% 的二氧化碳排放是人为造成的。
- 甲烷造成 4%～9% 的温室效应(有些人认为远不止如此)。超过一半的甲烷源自农业,余者则源自化石能源的制造过程,以及垃圾掩埋场、废弃物处理和燃烧燃料。呃……牛排放的气体是甲烷主要来源之一,这是真的。大气中甲烷的浓度很低,但这是效力特强的温室气体。好在甲烷会跟大气中的其他物质产生化学作用,平均 10～12 年就会分解成二氧化碳及水蒸气,后者很快就会变成雨滴落到地面。
- 黑碳(black carbon)可能造成 5%～10% 的温室效应。这是肉眼可见的污染物,由老旧或故障引擎不干净的燃烧过程或(人为或自然的)森林大火释放出来。黑碳是效力特强的温室气体,但好在它数天或数周内就会从大气中被清洗掉。
- 一氧化二氮、臭氧及氟氯碳化物(CFCs,禁用前常用于制造气雾剂)共产生 3%～7% 的温室效应。

在这些促成温室效应的物质中,黑碳的排放应该是比较容易减少的,我们只需要尽可能减少人为的森林大火,以及使用更好的引擎,而这两者看来都是可行的。甲烷留在大气中的时间较久,随后才分解成水分及少量的二氧化碳。但如果我们降低甲烷的排放量,它也颇快就能回到往日的水平。问题较大的是二氧化碳,因为它只有一部分会被海洋及植物再吸收。

借由测量冰芯(ice core)中的气泡成分等方法,我们相当确定在人类发展农业之前不久,大气中的二氧化碳浓度约为 0.028%(百万分之 280,或

280 ppm)。随后因人类垦荒(破坏了地球上20%的森林)、燃烧化石燃料、生产水泥、破坏泥煤地、种植作物(通常会导致土壤含碳量减少),二氧化碳浓度逐渐升高。不过,远古时期的浓度远高于近代。在五六百万年前的"寒武纪生命大爆发"(Cambrian Explosion)时期,地球上出现无数新生物,当时大气中的二氧化碳浓度高达约7 000 ppm,随后逐步下降,但侏罗纪(恐龙当家时期)期间曾逆转上升,估计曾达到2 500 ppm左右。今天大气中的二氧化碳浓度约为380 ppm,而除非我们采取断然措施,估计到2050年将升至450~550 ppm。我想这一点是几乎所有人都同意的。

二氧化碳是温室气体、人类正造成地球暖化这理论早已出现,但要到1980年代才开始逐渐备受关注,当时1940至1970年间的全球冷化趋势(造成第三章所述的冰河期恐慌)告一段落。我们有许多方法推断历史上的气候变迁,包括研究以下事物:

- 锁在冰芯中的空气之成分;
- 冰河季节层的厚度;
- 湖泊和海洋沉积物季节层的厚度与成分;
- 冰和土/石季节层中的花粉与种子含量及成分;
- 老树,甚至是树化石的年轮尺寸;
- 古人在书籍及画作等媒介中描述的天气与生活方式。

地球显然曾经历剧烈的气候变化。冰河研究发现,许多冰河地带以往是无冰区,而今天的无冰区以往曾遭冰雪覆盖。阿拉斯加平均温度似乎比今天高摄氏3~5度。罗马帝国时期曾有多次显著的温暖期,考古证据显示古人曾于英国种葡萄酿酒。此外,随着阿尔卑斯山的冰河退缩,考古学家已发现许多罗马时代的人工制品,显示罗马人当年常在如今为冰河覆盖的地方活动。也有迹象显示,维京人移居格陵兰,并短暂定居纽芬兰北部兰塞奥兹牧草地(L'Anse aux Meadows)附近时,地球北部地区曾经历温暖期。

公元800至1300年间,大西洋北部地区似乎也出现过所谓的"中世纪暖期",而近如1930年代,我们也曾经历一段温暖期。不过,自从上次的冰河期以来,地球也曾出现一些寒冷期。在16世纪至19世纪中的"小冰河期",气温显然显著下降,而令人惊奇的是,期间爱斯基摩人的小艇曾有六次登陆苏格兰的纪录,意味着格陵兰的冰曾延伸至非常接近苏格兰之处。在这段寒冷期,泰晤士河时常冰封,人们便在河上举行游乐会,荷兰画家正是在这里发展出他们绘画冰封风景的传统。而再远一些，地球也曾出现一段气温下降约 2.3℃ 的骤然冷化期，事因北美原本冰封的极大量融雪水突然涌出，一度扰乱了墨西哥湾暖流。

较长远的数据是由各种替代指标（例如分析冰芯得到的数据）整合而成，近期的数据则是直接测量出来的。一般认为最可靠的长期数据来自美国，它们显示 1930 年代显然有一段温暖期，1950 至 1970 年左右则略为冷化（期间出现冰河期恐慌），随后又再度暖化。总的来说，各种迹象显示，自从上次冰河期结束以来，地球曾经历 50 至 60 次显著的暖化及冷化期。造成这种气候变迁的可能因素包括水底及地面的火山活动和太阳活动的变化、地球轨道及太阳系在银河中位置的变化，以及洋流改变等等。

到这里为止，我讲的基本上是一些传统观点，而随后就出现了所谓"曲棍球棒"理论，播下了恐慌的种子。这成了有关气候变迁非常关键的议题，因此我必须花一点笔墨说明此事的来龙去脉，而这也是因为我撰写本书时，曲棍球棒论仍常有人引用。

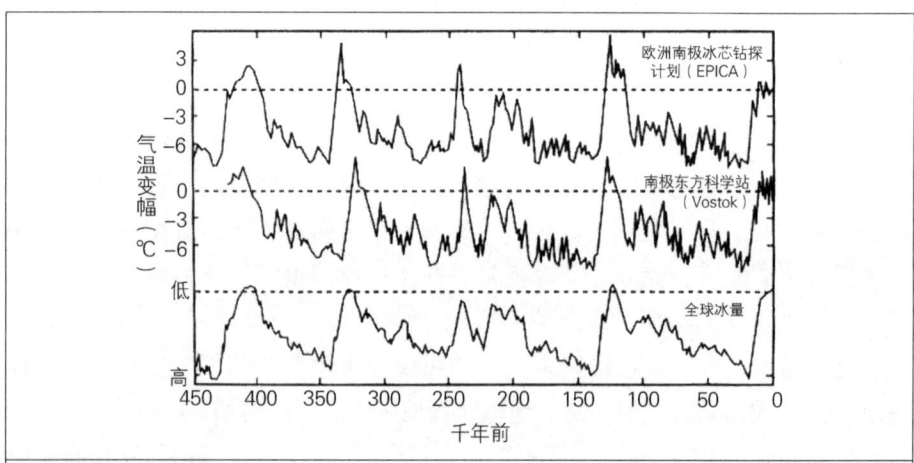

冰河期气温变化。此图显示过去数个冰河周期南极气温估计变动幅度，以及同期全球估计冰量的波动。图最右边代表现在，水平虚线代表现在的水平。最近的一次气温急升期发生在约 1.2 万年前上次冰河期结束后，最右边的小起伏包括了小冰河期，以及许多次温和暖化期。

资料来源：维基共享资源

曲棍球棒论由麦可·曼恩（Michael E. Mann）和两名同僚1998年发表于权威科学期刊《自然》（*Nature*），很快就被冠上"MBH98"的代号。这是一个显示全球气温长期变化的图，它描绘的情况和传统观点迥异：公元1000年至20世纪中叶，全球气温大致稳定，也可以说是略微趋跌；而约从1970年起，气温开始急升，至世纪末几乎是直线上涨。该图是综合许多替代指标（如冰芯及年轮等数据）绘制，使用"主成分分析"（principal component analysis）的"多重替代技术"（multiproxy technique），这是将多种替代指标综合成单一指标的正常好方法，但涉及非常复杂的技术。

此图很快就震动世界，出现在成千上万个网站上。在联合国跨政府气候变迁专家小组（IPCC）2001年的第三次评估报告（Third Assessment Report）中，该图大篇幅出现在第29页（见下图）。事实上，该报告第28页也有两个根据卫星或气球测量数据绘制的气温走势图，显示20世纪末地球气温趋跌，或是围绕着同一水平波动，而1998年则因为圣婴现象（El Nino）而气温骤升。但是，这两个图并未像曲棍球棒图那么受重视，后者是IPCC报告中唯一引用的气温长期变化图，也是唯一多次出现的图，还特别以彩色显示。

经IPCC报告引用后，曲棍球棒图成了人们说明全球暖化问题最常引用的图。英国政府2003年的能源白皮书就用了该图。

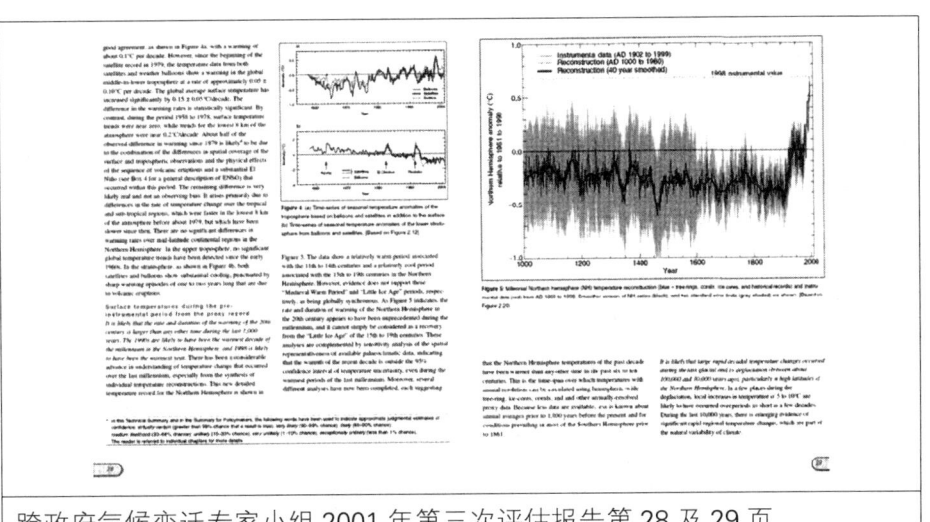

跨政府气候变迁专家小组2001年第三次评估报告第28及29页

但是，也就是在这一年，史蒂芬·麦金泰尔（Stephen McIntyre）和罗斯·麦基特里克（Ross McKitrick）这两名加拿大人向曼恩索取该图背后的模型与数据。这两人不是气候专家，但在评估统计模型方面有丰富经验。在克服一些困难后，他们开始掌握所取得的资料，进而研究该图的原始数据——换成是我评估统计模型的数据，这也是我首先会做的事。他们发现，这些数据似乎无法绘制出曲棍球棒的图形。麦金泰尔决定继续研究下去，他并邀得研究环境经济学与政策分析的经济学家麦基特里克一同努力。两人尝试以曼恩的模型复制出曲棍球棒图，但无法办到。2003 年，他们在《环境与能源》（Environment and Energy）杂志公布这些令人不安的发现。曼恩的回应是：他先前提供的数据有误，他并为两人提供另一组数据。但是，这两名加拿大人以新数据测试，得出几乎一样的结果，也就是画不出曲棍球棒图。他们将自己发现的错误提供给《自然》，该杂志未刊出来函，但要求曼恩提供一个勘误表。

事情从这里开始变得有趣：麦金泰尔和麦基特里克开始以随机资料，或所谓的"红噪"（red noise），对曼恩的模型及一个主成分分析标准模型进行"空测试"（null test）。他们以不同的随机资料做了 1 万次测试，标准模型一如预期几未产生任何曲棍球棒图，但曼恩的模型则有超过 99% 的时候产生曲棍球棒图——他的模型真是名副其实的曲棍球棒模型。你输入本地电话簿上的电话号码，这模型极有可能画出曲棍球棒图来。

为什么会这样？麦金泰尔和麦基特里克发现了此中秘密：曼恩综合数据时，采用了一个异常规则，大大放大 20 世纪特别波动的一些时间数列的权重，令这些数据的权重变成是过去百年间较平稳的数据之数百倍。两人于是深入分析，找出权重遭曼恩放大，因而产生曲棍球棒图的数据。

那就是加州雪松的年轮数据。曼恩的相关数据取自一份名为《侦测树木年轮年表中的大气二氧化碳肥化作用》（Detecting the Aerial Fertilization Effect of Atmospheric CO2 Enrichment in Tree-Ring Chronologies）的研究报告。该研究远至 1404 年的一些数据仅涵盖一棵树。曼恩加上虚构的 1403、1402、1401 及 1400 年的数据，好让数列从整数年开始。1421 至 1447 年间，原研究的数据涵盖两棵树，作此研究的两位科学家在总结报告中忽略这些早期数据，因为研究者一般不会发表根据一两棵树测量出来的数据（遑论虚构的数据）。事实上，他们仅采用 1600 年起的数据。

麦金泰尔和麦基特里克因此决定测试一下移除：(1) 虚构的一棵树数据；

(2) 第一棵树的数据；(3) 头两棵树的数据，看看模型画出来的图会有何不同。结果很戏剧性：曲棍球棒不见了。事实上，纳入这些年轮数据是否恰当，本身就很有疑问，因为原研究的两位科学家已明言，这些数据不能和当地气温变化联系起来。如原研究报告标题显示，能与数据联系起来的是空气中二氧化碳的所谓"肥化作用"。提高空气中二氧化碳的浓度能促进植物成长，这是许多人熟知的现象，有时应用温室种植上。由此推断，加州山区的雪松在20世纪长得较快，可能不过是因为空气中二氧化碳浓度升高，产生肥化作用。在我看来，这实在难说得很。

麦金泰尔和麦基特里克提出批评后，国际气象学家展开激烈争论。一些黑客盗取并公布了英国诺里奇东英格兰大学（University of East Anglia）气候研究中心13年间议论相关问题的约3 000封电子邮件及文件，我们因此从中看到了一些有趣的事。相关资料显示，有些科学家认为针对曲棍球棒图的批评有其价值，而另一些人则主要关心如何防止资料外泄。以下电子邮件看来就是反映后一种心态：

> 不要将资料放在文件传输站（FTP sites）——你不知道谁在搜寻它们。那两位麦先生多年来一直设法取得本气候研究中心的数据。

我费这么多笔墨讲曲棍球棒模型及年轮数据问题，原因有二。第一，它显示要厘清气候变迁问题的真相是多么困难，尤其是如果一些相关科学家在追寻真相之外还有其他动机的话。第二，这事件非常重要，因为它改变了历史。曲棍球棒图令人们从日趋担心变成十足恐慌，进而对"怀疑者"怒不可遏。环保杂志 *Grist* 一名作者在他的博客上写道：

> 在我们终于认真面对全球暖化问题，在暖化正确实冲击我们，而全球正急于设法减少损害之际，我们应以战争罪审讯那些混蛋，来一场气候问题的纽伦堡审判。

曲棍球棒图出现后，从政者蜂拥表态，纷纷指全球暖化已不再是我们该担心的未来问题，而是眼下正发生的灾难。持不同意见的科学家遭漠视、奚落，甚至常失去资助。不同意灾难说的人被称为"否认者"，有如"纳粹大屠杀否认者"。换句话说，异见者受到激烈批判。尽管如此，辩论还是持续下去，而我撰写本书时，主要阵营有以下四个（名字是我取的）：

- 艾尔·戈尔（Al Gore）观点：全球暖化是人类以至地球面对的最大威

胁，我们必须尽全力解决这问题，否则结果将是灾难性的。

- 亨利克·史文斯马克（Henrik Svensmark）观点：自古以来，包括近期的气温波动，几乎全由宇宙射线及其他自然现象造成。全球暖化（及冷化）经常发生，而且是自然现象。
- 比约恩·隆柏格（Bjorn Lomborg）观点：就算人类真的促成全球暖化，地球气温过去也一直显著波动，而我们也都适应过来了。试图以断然措施防止暖化将浪费极多资源。这些资源用于促进发展中国家的经济成长、纾缓全球暖化的负面效应，以及研究替代能源，效益大得多。
- 雷·柯兹威尔（Ray Kurzweil）观点：太阳能发电容量正每两年倍增，几乎已变成一种信息科技。照这样的速度发展下去，到2030年，太阳能将可满足我们的全部能源需求。

迄今为止，戈尔阵营势力最强，受无数环保团体及几乎所有国家的政府支持（后者的支持有时可能口惠而实不至）。戈尔财力雄厚，有电影、著作及诺贝尔奖的光环支持他，而且他持的是主流观点，以IPCC的报告为基础（但也极度夸大了其中一些资料）。

IPCC 2007年的报告描述了数个可能情境，显示2090至2099年间全球平均气温将较1980至1999年间升高摄氏1.1至6.4度。至于全球海平面，自有科学纪录以来就一直上升，20世纪上半叶年均升2毫米，下半叶则年均升1.5毫米——可能是因为我们正在脱离小冰河期，也可能是人为的暖化导致。IPCC估计，在上述时段内，全球海平面估计将上升18至59厘米。必须指出的是，若世界上的冰河及冰帽全部融化，海平面仅将升高30厘米左右。格陵兰及南极洲的陆地冰融化，加上海水因温度上升而略微膨胀，那才可能令海平面大幅上升。南极的陆地冰若全部融化，海平面将上升57米（186英尺）之巨。不过，气温上升估计不足以融化冰河，但很可能使得冰河区降雪量增加，而这应可弥补海水变暖而融掉的冰有余。

全球暖化还有经济代价问题要考量。IPCC提出六个可能情境，最悲观的一个假设气温升高3.4℃，世界总人口增至150亿（比绝大多数估计高出50%以上）；在此情况下，全球暖化的成本将是已开发国家GDP的3%，以及发展中国家GDP的10%。

戈尔认为，我们必须减排逾70%来阻止全球暖化，而且即使我们办到了，减排效果也将需要一段时间才能出现，这意味我们必须快速行动。我们可以透过：(1) 提高能源效率；(2) 开发新能源；(3) 提高能源/碳税；(4) 碳封存（carbon sequestration）来抗暖化。

戈尔指出，许多节能技术的投资回收期很短，因此不但对环境有益，还可以是好生意。他提出许多替代能源的例子，这部分我留待后面相关章节细述。戈尔指出，太阳供应地球的能量约为人类能源消耗量的7 000倍。他举例称，只要在撒哈拉沙漠2.6%的面积上铺设太阳能电池板，就能供应全球的能源需求；约1%就能代替全球发电厂的发电量，而不必0.15%就能满足欧洲全部能源需求。

戈尔认为，如果我们能结合太阳能、地热能、风能、第二及第三代生物燃料，以及其他替代能源，将它们接上所有人都可以买或卖电力的"智能"电网，我们将可在合理时间内扬弃化石燃料。他表示，随着技术不断进步，替代能源将愈来愈廉宜，而化石燃料则会愈来愈昂贵，因为厂商将必须开采成本较高的燃料源。

碳封存方面，戈尔指出，农夫因为犁田或整土，令土壤含碳量减少。这不仅加快全球暖化，还令土壤变得较贫瘠，甚至导致土壤流失。美国1930年代的"黄尘地带"（dust bowl），或许最能彰显这状况（黄尘地带问题，很快便靠种植2亿棵树及推行新种植法解决）。戈尔建议全面推行不犁田种植（no-till farming），这可以借由配合使用基因改造杀虫剂办到（详情容后再述）。目前全球只有小部分地区采用不犁田种植法，几乎全在北美及南美。

另一种方法是制造生物炭（biocharcoal）。在几近无氧的情况下燃烧生物质，烧掉的只有气和油，固体物质会留下来。将这种生物炭混进土壤里，显然可明显改善土壤质量。最理所当然的做法，是在退化土地上种植粗生快长的植物，然后烧制生物炭。碳封存另一方法是在土壤中混进根瘤菌和菌根真菌，两者皆能在自然环境下提高土壤含碳量，只是这过程比较慢。这些微生物是轮作（crop rotation）能令土地再生的真正原因，它们的效能或许可透过基因改造增强。

最直接反对戈尔观点的人，是那些认为全球暖化是自然现象，跟人类活动基本无关的科学家。亨利克·史文斯马克是其中一员，他的观点已获得不少人认同。史文斯马克是丹麦太空研究所太阳气候研究中心主任，该组织隶属丹麦国家太空中心。1990年代初，史文斯马克发现，历史上的太阳活动（太阳黑子）与地球平均气温有不寻常的相关性，但起初无法找出原因。但是，他很快就发现，太阳活动活跃会制造出磁场，替地球挡掉部分宇宙射线。

所谓宇宙射线其实并非射线，而是带电粒子——约 90% 为质子，不多于 10% 为氦原子核，略低于 1% 为重元素及电子。宇宙射线有初级和次级之分。初级宇宙射线结合宇宙起源大爆炸的残余、恒星爆炸射出的粒子，以及来自太阳及其他活恒星的粒子。这些粒子从银河中某处出现时，会受以十亿计的星体之重力牵制，平均运动一两千万年后撞上像地球这样的固体。这些粒子能量极强，有些可高达 1020eV 左右。它们进入大气层时，速度往往接近光速，此时会产生大量次级粒子，包括介子（muon）、正子（positron）、电子及微中子（neutrino）等。

那么，这样一颗粒子高速（例如每秒 20 万公里）撞向地球时，会发生什么事呢？史文斯马克采用德国弗朗霍夫研究所（Fraunhofer Institute）研发的弗朗霍夫模型来寻找答案。该模型显示，这样一颗粒子通常会产生十亿次原子化学连锁反应，大多数发生在海拔 3 公里的高度。结果是大气中出现极多带电粒子。这会产生有趣的现象，因为水分子有非常强的双极性——氧原子据顶端，两个氢原子分据另外两端，形成一个三角形。因为氧原子的负电性高于氢原子，水分子具很强的双极带电特性，就像一块微型磁铁。水分子因此像被带电粒子吸引，一如磁铁会互相吸引。宇宙射线在大气中产生大量带电粒子，因此会令水分子结成水滴，进而形成云。

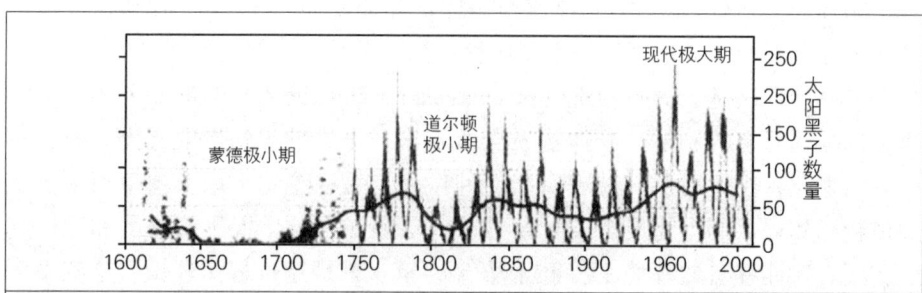

1600 年至今的太阳黑子活动情况，实际观察所得及连续月均水平。 数据以世界各地许多观测站测量结果均值为基础。1749 年之前的测量结果较零星，不是很可靠。

资料来源：维基共享资源

因此，换句话说，进入大气中的宇宙射线愈多，云量愈多，地面气温愈低。天气从阳光普照变成乌云密布之效果，我们都很熟悉。至于带电粒子对云量的影响，则可用实验轻易证明：将干净、潮湿的空气暴露在 X 射线下，马上就会出现水滴和雾气。

到这里应该都很容易理解，但是，长期的气候变迁又该如何解释？史文斯马克指出，地球接收的宇宙射线量受三种外力影响：

- 太阳系在银河四条主要"旋臂"中的位置：太阳系经过其中一条旋臂时，会有更多星体接近地球，这意味着更多的宇宙射线和云量。
- 太阳系相对于银河盘面的上下振动：每运行一周约有 2.7 次的振动，经过中间位置时，会有更多星体接近地球，云量因此会增加。
- 太阳随太阳黑子活动波动的磁场：这会替地球挡掉宇宙射线，因此太阳黑子活动愈剧烈，地球的云量愈少。

上述力量可以解释地球包括冰河期在内的自然气候变迁。特别引人注意的是，20 世纪大部分时候，太阳黑子活动异常活跃，这或许可解释地球在此期间的两段温暖期。接近世纪末时，太阳黑子活动大幅减弱，而地球平均气温自 1998 年起也保持平稳。

许多人认同戈尔的观点，认为全球暖化是人为现象及一大威胁，但也有不少人认为这是自然现象，不需要太担心。在此之外，还有以比约恩·隆柏格为首的一派观点。隆柏格以出版著作《持疑的环保人士》(The Skeptical Environmentalist) 最为人所知，他是绿色和平组织成员、活跃的环保人士，以及统计学教授。他从工作中发现，地球环境的演化看来比许多环保人士及媒体所说的好得多。随后他担任哥本哈根环境评估研究所主任，并创办智库哥本哈根共识中心（Copenhagen Consensus Center），为政府及慈善团体提供分配援助及开发资金的建议。

隆柏格假定 IPCC 针对气候变迁的预测可信，但认为 IPCC 及许多其他人士并未公正描述气候变迁的后果。例如，IPCC 指出，全球暖化将导致更多人因过热而死亡，但漠视每年因过冷而死的人远比因过热而死的人多，IPCC 为什么不换个说法呢？在欧洲，每年约 20 万人因过热而死，但因过冷而死的人高达 150 万。也就是说，全球暖化将令因过热或过冷而死亡的人数减少。事实上，全球暖化看来每年大有可能拯救数以百万计的人命，至少直到 2200 年是这样。另一个例子：戈尔指全球暖化将令非洲中部面对缺水压力的人增加 2 800 万，而非洲南部及北部则增加 1 500 万人。但他没提到的是，西非将有 2 300 万人、非洲整体将有 4 400 万人获得更好的供水条件。结论是，全球暖化将令非洲面对缺水压力的人减少，而不是增加。

此外，许多负面影响遭严重夸大。根据IPCC最悲观的预测，至2100年，全球暖化料将令农业总产出减少1.4%，幅度比过去30年的年均增幅1.7%还低。因此，这样的损失意味着我们到2100年无法达致的产出水平，2101年就能达到。隆柏格的观点还包括：

- 人类对气温的巨大变化习以为常。我们能轻易适应日夜及冬夏温差，在北极圈内及赤道附近均建立了繁荣的社会。历史上的自然气候大幅变迁，人类社会莫不一一克服，且茁壮成长。
- 全球暖化时，升温最多的地方估计将是原本最冷的地方，而且夜间气温上升幅度高于白天。
- 考量积极对抗全球暖化的成本效益时，我们必须记住：经济成长愈低，贫穷人口愈多，人口成长愈快，冲突愈严重。此外，积极对抗全球暖化的经济效益也很差：我们若致力稳定温室气体排放量，成本将必须到2250年才能收回来；也就是说，还本期长达250年。
- 那么，如果我们漠视全球暖化，或仅针对这问题投入相当有限的资源，我们必须付出什么代价呢？答案是：90年后，富国民众的富裕程度将是现今的2.6倍，而不是2.7倍；而穷国民众的所得则将是现今的8.5倍，而不是9.5倍。为避免未来90年财富增幅稍微减少而要求人们，尤其是穷国民众，现在就大幅牺牲经济利益，有如在90年前要求当时的穷人自我牺牲，好让我们今天能过得比实际情况更奢华一些。

除了指出环保人士常将未来想得太悲观外，隆柏格强调显而易见的一点：在决定针对某议题投入资源之前，我们必须评估其他项目能否产生更大的效益；也就是说，我们必须做连串成本效益分析。他就此指出，营养不良及饥饿人口的规模，受人口成长及经济成长影响更甚于全球暖化。按照隆柏格的推论，残酷的结论是：我们若是耗费巨资对抗全球暖化，而不是设法促进经济成长及援助发展中国家，饥饿人口将因此增加。隆柏格指出，稳定气候的投资每拯救一人免于饥饿，同样的钱若直接用于对抗饥饿，可以拯救5 000人；这远比间接使穷人为富人的恐慌牺牲好——禁用滴滴涕（DDT）杀虫剂，就是穷人为富人的恐慌牺牲的一例。在穷国，每年300万人死于艾滋病，250万人死于室内或室外空气污染，逾200万人死于营养不良，近200万人死于干净饮用水供应不足。疟疾每年造成逾100万人死亡。

如果你有 500 亿美元捐给世界公益事业，你会优先捐助哪些项目？

以下为参与"哥本哈根共识 2008"活动的顶尖经济学家开出的优先项目：

1. 为儿童提供微量营养素补充剂（维生素 A 及锌）
2. 推动杜哈发展议程（Doha Development Agenda）
3. 在食物中添加微量营养素（补充铁，及食盐加碘）
4. 扩大儿童预防接种的覆盖率
5. 生物营养强化
6. 为学生除去体内寄生虫，并推行改善营养的计划
7. 降低学费
8. 为女孩提供更多教育机会，并改善教育质量
9. 社区为本的营养改善计划
10. 支援女性生育

11. 心脏病发作之紧急处理
12. 疟疾之预防与治疗
13. 结核病病例追查与治疗
14. 低碳能源技术之研发
15. 家庭使用的生物沙净水器（biosand filter）
16. 为农村供水
17. 有条件的现金救济
18. 在经历冲突的地区维持和平
19. 综合预防艾滋病
20. 整体卫生运动

为唤起世人对当务之急的重视，隆柏格推动"哥本哈根共识中心计划"，希望能为以下问题提供答案："如果你有 500 亿美元捐给世界公益事业，你会优先捐助哪些项目？"

这活动 2004 年首次举办，2008 年再办一次。在 2008 年的活动中，超过 50 位各有专长的经济学家花了两年时间做准备工作，为世界面对的一些难题

寻找最佳解决方案。在最后一周，8名顶尖经济学家，包括5名诺贝尔奖得主，聚首评估相关研究。有趣的是，这些经济学家的评估结果显示，投入巨资缓解全球暖化并不在最优先的20个项目之列，而且没有什么意义。不过，投资研发替代能源或可带来极高报酬。

为测试其他人根据相同资料是否会得出截然不同的结论，哥本哈根共识中心团队向80名学生（70%来自新兴市场地区）提出同样问题。在定出优先项目清单前，这些学生可以就每一个议题请教世界级专家。该团队2006年也向各国驻联合国大使提出同样问题，接受访问的官员来自美国、中国、印度、安哥拉、澳洲、阿塞拜然、加拿大、智利、埃及、伊拉克、墨西哥、尼日利亚、波兰、索马利亚、韩国、坦桑尼亚、越南及津巴布韦等国家。有趣的是，这些学生及联合国大使最后开出的清单，和经济学家非常相似，他们都不认为积极对抗暖化是值得投入的优先项目。

在全球暖化问题上的最后一种主要观点，基本上是认为我们很快就能借由创新，令化石燃料变得不具竞争力，暖化问题因此也快将解决。此派主要倡导者包括我在上一章提到的雷·柯兹威尔。柯兹威尔指出，来自阳光的能量远远超出我们的能源需求，而收集并储存太阳能的技术正快速发展，估计到2030年左右，这些技术将能满足全世界的能源需求。他认为太阳能光伏技术是类似IT与基因技术那样的信息科技。太阳光发电容量正以每两年倍增的速度成长，照此速度，20年后发电容量将是目前的千倍以上。除太阳能光伏面板外，柯兹威尔认为，以抛物面镜制造、将大面积的阳光集中到小型收集器或高效蒸气涡轮机上的太阳集光器将大行其道。光伏面板及集光器产生的太阳能，可储存在采用纳米科技制造的燃料电池中。

在我看来，戈尔、隆柏格、史文斯马克及柯兹威尔这四种观点皆有一些可取之处。史文斯马克若完全正确，则全球暖化将成为人类史上最大一场虚惊。史文斯马克的观点，可取之处在于它真的能解释古代至近代的地球气候剧变。

至于隆柏格的观点，很少人会想公开表示支持，但实际上最可能出现的情况，或许就是我们大致听从他的建议（而他其实并没有建议我们做很多事）。想想我们迄今所经历的。在1992年里约热内卢的地球高峰会上，各国领袖承诺在2000年将温室气体排放量降至1990年的水平。经合组织

（OECD）国家平均超越目标达 12%。至于《京都议定书》，若所有国家均执行相关规定，至 2100 年也仅将延后全球暖化 5 年。但是，在该议定书的签署国中，唯一达成目标的是俄罗斯，因为该国效率极低的重工业，尤其是军事工业，因为欠缺竞争力而缩减规模。俄罗斯已靠出售温室气体排放权（在排放权交易圈内称为"热空气"），赚得数十亿美元。因为没有其他国家达成《京都议定书》目标，该议定书至 2001 年很可能仅为世界将暖化延后一个星期，而我们还为此付出了庞大代价。荒谬的是，并未通过执行《京都议定书》的美国，自该协议生效以来，限制排放量成长的表现，实际上比欧盟更好。

有关环境问题的讨论，以下是我的一些结论：

- 20 世纪末的暖化现象，很可能是人为因素，加上太阳黑子活动剧烈造成的。也就是说，我们的确面对人为的全球暖化问题，但问题可能没有先前想象的那么严重。因为气候问题非常复杂，我们很可能需要数代人的时间，才能辨明各种因素的影响。
- 无论如何，我们有数个理由去开发、利用替代能源，包括能源需求暴增、过度倚赖石油生产商，以及过度排放二氧化碳可能真的会造成大灾难。
- 某些替代能源未来的确会比现在便宜许多，但它们仅具备信息科技的部分特质。替代能源还是牵涉许多"旧经济"实体活动，譬如安装太阳能面板、建设传输网、装设风力发电机，以及建造生质燃料农场等。因此，替代能源很可能需要 30~50 年才能成为主要能源来源。
- 富国若课征很重的碳税，并推行排放权交易，它们的重工业将转移至比较不在乎环境的新兴市场国家。中国每 5 天就新盖一座燃煤发电厂，每年新增的发电容量约等于英国的总发电容量。不过，将税负从生产转移至能源消费，将可刺激创造力，促进节能。

环保主义已形成非常强大的力量，为地球做了许多好事，偶尔也造成一些损害。目前环保主义似乎有三种基本类型，按美国未来学家亚历斯·史特芬（Alex Steffen）的著名说法，就是"浅绿派"（light greens）、"深绿派"（dark greens），以及"亮绿派"（bright greens）。

浅绿派关心环境，认为保护环境最主要是个人的责任。举例来说，他们力行环保的方式，包括为自己的航空旅程购买碳补偿（carbon offset）、开油电混合车，以及改善房子的隔热效能。他们视环保为选择生活方式的问题。对浅绿派的批评之一，是许多公司会使用"漂绿"（greenwashing）伎俩，宣称自己的产品很环保，而事实上它们不过是稍微没以前那么污染环境而已（例如，许多公司大力宣传无铅汽油的环保优点，好像使用这种汽油可造福环境似的）。

深绿派认为环境问题主要是资本体制及经济成长造成的，解决方法是根本的体制变革，以及弃绝诸如基因技术等科技。

亮绿派则认为，环境问题必须且可以透过应用新科技（如洁净能源系统及基因改造植物）解决；个人在消费上自我节制、抗议或极权管制即使并非完全无效，对环境的帮助也极小。

若将浅绿理解为"不是很绿"、深绿理解为"回归中世纪黑暗时代"，而亮绿则是"态度乐观"，我想这样的区分也不算离谱。

接下来我们从环境问题转到资源问题：我们真的能满足市场对食物、能源、金属等资源的全部需求吗？

担心资源耗竭并非新鲜事。1939 年，美国内政部预测，美国的石油 13 年内将耗尽。结果预测落空，但 1951 年一模一样的预测又出现了：还有 13 年就要用尽全部石油！

现在没有人想提出同样的预测了，因为大家已经知道，美国不仅还有规模可观的传统油藏，未开采的页岩油规模超过全球全部传统油藏。美国若决定开采页岩油，将可供应本国石油需求远不止一百年。此外，页岩油丰富之地，原来也蕴藏大量页岩气。2007～2009 年左右，美国规划人员发现，该国页岩气极多，未来不仅可能不必从中东等地进口燃气，还可能成为燃气净出口国。目前他们相信这些页岩气足够供应本国 90 年的需求。至于美国以外的资源，麻州 IHS 剑桥能源研究协会（IHS Cambridge Energy Research Associates）的一项研究估计，北美以外的可开采页岩气相当于美国目前燃气年消费量的 211～690 倍，相当于全球已知天然气蕴藏量的 50%～160%。

这只是一些例子，但它们很能彰显人类寻找新资源愈来愈强的能力。迄今为止，我们总能找到创造更多财富的新方法，视需要找到新的原物料，或是找到更多"旧"原料。近年来，我们开始利用信息科技的虚拟技术取代实体产品，例如我们可以下载音乐，不必到商店购买实体唱片。

至于水，许多地方的确面临水资源短缺的问题。面对缺水压力的人口近几代以来虽已大幅减少，但随着人口成长，未来料将增加。因此，我们确实有许多事得做，例如推广滴水灌溉，减少水管渗漏，兴建水坝、水管及集水系统等。但是，和石油一样，问题不在于我们将耗尽水资源。毕竟地球表面71%的面积为水覆盖，总体积高达1 360万立方公里。当中1%的面积为淡水，但淡水体积仍远远超过100万立方公里。利用太阳能海水化淡厂，原则上我们可以生产出任何数量的淡水，输送至需要用水的地方。而水经使用后，化学结构不会改变，因此不会消失不见，这一点和石油不同。

或许也有人以为，我们为了取得木材及造纸，正大量砍伐林木。但是，无论在哪一段时间内，全球因这两项需求而消耗的林木，仅相当于同期树木生长量的5%。森林面积减少，主要是因为我们为开垦农地而砍伐林木，不是因为森林无法持续产出我们需要的木材。拯救森林的关键在于抑制农地扩张，而不是减少木材用量。

铜又如何？这金属占地壳的0.0058%，意味着总量够人类使用8 300万年——当然，前提是我们有办法开采全部铜矿（而这当然是不可能的事）。但铜并非正在耗尽。取得金属的另类方法之一，是使用机器人开采海底矿藏。海底散布着直径5~10厘米的金属结核，由铜、锰、铁、镍、钴及锌构成。

农作物产量呢？详情容后再谈，此处先讲一些有趣的数据。数十年来，孟山都（Monsanto）等公司借由改良基因及严选种子，每年提高玉米产出约1%，相当于每十年提高约10%。1970至1980年间，世界人口增加20%，相当于玉米产出成长率的两倍。在接下来的十年中，世界人口增加19%，然后于1990至2000年间成长15%，再来是于截至2010年的十年中成长14%。接下来的四个十年，世界人口成长率料依次为11%、8%、6%及4%，也就是终将降至玉米产出的历史成长率之下。而且，如今孟山都预测，拜基因技术之突破所赐，玉米产出年成长率将大幅提升至3.5%，也就是每十年增加逾40%——若持续如此，这成长率相当于2010至2020年间世界人口成长率的四倍，2040至2050年间人口成长率的十倍。

我们可以说，资源问题是我们对某些资源的需求可能每20~25年增加一倍，而我们的知识成长速度则快得多（如果我在上一章的估算正确，则人类知识每8~9年增加一倍）。换句话说，经济成长驱动的需求成长，正与知识成长驱动的供给成长竞赛，而目前后者正轻松大幅领先。

但是，尽管我们远远未至于接近耗尽各种资源，而且可用的资源将随着人类知识成长而日益增加，未来数十年中，我们可能面对一些资源供应短暂紧张的情况。这是因为新兴市场国家目前工业化的速度与规模均是空前的。最好的方法，是各国政府针对一些大宗商品设定最低价格（就像欧洲针对石油及天然气那样），一旦批发价下跌，将加税以防止价格跌破当局定下的最低价。这种征税方式不仅远比征收所得税有效，还可借由刺激新投资，有望将混乱局面延后数年。此外，欧洲应允许以生物技术改造食物，并对新兴市场的农产品进一步开放市场。

但是，这些措施短期内均不太可能实施。因此，我认为最可能出现的情况，是大宗商品价格飙涨，主因之一是投资狂热，而这又会引发替代能源（如生物燃料及太阳能）的投资狂热。

人类短期内能以其他能源代替化石燃料吗？

第二次世界大战打了 5 年，期间交战国生产了 570 万支机关枪、370 万辆卡车、90 万架飞机，以及 1 700 艘潜艇。这些国家用了近 4 000 万吨钢铁及其他材料建造新船，包括 169 艘航空母舰；光是铺飞机跑道，就用了约 1 000 万吨水泥。

当时完成这些工作的人口，略少于现今世界人口的三分之一，而当年的工作环境更是糟得无以复加：持续的轰炸、破坏，许多运输船遭击沉。若按人口比例放大，这意味着我们现在花 5 年时间生产 270 万架飞机，以及超过 500 艘航空母舰。如果按照购买力计算 GDP 成长，第二次世界大战期间的军事工业产出大得令人难以置信。由此看来，我们大有可能很快改变世界的能源基建，如果这么做明智的话。

第三篇　投资趋势 50 年

本篇概括超级趋势的影响，结论是 2010 至 2050 年间，以下七个产业将有特别优异的表现：

- **金融**：基本上是一种信息业务，将受益于经济成长，以及新兴市场的信贷及交易文化发展。此外，金融业也将为巨大的营建热潮，以及生物科技、信息科技及替代能源无数新创企业提供融资。
- **房地产**：2010 至 2050 年间每年将为 1 亿人盖新房子，并将建造全球所得成长三倍所需的商业基建。因为期间全球财富也料将成长 3 倍，而土地供给却是固定的，部分土地的价格将出现惊人涨幅。
- **资源产业**：尤其是工业金属采矿业，有时将出现供不应求的情况，相关资源的价格届时将急涨。化石能源将转为仰赖页岩气、页岩油，以及焦油砂。
- **替代能源**：将是一个令人兴奋、富创意的成长产业，驱动产业发展的因素包括能源需求暴增、各国希望在能源问题上获得自主能力，以及对全球暖化的恐惧。第三代核能，第二、第三及第四代生物燃料，以及光伏太阳能等技术将令人兴奋不已。
- **基因及生物技术**：将出现飞跃式发展，为医疗、农业及生质燃料创造巨大优势（因全球人口老化问题，医疗方面的进步极有必要）。届时也将出现富有争议的发展，例如有人会尝试创造出超级人类，以及再造已灭绝的物种。
- **信息科技**：将继续快速发展，2020 年左右，最先进的计算机将媲美人脑。我们将以计算机模拟人脑新皮质（负责分析及直觉智能，不包括情绪）的运作。信息科技业推出的产品及服务将令人赞叹，包括机器人、创意计算机，以及很短时间就能为几乎所有问题提供科学解答的软件。

- **奢侈品**：市场将快速扩大，主要业者将获得极其丰厚的赢利。刺激奢侈品需求的因素，包括人类财富整体成长，以及新兴市场快速增加的中上阶层人口对名牌的渴求。

人们将日益觉得可自由界定自己的身份、灵性及生活方式。生活方式方面，人们将有追求创意、个性及真实魅力的趋势。用完即弃的文化将让位于对耐用经久物件的追求，古色古香的东西将更受珍惜。

此外，体验及"讲故事"的市场将快速扩大，各产业领先业者将雇用媒体专业人士，替它们创造并传播其故事。这做法在运动、金融、奢侈品及食品/保健业将尤其盛行。

职位增加最快的领域，将是创造型工作、讲故事，以及服务工作，后者特别重视人的感觉。

第八章

概览

我已描述了未来数10年将出现的循环与趋势，接下来我想概括一下情况。我想，观察事物发展的曲线，是纵览情势的好方法。我们先从一些指数曲线（exponential curve）说起。

指线曲线通常会令人感到震惊：曲线最右边的部分往往是直线上升，几乎像是随后将垂直下跌似的。以下这个世界人口图就是一例。

世界人口图最近期的部分的确很极端，人口成长趋势整体看来势不可当。换成是计算机效能、人均所得以至各种产品消耗量的演化图，情况也非常相似：所有事物似乎都是先经历长期的呆滞，然后进入飞跃阶段，而我们目前正处于飞跃期。但是，如果你剔除较近期的数据，然后由计算机自动调整图形的显示比例，你看到的将是相同的图形。30年前（1980年）的世界人口成长图会显示"我们正处于人口剧增期"，而2010年的人口图也一样。

指数曲线令人着迷的另一点是：若曲线按肉眼所见的趋势发展下去，相关数字会变成人们无法理解的超现实水平。真恐怖！

但是，现实是：无法无限期持续下去的事，就不会永远持续下去。有时成长趋势会放缓，曲线变成是"S"形；有时数值会崩跌，留下尖刺形的曲线。在现实世界中，指数式成长是无法一直持续下去的。例如，如先前章节所述，上图显示的人口成长已经放慢，虽然从该图中很难看出来。如我们所言，世界人口估计将于2050年左右在接近90亿的水平触顶。随后如何发展比较难讲，但如果观察近年来愈来愈多富裕国家生育率或人口下跌的现象，随着愈来愈多国家跻身富国行列，世界人口触顶后很可能会开始下滑。我们从图中看到的世界人口急升趋势将放缓，曲线变成S形，而2050年之后人口将稳定下来，并且很可能逐渐减少。

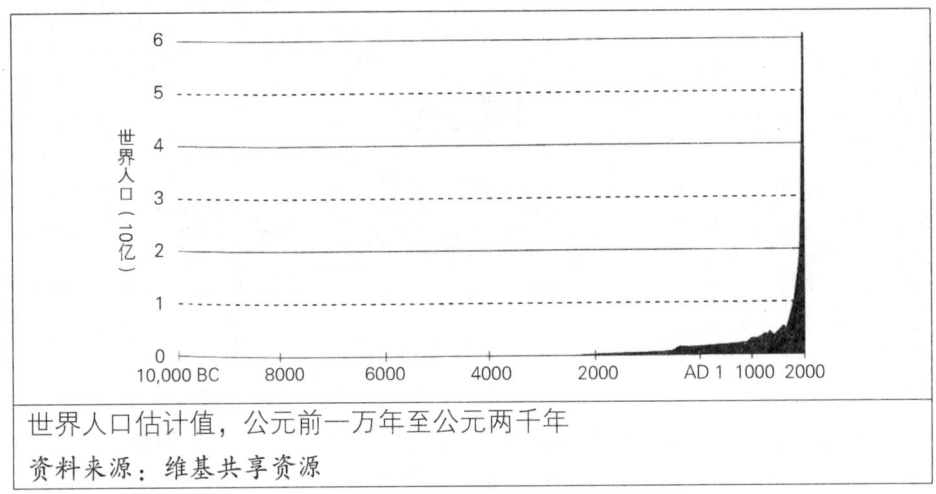

世界人口估计值，公元前一万年至公元两千年
资料来源：维基共享资源

那么，我已经议论过的各种现象将如何发展？让我们从最明显的说起：库存、资本支出及房地产这三类景气循环。当然，它们本质上就是周期性的，而我相信，在可见的未来，它们仍将与我们同在。锁模倾向也仍将存在，而这意味着我们平均每 18～20 年将经历一次大崩盘，每 9～10 年经历一次大调整。

我想，泡沫、崩盘及恐慌可说是"半周期型"（semi-cyclical）现象。泡沫的条件大致上是由经济荣景创造出来的，因此可以说是部分由经济周期逼出来的。市场崩盘后，人们需要一些时间才会忘记教训，制造新的泡沫，但这显然也不需要很久。就恐慌而言，造成恐慌的事件何时出现是没有周期性的，但人类对恐慌似乎有某种程度的基本渴求；也就是说，如果世界已有好一段时间不曾出现恐慌，我们就会去制造这种事件。

其他一些现象呈现 S 形曲线。我们可以从最明确的现象说起，其一就是我们已提过的全球人口成长。简而言之，全球人口从公元前 1000 年左右开始加速成长，约两千年后，也就是公元 1000 年左右获得额外的成长动能；接近公元 1500 年时，人口成长进一步加速，最后于 1963 年开始放缓。因为目前世界人口约为 70 亿，而触顶时估计将是 90 亿，人口成长的 S 曲线已完成三分之二左右。

另一个 S 形现象是全球人口老化，这显然落后于全球人口成长的放缓及随后的停滞。人口老化趋势仍处于早期阶段。

妇女解放又如何？我相信，在许多成熟国家，妇女解放已进入后期阶段，但在许多新兴市场国家，则仍处于初步阶段。全球而言，我们可能正处于 S 曲线的中段。一旦女性在高等教育等几个领域与男性平等，甚至超越男性，情况就必然会稳定下来。

人类智能的演化则比较有趣。在大多数已开发国家，人的智能可能已接近停止成长——有迹象显示，智能成长在丹麦及英国已停止。但是，我估计未来人类将尝试借改造基因提升自己的智能，果真如此，我们稍后将展开一个新的、速度远高于以往的智能成长期——这可能从 2050 年左右开始。稍后我还会谈到智能问题，不过世界上的确有少数智商超过 200 的人，他们 3～4 岁就能读写多种语言，10 岁就能上大学。因此，极端聪明在生物学上显然是可能的，只是目前仍非常罕见。

人类的知识以及文化多样性很可能也是 S 形现象，两者皆应将继续增加，距离停止成长还非常远。

在我看来，城市化显然也呈现 S 形曲线，因为不是每一个人都必须或希望住在城市里。一旦全球人口触顶，城市化甚至可能进入倒退阶段。促成城市化趋势逆转的因素之一，将是信息科技的持续进步——这不但将令知识型工作更容易远距进行，一些体力劳动也将能透过遥控机器人完成。举一个极端例子，军方将可透过卫星全球操控无人驾驶的飞机。

财富又如何？只要世界人口保持成长、我们持续创新，而新兴市场持续追赶先进国家，我认为人类财富将继续强劲成长。但是，人口成长正在放缓，而新兴市场国家也将逐一赶上来。我认为未来 20～30 年将是财富成长的 S 曲线最陡峭的阶段，随后财富成长将慢下来。尽管如此，即使世界人口在 2050 年后开始下跌，人均所得可能将继续增加——如果不是几近永远，至少也将持续数个世纪，因为人们仍将不断创新。

那全球化呢？目前全球化趋势正突飞猛进，但是，随着所有国家均对外开放，而利用汇率、知识及劳工成本等差异获利的机会在人员、资金与思想自由流通的情况下逐渐耗尽，全球化过程将开始放缓。新兴市场国家货币升值，可能就足以引发全球化放缓。我估计，全球化趋势将于 2020 至 2040 年间触顶。

信息科技之创新会困难一些。计算机硬件愈来愈快的趋势还能持续多久？

我们能成功开发出量子计算机吗？我想，可能出现的情况是任何一个产业常见的现象：经过一段 S 形成长期后，产业陷入胶着期，然后新范式面世，产业进入新的 S 形成长期。最后我们可能将发现，我们仍处于技术发展非常早期的阶段。

生物技术方面，我想我们显然处于技术进步的初期，估计到 2050 年左右，生技之发展将令人叹为观止。

通胀会卷土重来吗？

1980 年起结构性荣景的通缩力量源自创新及全球化。但是，随着中国等新兴市场国家之储蓄率开始下跌、薪资及货币汇价上涨，全球化的通缩力量终将耗竭。假设这影响无法完全靠增加使用机械抵销，在这场荣景的后段，通胀压力可能将愈来愈大。

环境压力及资源短缺的情况如何发展，可能是政治上最敏感的问题。有关环境污染，我们知道的事包括：

- 原始社群可能会毁掉自身的环境，通常是为了开垦农地而砍伐或焚毁森林。但是，这通常要到这些社群的人口成长失控时才会发生。
- 社会经历工业化初期阶段时，总是会产生严重污染。
- 一个国家的人均年度 GDP 一旦达到 10 000~15 000 美元左右，人均污染量将开始减少，而人口往往也会同时稳定下来。
- 在此基础上，国家若变得更富裕，环境将进一步改善，而人口通常会开始减少。

我想，由此得出的结论是：一个国家的整体环境压力通常呈钟形曲线，其成长期落后经济成长数十年。但是，这并不意味着环境每一方面的发展皆是同步的。有些环境损害最初可能无人理解，因此会在较长时间里遭忽视。臭氧层遭破坏就是一例，问题持续到科学家终于发现此现象，随后国际上严格管理氟氯碳化物（CFC）之排放，令 CFC 排放量于 1987 年大幅减少，至 1996 年完全停止。假以时日，臭氧层问题应将得以解决。二氧化碳的潜在问题也长期无人关注，未来数十年将继续累积，直至趋势最终逆转。

资源问题又如何？人类的资源消耗量大致呈指数式上升趋势。尽管世界人口估计将于 90 亿左右触顶，世界的财富将在此之后继续增加很长一段时间。因此，我们对资源的需求看来将继续成长。但是，资源之供给能永远满足需求吗？

我想，将资源之供给分以下三大类，有助分析问题：（1）食物与水；（2）能源；（3）金属。我们知道食物和水是可再生的，但某些地区可能面对供给不足的困难，而食水也可能遭污染。我想，我们可合理期望人类能掌握可解决这两个问题的技术，只是穷人未必负担得起。

能源方面，我认为人类的需求在未来很多个世纪里将增加，但我们将经历连串技术转型，让我们得以从仰赖化石燃料转向再生能源及核融合能。在此过程中，能源价格有时可能会急涨至很高的水平。但是，能源供给最终将几近是无限的，而且将非常非常便宜。

至于金属，我们是不可能持续大幅提高产量的。当然，地球的金属资源还是非常丰富的，而我们目前不过是在开采地壳表面的矿藏。因此，金属资源某意义上也是几近无限的。但是，在实务层面上，开采金属资源的成本，终将升至不划算的地步（尽管能源可能将变得非常便宜，而且我们将大量使用机器人），结果是我们将日益以碳及塑胶等人造材料替代金属。除此之外，我们循环再用金属的效率也将显著提高，而在非常遥远的未来，我们可能会开始在彗星及其他行星上采矿。但在此之前，我们可能将经历一些供给非常紧张的时期，届时金属价格将急涨至极高水平。

综合以上所言，未来数十年，文明的演化将受以下 20 个主要因素驱动：

未来数十年驱动文明演化的 20 个要素			
#	因素	说明	形态
1	库存周期	小型经济周期	周期性；平均每 4~5 年触顶一次
2	资本支出周期	较大型的经济周期，受机械与设备等投资驱动	周期性；平均每 9~10 年触顶一次
3	房地产周期	非常大的经济周期，受房地产之建造及投资驱动，会引发银行业危机	周期性；平均每 18~20 年触顶一次
4	泡沫及崩盘	金融泡沫及随之而来的崩盘，平均每 3 年发生一次	半周期性；平均每 3 年一次
5	恐慌	和环境、科技及健康有关的过度恐慌潮	半周期性；平均每 3 年一次
6	人口成长	2010 至 2050 年间，世界人口增加约 20 亿或 30% 左右	部分钟形或 S 形；2050 年左右人口触顶

(续表)

未来数十年驱动文明演化的 20 个要素			
#	因素	说明	形态
7	人口老化	2010 至 2050 年间,老年人口增加 16 亿,成长逾两倍	钟形,2050 年之后数十年触顶
8	妇女解放	接受高等教育的女性数目显著超过男性;更多女性希望有自己的事业,少生孩子	S 形,料于 2030 至 2040 年间进入水平阶段
9	人类智能	随着社会发展,人类智能年均成长 0.3%	S 形,最终随着人类健康达致自然极限而不再成长,但一旦人类基因改造普及,将展开更快速的成长期
10	人类知识	估计每 8~9 年增加一倍	创意计算机的出现可能会缩短知识倍增所需的时间,但这时间最终料将拉长,只是估计要到 2050 年之后
11	文化多样性	世界大部分地区的文化与思想将继续融合	S 形,但可能因为战争与恐怖行动而中断
12	城市化	2010 至 2050 年间,居住于城市的人口将增加 30 亿	S 形,或将于 2050 年左右进入水平阶段
13	新兴市场财富成长	2010 至 2050 年间,新兴市场 GDP 将增加逾 100 兆美元,财富增幅将是这的 4~5 倍	S 形,2040 年后成长可能显著放缓
14	全球化	国家之内及国际间的资金、人员、思想及产品流通继续增加	S 形,随后水平发展或周期性波动;或将于 2020 至 2040 年间达颠峰
15	信息科技创新	芯片性能指数式上升;2020 年左右计算机超越人脑	将是连串的 S 形曲线,曲线之间由水平阶段隔开
16	生物技术创新	生技知识及产品指数式增加;改造基因	S 形,或将于 2050 年左右进入水平阶段
17	环境压力	多数发达国家环境改善,但许多新兴市场国家环境恶化	钟形曲线,各环境问题各有不同顶点
18	资源短缺	供给紧张将导致资源价格短期急涨;食物和水的问题最终可解决;我们终有一天可获得几近无限的干净廉价能源	供给是连串的 S 形曲线,几乎无限延伸

(续表)

未来数十年驱动文明演化的二十个要素			
#	因素	说明	形态
19	战争与恐怖行动	2010至2050年间,平均每年100~150宗恐怖行动、绑架或海盗事件,共约5 000宗;同期每年平均有2~3场新内战爆发,共约100场,期间平均将有约14场内战进行中	非常长的钟形曲线
20	强国支持大宗商品生产国的统治者	强国提供军火与资金,支持控制天然资源的独裁者,换取获得资源供给之保证	钟形曲线

大家必须注意的是,每一个要素背后,皆有一个相反的趋势。金融市场崩跌时,会有特立独行的对冲基金因做空而赚大钱。公众极度恐慌时,几乎所有人都在卖出,只有"秃鹰"在买进。同样的,在电讯服务几乎已渗透社会每一个角落的情况下,有更多人将手机留在家里,出外度一个不受打扰的假期。在城市由混凝土、钢铁及玻璃建成的情况下,由木材与石头建成的乡村度假屋身价上涨。在人类财富暴增之际,愈来愈多人选择没有钱的嬉皮士生活。在大楼控制系统日趋复杂,有时引发连串故障的情况下,有些人会回归只有开关按钮的简单、独立事物。

此外,我们还必须注意:新事物往往不会取代旧事物。多数时候,新事物只是提供了额外的选择,丰富了事物的多样性。

但是,有一件事看来是明确的:人类正迈向一段剧烈的发展期。我们将面对巨大的挑战,当中有许多可怕之处。但是,驱动世界前进的首要因素,一如既往,总是完全正常的人每天所做的事。这些事或许不会记载于历史书中,也可能不会登上新闻版面,但的确会显示在统计数据上,而这些数据所反映的,可能跟新闻截然不同。

未来一个时代,有许多许多事等着我们去为这些普通人做。企业家、商人及投资人可从中找到大量机会。创造性及有趣的工作机会也将大增。

问题是:这些机会将出现在哪些产业?如果你是一名学生,正考虑在理工或商业/金融领域发展事业,你该如何选择?如果你是一名能力出众的企业家,你该选择哪一个领域创业,投入很少的资金,很快(可能是短短数年)

将公司培养成一流企业，获得以千倍计的报酬？

又或者你是一名投资人，那么，未来数十年哪些资产、哪些产业能带给你最丰厚的报酬？如果你时机掌握得宜，你能靠哪些资产，十年内赚取十倍的报酬？

我想，无论何时，有两个因素总是至关紧要的：快速成长，以及非常好的获利模式。快速成长方面，主要驱动因素将是人口成长、城市化、人口老化、全球中产及上层阶级扩张，以及信息科技、基因/生物技术及替代能源方面的创新。获利模式方面，我可以想出40个常见的，它们可分为八大类：

- 资产为本：发明、创造或取得想拥有的资产。
- 网络为本：让你周遭的商业生态体系推动你的业务前进。
- 速度为本：行动比对手快一步，或是率先尝试新业务模式，又或者掌握恰到好处的买卖时机。
- 客户关系为本：与其卖产品，不如想想客户，卖给他们真正需要的解决方案。
- 成本控制为本：找出成本低于对手的生产方法。
- 金融时机为本：积极根据景气循环、信心波动等因素安排投资时机。
- 金融套利为本：利用两个投资标的或资产类别间的价值或收益率差距获利。
- 积极参与为本：积极涉入所投资的资产，设法提升其价值。

下表为全部40个获利模式，详细说明可参考 www.supersectors.com。

40 个主要获利模式			
类别	具体策略	类别	具体策略
资产为本	• 采矿与务农 • 建立品牌 • 扰乱现状的创新 • 创业后伺机出售公司 • 创造风靡一时的业务 • 以不同方式重复利用同一资产 • 以多种商品形式增加赢利 • 改造为奢侈品	客户关系为本	• 从批发到零售 • 后续销售 • 大量客制化 • 中央集合平台 • 解决方案提供者 • 利基市场支配者 • 价格差异化 • 转型为服务提供者 • 转型至资源共享模式 • 转型至数字化模式

(续表)

40 个主要获利模式			
类别	具体策略	类别	具体策略
成本控制为本	• 扩大规模，以量取胜 • 低成本经营模式 • 地点套利	速度为本	• 先发优势 • 改造组织，提升速度
金融时机为本	• 依景气循环适时买卖 • 依技术分析适时买卖 • 秃鹰投资	网络为本	• 建立客户社群 • 创造平台与标准 • 数位交易平台
金融套利为本	• 利差交易 • 收集优质资产 • 相对价值套利 • 事件导向交易 • 流动性套利	积极参与为本	• 创投资本 • 拯救陷入困境的企业 • 收购上市公司全部股权 • 行动主义投资 • 整并中小型业者

大有可为的产业，我首先想到的是房地产。这产业将受惠于来自新兴市场的钱潮，以及城市化、人口成长、年龄结构改变等趋势。未来数十年，各地将需要兴建大量新物业，这当中当然有投资获利的机会，不过土地投资的机会或许更多。优质土地的供给几乎是固定的，部分地区的地价可能因此升至极高水平。房地产业常见的获利模式包括依景气循环适时买卖、收集优质资产，以及以不同方式重复利用同一资产。对房地产开发商来说，从批发到零售也是一种获利模式。

人们大量兴建房地产，每年 7 000~9 000 万人晋身中产阶级，加上新能源基建需要融资，这一切均需要资金支持，这为全球金融创造了一个巨大的成长市场，尤其是在新兴市场。这些成长市场有许多还未发展出一种信贷文化，随着这种文化的建立，当地银行业者将受惠。此外，金融业整体而言将可采用上表中提到的金融策略。未来的所有主要发展，金融业均可扮演某种角色。

新兴市场的成长也将带动对大宗商品的需求。这故事很简单：相关商品的供给大有可能追不上需求的成长速度，果真如此，价格及厂商的赢利均将大涨。在此情况下，依景气循环适时买卖及采矿这两种策略均大有可为。扰乱现状的创新，例如应用基因及先进回收技术，也可寄予厚望。

对替代能源的需求将受以下因素带动：新兴市场的需求、减排要求，以及一些国家希望减少或终止财富流向富有侵略性的国家。此领域最重要的商业模式将是扰乱现状的创新、先发优势、创业后伺机出售公司，以及创投资本。随着市场逐渐成熟，整并策略也将大有可为。

信息科技饶富趣味，因为这领域的创新速度快得不可思议，产生愈来愈多引人入胜的新产品。此领域提供大量扰乱现状的创新机会，新创企业也有许多接受收购的机会。此外，创造网络效应，例如建立在线社群或中央集合平台，是这领域极为重要的机会。

基因及生物技术未来数十年的创新速度很可能媲美，甚至超越信息科技。这领域和信息科技有许多相同特征，但网络效应则远不如信息科技普遍。特别适合生物技术的三种商业模式为扰乱现状的创新、创造风靡一时的业务，以及扩大规模以量取胜。许多小业者将伺机出售公司，而整并策略也将大派用场，因为生技业的单一产品风险很高，间接成本庞大，公司规模巨大有非常明显的优势。

在第四章中，我将休闲活动分为12个商业领域（旅行、时装/时尚、保健、奢侈品、运动、餐厅等）。在这当中，我认为有一项尤其突出，那就是奢侈品。奢侈品产业将受益于未来数十年的财富暴增，而且能靠品牌效应保持非常高的利润率。和这产业相关的获利模式包括以不同方式重复利用同一资产、改造为奢侈品、建立客户社群、扩大规模、整并，以及收集优质资产。

接下来七章将逐一讨论上述七个产业，我将为大家说明这些产业的发展情况，以及背后的原因。我将从金融业说起——若以交易量衡量，这是鹤立鸡群的世上最大产业。

七个超级产业		
产业	主要激励因素	获利模式
1. 金融	在新兴市场扩张、创新及能源基建革新中扮演关键角色	• 依景气循环适时买卖 • 依技术分析适时买卖 • 秃鹰投资 • 利差交易 • 收集优质资产 • 相对价值套利 • 事件导向交易 • 流动性套利

(续表)

七个超级产业		
产业	主要激励因素	获利模式
2. 房地产	满足全球城市化、年龄结构改变、人口及财富成长所产生的需求	• 依景气循环适时买卖 • 收集优质资产 • 以不同方式重复利用同一资产 • 从批发到零售
3. 大宗商品	满足新兴市场扩张所产生的庞大需求	• 依景气循环适时买卖 • 采矿与务农 • 扰乱现状的创新 • 整并中小型业者
4. 替代能源	新兴市场的需求、减排要求,以及一些国家希望减少财富流向富侵略性的国家	• 扰乱现状的创新 • 先发优势 • 创业后伺机出售公司 • 创投资本 • 购并中小型业者
5. 基因及生物技术	惊人的创新造就第二次绿色革命、医疗突破,第三及第四代生物燃料等	• 扰乱现状的创新 • 创造风靡一时的业务 • 扩大规模,以量取胜 • 创业后伺机出售公司 • 购并中小型业者
6. 信息科技	计算机很快追上并超越人类智能;频宽、储存、行动装置电池等产品将继续日益精良及廉宜;大量的新应用服务	• 改造组织,提升速度 • 扰乱现状的创新 • 创业后伺机出售公司 • 建立客户社群 • 创造平台与标准 • 数位交易平台
7. 奢侈品	受惠于未来数十年的财富暴增,以及新兴市场的强劲需求	• 以不同方式重复利用同一资产 • 改造为奢侈品 • 建立客户社群 • 扩大规模,以量取胜 • 整并中小型业者 • 收集优质资产

第九章

金融

年轻时，我获丹麦某大学录取攻读工程理科硕士学位，当时备感兴奋。不久之后，我订阅各种商业报纸与杂志，希望在踏入社会前，开始熟悉现实世界的运作。日复一日阅读这些报刊后，我逐渐意识到，管理这世界的并非工程师。典型的工程师，是一名穿着绒布牛仔裤，开 Volvo 汽车的好好先生，对自己的技术及可做到的事满怀热情。但是，工程师通常有一名老板，他是做营销的，穿西装，丝质领带紧扣着衬衫，可能开一辆 BMW。这家伙决定公司该做些什么，也就是说，他决定工程师该做些什么，甚至是否有事可做。

但这名营销人最终必须向一名管财务的人报告业务，后者每天刮两次胡子，赚很多钱。这家伙决定哪些公司应该卖掉、合并、扩张，甚至是停业。因此，没有钱就没有营销人，没有营销人就没有工程师。世界如何运作，由掌管财务的人决定。

我知道这观念是将事实大大简化了，但在当时，这已足以促使我去修读夜间企管硕士（MBA）课程。现在，我已在社会上工作了 30 年，做过工程师、营销人及财务人，而我的观念基本未变。管钱的家伙通常是王。

金融业规模庞大。2004 年，衍生工具/外汇（我稍后会解释）总交易额几乎是全球 GDP 的 30 倍，2007 年更增至全球 GDP 的 46 倍左右。如果我们将债券及股票的交易加进来，金融市场总交易额约为全球 GDP 的 50 倍。我说"规模庞大"，就是这意思。事实上，衍生工具平均每三天的交易额，就等同美国一年的 GDP，这就是为什么这些市场流动性极高。如果你有 10 亿美元必

须在外汇市场买卖，通常不消几分钟即可完成，而且你会发现，你的买卖对相关价格几乎没有任何影响。在这些市场，10亿美元有如沧海一粟。具体点讲，这金额还不到全球金融市场平均每10秒的交易额。

2007~2009年金融市场崩盘前，光是银行业，就占了全球所有上市公司约20%的赢利。根据 *Institutional Investor's Alpha* 杂志，美国最高薪的25名对冲基金经理，2006年平均所得为5.4亿美元，也就是每人每天平均赚接近150万美元，整年如此。金融业以外的企业经理人，莫不瞠乎其后。事实上，25名顶尖对冲基金经理加起来，赚的钱似乎比标准普尔500企业所有CEO长赚的还多。这真是极其丰厚的薪酬。

因此，如果你管理对冲基金，显然能赚很多钱。不过，金融业整体而言，环境顺遂时，也可以赚得惊人厚利，而金融业很快就会再有顺遂的环境了。在第五章中，我估计，未来40年间，全球浮动价格资产总值将实质增加约800兆美元；也就是说，期间新增的资产价值，相当于2010年全球GDP的12倍左右。流进这些资产的资金，将由银行及其他金融机构经手。事实上，这些资金大部分将一直快速转手。我稍后会再谈这一点，但我想强调：这是非常、非常、非常大的生意。

先前我也提到，未来数十年，我们将得为30亿名新城市居民建造居所，以及兴建更多商用不动产，并改善既有房地产。这当然是房地产业的大发展，但也是金融业的机会，因为房地产意味着房贷需求。目前许多新兴市场国家甚至还未发展出信贷文化。因此，随着信贷文化的建立，这些国家的金融业，将以远远超过经济成长的速度成长。

我还提到，未来数十年将有大量的创新发明面世，主要是在信息科技、生物科技以及替代能源这三个领域。这些产业将需要来自创投基金的资本。我可以举更多例子，但我想重点就是：无论何时何地，无论在哪一个产业，任何发展皆将为金融业创造机会。金融业主力业者包括：

- **保险及再保险公司**：接受个人、家庭及企业投保，同时管理大型投资基金；
- **商业银行**：经营"正常"银行业务，例如财物保管，消费者、企业及不动产抵押贷款，信用卡，以及金融交易支援；
- **投资银行**：协助企业借由发行债券或股票融资，或是透过首次公开发行（IPO）成为上市公司，此外，也为企业提供并购相关服务，甚至协助上市公司抵御敌意收购；
- **私人银行**：帮助有钱人管理资产；
- **对冲基金**：替客户管理资金的公司，交易跨足金融市场许多领域，从投资报酬中收取分红（不像许多银行那样靠交易佣金赚钱）；
- **私募基金**：一种合伙事业，投资低流动性资产，例如新创企业的股权，或者是取得非上市公司的控股权；有时会将上市公司私有化，然后重整业务。

若是希望从金融业未来的发展机会中获益，你可以在金融机构工作，或者投资金融业者，又或者透过它们投资。后者最常见，接下来我们就先讲这部分。

我想，投资的第一法则，就是实际去做。1991年，美国大学教授及作家杰诺米·席格尔（Jeremy Siegel）发表了一篇意义重大的论文，当中比较了多个资产类别的长期报酬率：假设某人1800年在这些资产类别各投资1美元，然后持有190年，直至1990年。根据这段期间的消费者物价指数涨幅，你在1990年需要略多于11美元，才能保住1800年1美元的购买力。1800年投资1美元，到1990年将值：

- 若投资黄金　　　　　　　19美元
- 若投资短期公债　　　　　3 570美元
- 若投资公债　　　　　　　6 070美元
- 若投资股票　　　　　　　1 030 000美元

黄金的报酬显然不是特别好，但公债很不错，而股票则好极了。1990年有超过100万美元在手，你可以买到的东西远远超过1800年的1美元。靠着这1美元投资股票190年所赚的钱，你可以在1990年于好地段买到一间非常好的别墅。

但是，历史绩效并非未来报酬的保证。从1990年（席格尔计算长期投资报酬的期末）到我撰写本书时，美国股市至少崩跌了三次：1991年、2000~2003年，以及2007~2009年。真惨！

嗯，我查一下计算机上的数据好了。哒、哒、哒……目前标准普尔500指数略高于1 000点……呃，那么1990年最后一天，该指数收报多少呢？哒、哒、哒，略低于 330 点。

希望你明白此中重点：非常长期而言，譬如说 30 年或更久，将钱投资在某种资产上真的划得来，即使在你需要用钱之前，你得经历多次战争、恐慌、衰退及崩盘。此外，投资波动剧烈的高风险资产，长期而言特别划得来。因此，一般来说，保持投资是一个重要的法则。

另一个重要法则是：将资金分散配置在国际市场及多个资产类别上，波动性可大大降低。最重要的资产类别包括货币市场、债券、股票、房地产、黄金、大宗商品、收藏品、贵金属，以及——如果你的品味够另类——林地。当中有些在通胀高涨时通常会有出色表现（大宗商品、贵金属、房地产及收藏品），有些在通胀下滑或处于低位时表现出色（股票、公司债），有些则是在危机时期显著升值（公债）。审慎的投资人可为自己设计一个资产组合，然后长期持有，例如这么配置：

- 货币市场资产　　　　　　　　　　5%
- 公债　　　　　　　　　　　　　　15%
- 公司债　　　　　　　　　　　　　10%
- 股票　　　　　　　　　　　　　　50%
- 在交易所挂牌的不动产资产　　　　10%
- 黄金、大宗商品、收藏品及贵金属　10%

当然，若要维持这样的资产配置，投资人必须不时重新平衡资产组合——譬如说一年四次。也就是说，在股市大幅下跌之后（在此期间，公债通常会涨过头），投资人得投入更多资金购买股票。换句话说，重新平衡投资组合将迫使你买进廉价资产，卖出昂贵的资产。此策略的另一种做法，是每年投入相同数额的新资金到投资组合里；如此一来，资产价格较低时，你买到的数量较多。对支付散户买卖佣金的小投资人来说，重新平衡投资组合的成本可能过高，因此较好的方法，是借由新投入的资金调整资产配置。至于机构投资人，重新平衡投资组合应是相当容易的事。最后，你的投资组合应是全球型而非地方型的。全球型投资组合本身可能就有一些自动重新平衡的功能。

这样的简单投资策略，效果一点也不差。接下来我们具体谈谈这些资产类别，以及实际的投资方式。

且从最简单的方式说起，那就是直接投资货币市场账户、债券或股票。

货币市场规模庞大，因为金融机构、非金融企业、主权财富基金、中央银行以至有钱人均时常将流动资金存放在这市场。债券市场也非常大，其主要功能是为政府债务、房贷及公司债融资。而如果你投资股票，你是拥有公司的部分股权，但你投资的公司并没有向你支付股息或偿还股本的义务（但管理层显然会努力创造好业绩，因为他们是由董事会选出来的，而董事会的成员则是股东选出来的）。

金融市场流动性最高的部分，是所谓的"衍生工具"，主要就是期货、选择权及交换（swaps）。期货是在未来某一时间买卖某标的资产的合约，是避险及投机的便利工具，不但可在标的资产价格上涨时为投资人带来赢利，价格下跌时也能赚钱（如果你卖出期货，而标的资产价格随后下滑，你就能赚到钱）。任何"高流动性"商品，如铜、石油及大豆，以至公债、股价指数及许多其他标的，均有期货交易。

选择权就像是设有损失限制的期货。买权（call option）的持有人有权（但没有义务）在约定时间内以约定价格买进某标的资产，卖权（put option）则赋予持有人以约定价格卖出标的资产的权利。因为风险有限，买进选择权需要付出权利金，而投机者可以借卖出选择权赚取权利金（但他们将因此承受高风险，其损失可能是无限的）。

交换是在约定时间交换现金流的合约，其计算基础可以是汇率、利率、债券、大宗商品、股票或其他资产在特定时间的价值。交换市场最大规模的一项是外汇。

许多投资人并非直接买卖货币市场资产、债券与股票，而是透过共同基金投资。积极管理型共同基金雇用经理人挑选投资标的，同时也希望能适时增加或减少风险头寸。投资人必须为此支付基金管理费，此外基金的买卖当然也涉及交易费用。多年来，共同基金的费用令许多投资人不悦，因为大部分此类基金的表现长期不如其基准指数。正因如此，市场上出现了大量称为指数股票型基金（ETF）的另类基金。ETF 的资产组合完全模仿某一基准组合，是被动管理型基金，管理成本因此远低于一般共同基金。此外，ETF 可抛空，老练的投资人可借此在市场下跌时获利。

货币市场工具、债券及股票的主要类别

货币市场
- 定期存款：存户接受固定的存款期限，换取较高的利率。
- 国库券：期限为3~12个月的公债。
- 货币基金：投资货币市场工具的基金。

债券
- 公债及机构债：机构债是政府支持的房贷机构发行的债券。
- 公司债：企业发行的债券。风险超过某程度的公司债被称为"垃圾债"，收益率较高。
- 市政债：市政当局发行的债券。
- 房贷担保证券、资产担保证券及债务担保证券（CDO）：以特定资产为担保品的债券。

股票
- 金融类股：包括银行业、消费金融、投资银行、证券经纪、资产管理、保险及投资，以及房地产业。
- 非必需消费类股：包括汽车及零组件、耐用消费品、服饰、饭店、餐饮及休闲，以至媒体及零售业。
- 信息科技类股：软件、硬件、信息科技服务，以及电讯业。
- 工业类股：资本财、商业服务及补给，以及运输业。
- 资源类股：化学品、建筑材料、容器及包装、金属及采矿，以及造纸及林产品。
- 基本消费品类股：食物、药品、饮料、烟草，以及家庭与个人用品。
- 公用事业股：燃气、电力及供水。

我在第二章已指出，社会上的房地产通常占所有浮动价格资产略超过50%。投资房地产有五种主要方式，首先是直接拥有，自用房产——无论是私人还是商业用途——通常采用这方式。出于纯投资目的直接拥有房产，可能是好事，也可能不是。但任何人这么做，都应该想想随之而来的管理工作，这往往是相当繁重的。多年前，我和朋友合资，在柏林市中心购买了约4.5万平方米的房地产。这项投资相当顺利，但除了我们时机把握得好之外，主

要原因是我们同时收购了当地一家物业管理公司的控股权。这家公司替我们包办大小事务，从例行公事到物业的翻新，以至所谓的"私有化"，也就是将出租公寓转为可供出售的类型。

房地产投资的第二种主要方式，是开放式房地产基金。投资人可按单位资产净值（基于相关资产的估价）买卖此类基金，这确保了买卖价格是基于公允价值，但也迫使基金维持一定的流动性准备，以满足投资人的赎回要求。

第三种方式是不动产投资信托（REIT），这是类似一般股票的封闭式投资工具，也就是说它们可以在市场上买卖，但不可要求发行方赎回。REIT 的投资标的是应税资产，因此只要承诺将绝大多数（通常是 85%～100%）赢利用于派发股息给投资人，REIT 的赢利是免税的。REIT 一般是根据所谓的经调整营运资金（AFFO）估价，这跟自由现金流的概念非常相似。REIT 若认列资产价值减损，正式公布的赢利可能会低于 AFFO，但如果投资人预期相关资产长期而言将升值，则可以不必为此担心。

第四种方式，是投资上市的房地产公司，我将它们分为三大类：开发商、交易商，以及物业持有公司。开发商是兴建并出售物业的公司，交易商则整批买下物业，翻新改善后再整批转手，或以零售方式出清。至于物业持有公司，则主要是管理相当固定的一个物业组合。房地产上市公司及 REIT 有趣的一点，是它们和 ETF 一样可以抛空，投资人因此有机会借此在房价下滑时获利。

房地产投资的最后一种主要方式，是私人房地产基金。这多数是非常投机的基金，以私人合伙方式运作。这种基金通常专注于投资陷入困境的项目，或者是有机会借由增值措施赚得厚利的项目。一些大型投资银行和它们的大客户合作经营此类基金。

私募基金和对冲基金属金融市场中流动性最低的部分。私募基金是非上市的投资基金，只接受财力特别雄厚的专业投资人。私募基金可分两大类：投资新创企业股权的"创投资本"，以及收购较成熟公司（有时是上市公司）的"收购基金"。私募基金较罕见的类型包括：

- 成长资本：通常是为需要投资的成熟企业融资。
- 财困/特殊情况：接手那些中途耗尽资金的营建项目，注入资本，完成项目；或是买进预计将破产的公司所发行的债券，伺机接管公司加以重整。
- 夹层资本（mezzanine capital）：类似垃圾债券，通常是为那些连发行垃圾债都没资格的高风险公司融资。作为承担风险的补偿，私募基金会要求非常高的利率，以及/或以有利条件转换为股权的机会。2007~2009年金融危机期间，这种方式普遍应用于拯救陷入困境的金融机构。

除此之外，还有以基建、银行业、能源甚至是艺术为投资标的的私募基金。

私募基金投资如何运作？为什么只接受信誉良好的专业投资人？让我们从此类基金的具体运作方式说起。你签约当私募基金的投资人时，一开始不必拿钱出来，签约是代表你承诺在未来某个时候投入约定金额。这就是为什么你必须是信誉良好的专业投资人：私募基金必须非常确定你在基金需要资金时，能拿出钱来。那么如果你届时不拿钱出来，结果会怎样？基金很可能会控告你，而你们可能会洽商出一个和解方案：你投入承诺投资额的一部分，然后注销你已投资的部分。

投资人应向私募基金承诺投资多少？

私募基金投资人应熟悉以下三个关键词：

- 承诺资本（committed capital）：你签约时承诺投入的最大资金额；
- 配置资本（allocated capital）：你实际想投入的资金额；
- 动用资本（drawdown）：基金要求投入的资金额，减去基金派发的现金。

因为每一档基金在其营运期内，会不时向投资人派发现金，一档基金的动用资本极少会超过承诺资本的60%。此外，如果你有一个私募基金组合，承诺资本约定了分很多年投入，你的动用资本总额对承诺资本总额的百分比很可能会更低。因此，多数投资人的承诺资本额高于他们实际想投入的资本额。

投资人签约投资私募基金后，正常且可取的策略，是在约8年时间内逐渐增加投入，随后年度则大致平均投入资金。投资人大可不必费心思索实际投入资金的时间，因为这是基金经理人的工作。一档基金完成集资后，通常

会在 3 年时间内用掉投资人承诺的投资额，然后平均持有每一项投资 7~8 年左右。也就是说，一档私募基金通常有 11~12 年的寿命。在此期间，基金会因为需要钱投资，多次向投资人要求投入资金，也会因为卖出资产，向投资人派发现金。

本书并非讲商业伦理的著作，但因为私募基金（尤其是收购基金）备受抨击，我希望针对一些批评说几句。常见的一种说法，是私募基金不过是做以下几件事：（1）收购一家公司；（2）令被收购的公司背负沉重债务；（3）大量裁员；（4）将公司卖出，获利了结并逃避纳税。

这种情况的确可能发生，但如果说私募基金普遍如此，则根本不对。人们针对私募基金令被收购公司背负重债的批评，基本上是出于误解。通常实际情况是：私募基金借钱收购公司，然后将债务"下推"给被收购公司。但是，被收购公司往往是原本负债很轻，而私募基金通常只是将其负债提升至市场水平。举债所得是用于支付被收购公司的原股东。但是，交易完成后，基金手头现金将更宽裕，应付紧急资金需求的能力更强。

债务会伤害一家公司吗？有可能，但负债肯定也能令管理层聚焦于公司的盈利能力，因为公司必须向债权人还本付息。私募基金的另一个特色，是基金经理人通常会投入自己的资本。因此，如果基金运作顺利，他们将获利甚丰；但如果基金投资失利，他们个人很可能损失惨重。基金经理人因此肯定会专心做好工作。

有关私募基金打烂劳工饭碗的说法也是错的。美国方面的研究显示，相对于相似但股权结构不同的公司，私募基金拥有的公司在职位、营收、赢利及生产力方面成长较强劲。

最后一项常见的批评，是私募基金试图逃避纳税。但是，那些将公司卖给私募基金的人，必须为他们的获利缴税。而私募基金投资的公司，以及基金的投资人，也都需要缴税。

对冲基金是操作策略弹性非常大的基金，可以借做空在资产价格下滑时获利。对冲基金的主要操作策略包括：

- 期货交易顾问（Commodity Trading Advisor, CTA）：通常是以买卖衍生工具为主的全球宏观基金。此类基金仰赖计算机交易策略，而一般的全球宏观基金则主要靠人操作。
- "股票对冲"（equity hedge）：此类基金通常是买卖两组股票，做多经理人认为较便宜的一组,并做空另一组;也可能是做多特定股票,并做空大盘指数。有些专门操作"价值股",有些则专注于"成长股",还有一种称为"合理价格成长"(growth at a reasonable price,GARP)的混合型基金。

- "相对价值":此类基金借入成本廉价的短期资金,用于购买期限较长的债券,或是高收益货币。这种操作称为"利差交易"。
- "事件导向"(event-driven):通常是投资陷入财困的公司所发行的债券,类似秃鹰基金。退休基金一般不能持有此类债券,因此当这种债券的评等从投资级遭调降至垃圾级时,它们必须卖出,而卖价可能异常低。此时对冲基金可能就会接手买进,期望债券发行公司最终能脱困,又或者是在公司破产时接管并加以重整。另一种事件导向策略是根据市场上的并购尝试买卖。对冲基金可能会聘请律师,评估并购尝试成事的可能性与成交价格,然后以并购双方的股票做相对价值买卖。

对冲基金与私募基金的收费方式与人才

对冲基金与私募基金的收费方式通常是所谓的"2:20":每年2%的管理费,外加20%的净利分红,也就是所谓的"绩效费"(performance fee)。私募基金的绩效,是根据基金运作的整段时期计算的;对冲基金则通常是每季计算,而且附带所谓的"水位标志"(watermark)条件:若基金价值下滑,绩效费将停付,直至基金价值超越前高点(即水位标志)才恢复。

这种费用可高得令人咋舌,这也是金融业才华出众的人士最终往往加入对冲基金与私募基金的原因。但是,超级丰厚的收入也吸引了一些才智平庸的人。投资此类基金的一个简单法则,是基金的历史绩效必须在业内排前四分之一。除此之外,你当然还得逐渐分散投资,建立一个由不同经理人管理、投资风格互异的基金组合,期待长期而言,能获得优厚的整体报酬,以补偿此类资产流动性较低的缺点。

金融业特殊之处,在于消费者、政府与企业所做的事,几乎全都跟它有

关。金融业的许多运作，不像非金融业那样有阻力。例如，买一间房子涉及非常多文书作业，而一位金融交易员数分钟内打数通电话，就可以完成以亿美元计的买卖。因为金融交易如此便利，如果你够本事，赚钱是很容易的事；当然，如果你不够本事，输起钱来也非常快（金融业内大部分人属于后者）。

但是，这种便利性会诱使许多人在操作顺利时过度冒险，如果交易的是"别人的钱"（OPM），这种情况就更容易发生。如次贷萨拉米香肠危机揭示，许多银行完全不顾后果地过度冒险，我想这些银行的负责人如果拿自己的钱投资，几乎不可能会做同样的事。促使他们这么做的，可能是团体盲思，加上激励制度的缺陷：管理层在公司业绩好时分得大量奖金，业绩不好却不会受到惩罚。许多人认为，很大一部分对冲基金将在金融危机中垮掉，但结果并非如此，原因其实很简单：多数对冲基金经理人有投资自己的基金，他们因此非常审慎避免亏损，因为他们知道，一旦输钱，自己也得承受损失。这跟大机构出事时，个人责任难以厘清是截然不同的。

我们来看看世界主要金融中心的分布。以交易额计，外汇市场目前仍是最大的金融市场。根据国际清算银行（可说是各国央行的央行）的一项调查，全球汇市约24%的交易是经由英国的金融机构完成。第二大为美国，占17%，接下来是瑞士、日本及新加坡，均各占6%左右。中国香港及澳洲的汇市交易额各占全球略多于4%，印度仅0.9%，而中国内地更是仅有0.2%。

至于在证券交易所挂牌的证券之市值及交易额，美国、欧洲、中国及日本是世界四大。以下表格显示2009年5月底这四大地区的证交所市值及一年的交易额。该表显示，美国的证交所市值及交易额均居世界之冠。

截至2009年5月底证交所市值及一年交易额		
国家/地区	市值（10亿美元）	交易额（10亿美元）
美国	12 348	20 246
欧洲	8 757	4 850
中国	4 406	3 086
日本	3 102	1 561
资料来源：维基百科"stock exchange"条目		

这当中有几点是我觉得特别值得注意的。首先,虽然中国的外汇交易额相对于全球汇市仍极小(该国有严格的外汇管制),中国的证券交易额已非常大——事实上和欧洲已相距不远。此外,2009 年 5 月,上海证交所的市值已几乎和伦敦证交所一样大(几个月后,上海还超过了伦敦)。别忘了伦敦证交所 17 世纪已开业,因此已经有超过 300 年的历史,而上海证交所却是 1990 年才开张的。

至于金融业较富想象力的部分——对冲基金与私募基金,目前是由西方业者主导。关注创业者及创投资本的组织 Red Herring 于 2009 年颁发世界创投资本家百强奖(见 Red Herring 网站),获奖者的国籍分布非常不平均(见下表)。

国家	2009 年 Red Herring 得奖人数
美国	59
中国	8
英国	6
法国	4
德国	4
日本	3
加拿大	3
以色列	3
印度	2
澳洲	2
新加坡	1
韩国	1
瑞典	1
丹麦	1
瑞士	1
卢森堡	1
总数	100

得奖最多的地区是盎格鲁撒克逊世界(印度以外的英语国家),占了总数

三分之二。不过，有趣的是，中国也有八档创投基金获奖，等同法德两国的总数，几乎是日本的3倍。因此，中国在创投资本这领域也已冒出头来。

世界经济论坛每年发表《金融发展报告》（*Financial Development Report*），根据逾120个因素为世界55个主要金融体系及资本市场排列名次。这些排名考虑制度及商业环境、金融稳定、金融服务及金融市场，衡量的是素质而非规模。2009年的排名如下：

《金融发展报告》的排名	
1. 英国	6. 加拿大
2. 澳洲	7. 瑞士
3. 美国	8. 荷兰
4. 新加坡	9. 日本
5. 中国香港	10. 丹麦

值得注意的是，前六名全属盎格鲁撒克逊世界——英国及前英国殖民地。

那么，这一切告诉我们什么呢？金融业运作较精细的部分，也就是对冲基金与私募基金，主要为"前大英帝国"所掌控。在欧洲金融业，法德两国均致力挑战伦敦的地位，但成果有限：伦敦仍维持非常明显的领先优势。我相信，数十年后，全球金融业将有两大权力中心：大中华区及前大英帝国。有趣的是，印度属于后一阵营，而且数十年后，应将开始发挥非常可观的影响力。第三势力阵营将是瑞士（财富管理）及波斯湾国家（伊斯兰金融）。

总的来说，我认为金融业将恢复扩张，而且最终将大有发展。但是，经过2007~2009年的金融危机后，这产业很可能将出现数方面的变化。ETF及其他简单、低交易成本的"阳春型"产品将日益取代积极管理型基金，人们可利用前者建构强健的投资组合。对冲基金业将复兴，继续发现及利用市场上的价格偏差机会获利。私募基金业将再度蓬勃发展，协助新创企业融资，并为有需要的成熟企业提供必要的技术与知识。银行将更专注于满足客户的服务需求，提供客户能理解的简单产品。在此同时，银行将缩减自营交易，因为无论是银行的客户还是社会整体，都无法接受安全有疑问的银行业。银行也将缩减非常复杂的产品。最后，作为客户的财务伙伴，银行将开发透过

网络及手机运作的专业媒体产品。

我想，未来必须而且也很可能会出现的情况，是金融业者的角色日益区分为三大类：

- 金融公用事业（financial utilities）：提供存款、转账、网络银行及财物保管等标准服务。此类业者基本上是一种信息科技公司，其收费方式通常是所管理资产的某个百分比，外加每宗交易的手续费。高超的网络技术将是竞争力关键所在，而且一些纯信息科技业者大有可能跨足此产业且大获成功，譬如 Google、苹果、戴尔及微软。
- 金融营销机构：根据客户的观点，设计适当的解决方案组合，收取可能相当高的费用。此类服务将基于"开放式架构"（open architecture），也就是说，可同时容纳提供服务的金融机构及其对手的产品。此类业者包括保险顾问、精品银行（boutique bank），以及担当并购顾问角色的企业银行业者。
- 创意金融业者：此类业者追求超越大盘的表现，根据超越的幅度分红。对冲基金及私募基金是主要例子，但我能想出一些其他例子，例如接受委托、全权负责大型基金投资管理工作的业者。

就营运地点而言，金融业有根深蒂固的强劲网络效应。如前所述，金融业未来两大权力中心将是前大英帝国及大中华区。无论如何，所有生意人都有必要了解金融业，因为若少了金融业，没有企业能生存下去，而且金融业本身就是极佳的生意。

第十章

房地产

我有一个问题:"你亲身经历过1973~1975年的世界经济危机吗？"

那是第一次石油危机，当年石油输出国组织（OPEC）决定停止对所有在赎罪日战争（Yom Kippur War）中支持以色列的国家出口石油，触发了这场危机。危机持续至1974年3月，但许多国家的经济衰退延续至1975年。这当中包括日本，该国房地产市场在此次衰退中也下滑。

假设你是一名有健康的逆势操作想法的日本投资人，想趁经济衰退时购买房地产。假设你有100万美元现金，并取得200万美元房贷，因此共投资了300万美元在房地产上。为简化这例子，再假设你的租金收入刚好支付包括房贷利息在内的所有费用，而你的房贷本金并未减少。

这投资将带给你非常好的报酬，因为10年之后，你的物业价值倍增至600万美元。因此，扣掉房贷，你的资产净值是400万美元，也就是赚了3倍。

非常好！受此激励，你很可能想再持有这笔投资10年。这是明智之举吗？

没错！再持有10年的话，你的物业价值将再升值两倍，也就是变成1 800万美元。扣掉房贷，你的资产净值是1 600万美元，也就是20年时间赚了15倍。

不得了！

人人都想赚更多，假设你决定再持有这笔资产10年。别忘了常言道：过一过二不过三（third time lucky）！

结果将是一场灾难。在第三个10年，你几乎将输掉所有赢利，投资30年累积报酬几乎是零。这30年间日本房市走势如下图所示：

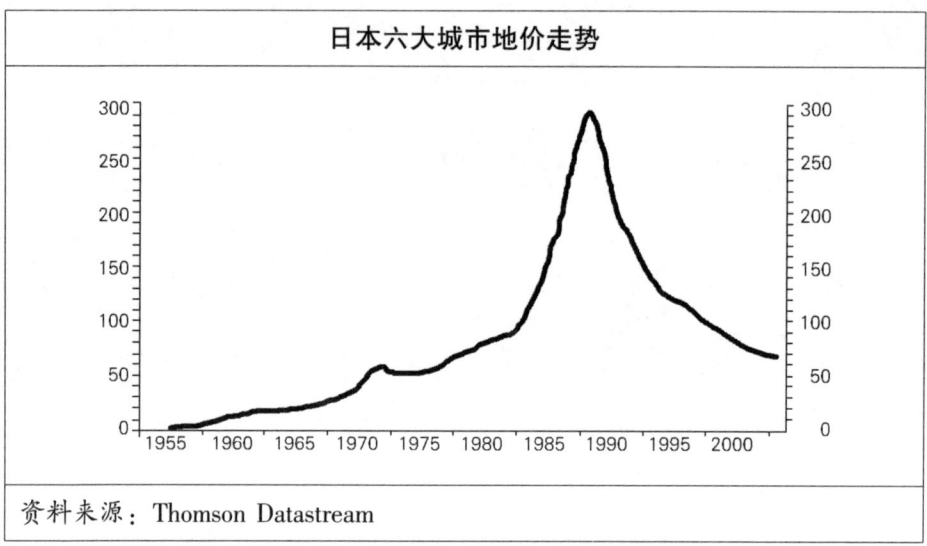

资料来源：Thomson Datastream

我以此例开始本章，是想指出房地产一方面肯定是社会中的主要财富创造者，但另一方面也是主要的财富摧毁者。投资房地产能否赚钱，完全取决于你在哪里、何时以及如何买进，而同样重要的是你何时卖出。本章将讨论其中一些因素，当然还有为什么我认为房地产将是未来数十年的一个超级产业。

房地产有许多类型，例如有零售店面（超市、购物中心等）、办公大楼及工厂厂房、饭店及会议中心，以及货仓、停车位及多层停车场。这些我们统称"商用不动产"。不过，你日常生活中最常接触的很可能是公寓大楼及独栋房屋，也就是"住宅"不动产。如我在稍早章节提到，在发达国家，房地产价值的正常分布，是75%住宅及25%商用。在某些发展中国家，许多人住在居所不值钱的贫民窟，并且在实体工厂里工作，这些地方的商用不动产比例可能高一些。而在许多民众拥有第二寓所，或是退休人口比例较高的地方，住宅所占的比例则高一些。

此外还有一些有待开发的不动产，如森林、农地及建筑用地。我个人认为森林及农地跟大宗商品市场的关系更密切，因此本章将不讨论这两类不动产，而建筑用地则显然跟其他不动产大有关系。

在先前章节，我已提出全球营建业未来数十年必将兴旺的一些原因。人口大幅成长（未来40年增加20亿），以及所得暴增（未来40年间，发达国家人均实质所得料成长一至两倍,新兴市场料成长3~5倍)是很明显的两个因素,在此之外还有城市化(城市人口增加30亿),以及人口老化(退休人口增加16亿)。

在第五章,我画了一个全球城市与农村人口的走势图。在此我为大家提供一个更清楚的,显示2010至2050年间两者的预期走势。

我第一次看到这些数字(并画此图)时,颇感意外,因为我意识到,我们不仅需要为2010至2050年间新增的20亿人口建设居所,还必须顾及从农村净流向城市的人口。尽管总人口将成长,未来数十年将有许多农村房屋遭废弃。因此,营建业未来40年需要照顾的新增人口,估计是30亿而非20亿。此外,家庭及年龄结构的剧变,也将促进房屋需求。受现代生活方式、人口老化及低生育率影响,未来单身及不生育的夫妇将大增。因此,相对于以前两三代人共住一栋房子、抚养许多小孩的情况,未来我们将需要更多住宅单位。

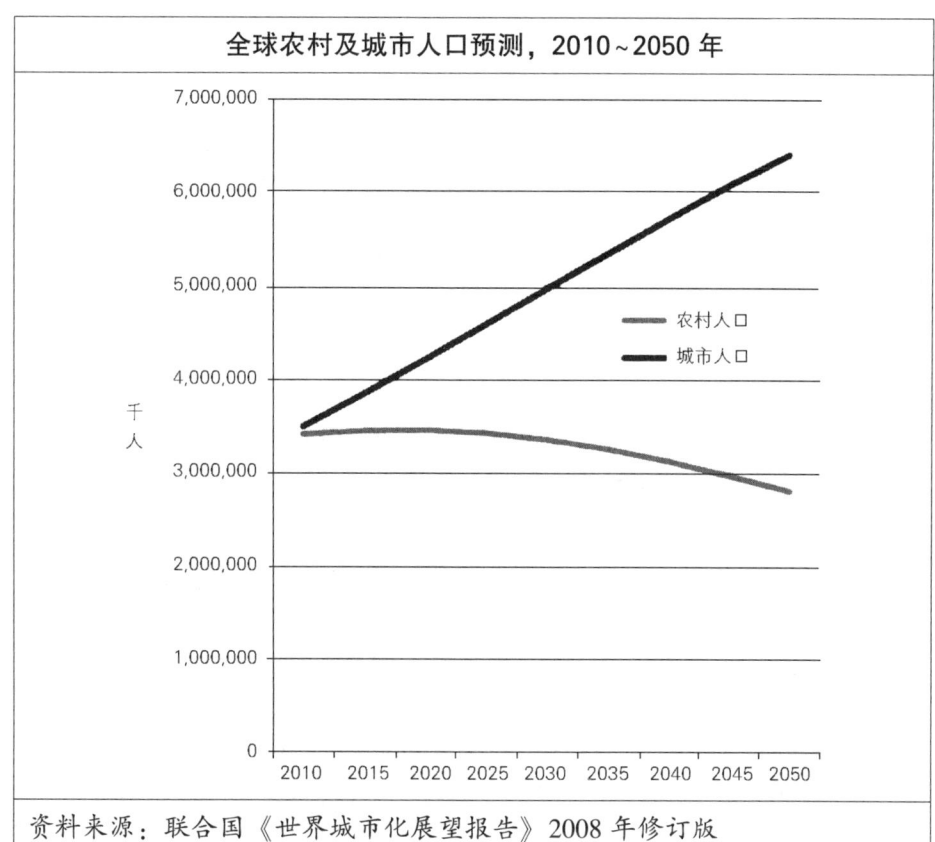

资料来源:联合国《世界城市化展望报告》2008年修订版

或许有人会问:"那么,贫民窟呢?新兴市场地区许多移居城市的人,不是会住在贫民窟吗?那种房子,在商业意义上不是不能算'房屋'吗?"很遗憾,情况的确如此,目前已有许多此类人士住在新兴市场地区的贫民窟。据联合国人类住宅区规划署(UN-Habitat)的资料,2008 年全球新兴市场地区城市居民当中,至少三分之一住在贫民窟,总数约 8.1 亿。但是,若人均所得如预期般成长,住在贫民窟的人口比例将下滑,而这又将是刺激城市房屋需求的又一因素。最后,中上阶层购买第二寓所者也将愈来愈多。我估计,未来 40 年间,我们平均每年必须为 1 亿人建造新的住宅。

事实上,在这整段时期,每年新增住宅必须满足的人口数估计将相当稳定(受房地产周期影响,将有一至两次的短暂下滑),因为虽然人口成长将放缓,但人口从农村移居城市的趋势将加速。因此,我们必须知道以下数字:2010 至 2050 年间,建筑业每年平均必须为约 1 亿的城市新增人口建造居所,也就是每个月 800 万人左右。

但是,这还只是源自新住户与屋主的住宅需求。我们将盖的房子,不止如此而已。首先,人口停滞或下滑的国家,并非没有营建需求。即便是人口日渐萎缩的国家如俄罗斯及日本,各种物业也需要维修、改建及改进。《经济学人》杂志 2008 年一篇文章指出,美国所有的房屋有 78%曾经转售,而日本则仅有 13%。为什么呢?日本人的房子,通常 30 年左右就会拆掉重建。此外,如果世界人口平均而言所得大幅成长,人们将希望住得更大、更好,甚至是有超过一间房子——想想佛罗里达州、西班牙、泰国、迪拜及其他地区为数众多的度假屋。

十种新生活方式

对新住宅的需求不仅源自人口及所得增长,也源自新生活方式的盛行,例如以下十种:

1. 年轻爱玩(fly):爱玩的年轻人(fun loving youth)
2. 雅皮士(yuppie):年轻的都市专业人士
3. 同性恋雅皮士(guppie):同性恋都市专业人士
4. 单身男女(sinbad/singad):单薪、无男友/女友,感到无望

5. 单薪无子（oink）：单薪，无子女
6. 丁克族（dinky）：双薪，暂无子女
7. 单亲家庭（opf）：只有父亲或母亲的家庭
8. 安享晚年（spear）：享受富裕退休生活的老年人
9. Grampie：成熟、活跃、健康极佳的富人
10. 逸皮士（yeepie）：富活力、积极投入各种活动的年长人士

当然，我们也不能忘了商用不动产。因为新兴市场地区资本支出通常相当高，估计未来多年的营建活动中，商用不动产所占的价值将超过25%。

发展中国家城市贫民窟人口超过8亿

2008年，世界12%的人口——略多于8亿人——住在发展中国家的城市贫民窟。绝大多数贫民窟居民并不拥有他们房屋所在的土地，其居所因此几乎没有任何商业价值。

地区	贫民窟人口（百万）	占当地城市人口百分比
撒哈拉以南非洲地区	166	62
南亚	201	43
东亚	215	37
拉丁美洲与加勒比海	117	27
西非	31	24
北非	12	15

资料来源：联合国人类住宅区规划署全球城市观测（GUO）2008年资料

未来的营建大景气中，兴建的房子大部分将是低价类型。每年晋身中产阶级的人估计将有7 000~9 000万人，而从赤贫提升至略低于中产状态的人，则远不止如此。这些人是微型贷款的服务对象，也是宝洁（P&G）小包装肥皂与牙膏的消费者。无论如何，新兴市场地区的典型趋势，是人们先从农村移居小市镇。一段时间之后，他们或其子女会搬到较大的市镇。

到第三个阶段，他们才可能会搬到真正的大城市。这意味着许多较成功的房地产开发商起家时将专注开发某些小市镇（竞争较不激烈），然后才开拓大城市的市场。

在我看来，房地产投资人若想长期成功，必须充分掌握三个关键因素：地点、估价（valuation）及时机。你不想买在前途黯淡的地段，不想付出过高的价格，也不想在房地产周期接近触顶时买进。

地点方面，新兴市场地区显然欣欣向荣，而多数发达国家的营建活动则将放缓，相关人口因素已在稍早章节讨论过，它们包括劳动人口萎缩、人口减少及老化。人口减少及老化的后果之一，是在许多地方，准备首次购屋的年轻人将减少。经合组织（OECD）分析会员国人口结构，发现在 1980 至 2000 年间，此类年轻人的人数在多数会员国大致持稳，而在韩国、西班牙、墨西哥及意大利则大幅成长。在这段时期，14 个会员国中只有日本是下跌的。但是，经合组织对 2000 至 2050 年的预测则截然不同：会员国准备首次购屋的年轻人将逐渐减少，共减 2.4 亿至少于 8 亿，低于 1980 年的水平。因此，许多地区的房市显然将遭遇重大阻力。受此打击最严重的，估计将是韩国及西班牙，以及许多中欧国家。

人口情况较佳、长期成长前景因此较好的发达国家，则包括美国、加拿大、澳洲、新西兰、英国、法国、荷兰、爱尔兰、瑞士及斯堪的那维亚。这些国家向来欢迎技术移民，也善于吸收新移民，有些则享有较高的生育率。

全球城市化方面，美国、中国及印度将是贡献最大的三国。2010 至 2025 年间，城市人口增加最多的将是印度，这 15 年间料将增加约 2.6 亿人。这增幅并不比美国 2010 年总人口（约 3.05 亿）少很多，这么说或许有助你理解这数字的意义。容我再说一遍：印度未来 15 年所增加的城市人口，几乎跟美国目前的总人口一样多。

2010 至 2025 年间，城市人口增加第二多的将是中国，估计增加近 2 亿人。也就是说，这 15 年间，中国城市人口的增幅，几乎是德国目前人口的三倍。

2010 至 2025 年间，中印两国将为全球城市人口贡献三分之一的增幅。在接下来的 25 年中（2025 至 2050 年），两国仍将为全球城市人口贡献三分之一的增幅，但期间印度的增幅将是中国的两倍。

接下来讲一下所谓的"超大城市"（megacity），也就是人口超过1 000万的城市。1950年，全球只有纽约及东京这两个超大城市。至2010年，超大城市的数目已达20个左右（在于你如何界定城市的边界）。2010至2025年间，人口成长最快的20个超大城市，总人口增幅估计将约为8 200万。有趣的是，这20个超大城市中，仅有两个是在经合组织国家：纽约及洛杉矶，人口增幅分居第17及第18位。这些城市未来15年间新增的8 200万人口，至少8 000万将住在新兴市场地区。有趣的是，这些大城市有一部分是人们相当陌生的［实时测验："加尔各答、金夏沙（Kinshasa）、拉哈尔（Lahore）及拉哥斯（Lagos）分别位于哪些国家？"……请马上回答］！

大城市有很多大楼。麦肯锡全球研究院（MGI）2008年预测，中国至2025年将盖2万~5万栋摩天大楼。到那时候，中国至少将有四座超大城市，以及约220个人口至少100万的城市。

接下来我想从一个截然不同的角度讲房市的成长：旅游业、饭店业，以及度假屋。旅游业是世界一大成长产业，创造了许多职位。虽然旅行社很少有特别赚钱的例子，而旅游业职位也因此通常不会有很高的薪水，这产业借由对房地产市场的影响，对经济有显著贡献。旅游业有时能创造出可观的营建活动，刺激地价大幅上涨。

旅游业的成长平均比全球经济快25%左右。但是，这产业相当波动：正常情况下，全球GDP成长率超过4%时，国际旅游业的成长速度显著高于全球经济；但如果全球GDP成长率跌破2%，旅游业成长速度则低于全球经济。全球的国际旅客人次已从1950年的2 500万，成长至1980年的2.77亿，1990年的4.38亿，2000年的6.84亿，以及2008年的9.22亿。世界旅游组织（World Tourism Organization）预测，这数字2020年将升至16亿人次。

根据世界旅游组织统计，2000年世界人口仅3.5%曾出国旅游，而仅7%有足以出国旅游的财力及健康身体。因此，旅游业仍有非常大的成长空间。新加入国际旅游市场的国家会发现，旅游业通常有三个发展阶段。第一个阶段以旅行团为主，游客希望参观著名景点（愈多愈好），拍照留念，又或者是住进设施齐全的度假饭店，然后一直留在里面。

至 2025 年人口增幅最大的 20 个超大城市（单位：百万人）				
2007~2025 年人口增幅排名	城市	2007 年人口	2025 年人口预估值	人口预估增幅
1	达卡，孟加拉	13.5	22.0	8.5
2	拉哥斯，阿尔利亚	8.0	15.8	7.8
3	孟买，印度	19.0	26.4	7.4
4	喀拉蚩，巴基斯坦	12.1	19.1	7.0
5	金夏沙，刚果	10.1	16.8	6.7
6	德里，印度	15.9	22.5	6.6
7	加尔各答，印度	14.8	20.6	5.8
8	上海，中国	15.0	19.4	4.4
9	雅加达，印尼	8.6	12.4	3.8
10	马尼拉，菲律宾	11.1	14.8	3.7
11	开罗，埃及	11.9	15.6	3.7
12	广州，中国	8.4	11.8	3.4
13	圣保罗，巴西	18.8	21.4	2.6
14	墨西哥城，墨西哥	19.0	21.0	2.0
15	伊斯坦堡，土耳其	10.1	12.1	2.0
16	里约热内卢，巴西	11.7	13.4	1.7
17	纽约，美国	19.0	20.6	1.6
18	洛杉矶，美国	12.5	13.7	1.2
19	布宜诺斯艾利斯，阿根廷	12.8	13.8	1.0
20	拉哈尔，巴基斯坦	9.8	10.5	0.7

资料来源：联合国《世界城市化展望报告》2008 年修订版；维基百科

有关房地产周期的六个重要事实

- **房地产周期的特征**：房地产周期是一种固有的经济现象，平均持续时间为 18~20 年。周期触顶后，房市将先于总体经济下滑。这通常会造成较严重、持久的经济衰退/萧条，以及银行业危机，甚至是货币危机。
- **驱动房地产周期的因素**：平均持续 18~20 年的固有房地产周期，主要是受市场的滞后反应以及由此而生的供给不稳定驱动。资本支出及库存周期期间较短暂、轻微的房市波动，则不过是对总需求及信贷环境的被动反应。
- **房地产周期可能造成重大影响的原因**：房市触顶下滑会产生三大影响。首先是财富效应：房价下挫造成的 GDP 萎缩，相当于房价下滑所蒸发的财富之 4%。其次，房价下滑及经济衰退意味着营建活动将减少（营建活动对 GDP 的贡献平均略高于 10%）。最后，房市下挫多数会引发银行业危机，有时甚至是汇率危机，而这通常会放大整体的负面影响。
- **资本支出及库存周期引发的房市波动**：经济若因库存或资本支出出现修正而衰退，通常对房市有短暂、有限的影响——房市可能短暂停滞，或略微下跌。这影响会在经济触顶回落后几个月开始。影响有限的原因之一，是衰退引发利率下滑，对房市构成支持。
- **住宅市场带头复兴**：经济复兴时，住宅市场通常一马当先。这现象对试图推动经济复兴的央行非常有用，因为央行宽松货币后，首先见到重要效果之一，就是住宅市场复兴。
- **商用不动产往往是落后指标**：住宅市场往往率先放大央行宽松政策的效应，商用不动产则通常要到较后期才复兴，有如是对最初的货币宽松措施之"回响"。商用不动产复兴通常出现在央行已不想见到经济进一步扩张时。

在旅游业发展的第二阶段，游客的目标比较集中，而且会有更多为游客个别规划的行程。有些游客希望体验异国文化，有些希望冒险，有些则想学一些东西。还有一些人是出国探望亲人和朋友的，业内人士依英文缩写称此类旅客为 VRF（visit relatives and friends）。当然也有人是希望购物、玩乐，或是以便宜的价格更换髋关节，或是接受心脏移植。发展中国家新中产阶级此阶段的出国旅行，将对许多国家的零售、饭店/会议物业之建设有非常大的影响；假以时日，这影响也将扩及第二寓所的建设。想想这数字：世界旅游组织估计，中国人2010年出国旅游人次将达1亿，约等同美国、墨西哥及德国2010年接待的总外国游客人次。此外，非中国游客也将继续增加，因此，尽管中国游客至2020年时估计仅将占世界总数的6%，无论他们去到哪里，人们将明确感受到其影响。来自其他新兴市场国家的游客也将显著增加。

而且，这趋势将持续下去。务农的人改为到城市工作后，一般会享有假期，这是他们以前不曾有过的。而随着他们从勉强维生晋身中产阶级，他们也将拥有可自由支配的所得，这对他们来说也是新鲜事。我们已提到，未来数十年，全球城市人口每年将增加约7 500万，而中产阶段则估计将每年增加7 000~9 000万。我们没有理由认为国际旅客人次每年不会至少同步成长。

随着财富增加，愈来愈多人将进入旅游业发展的第三阶段：购买多间寓所，随兴转换住所。随着网际网络、卫星通讯、WiFi无线上网及智能手机的出现，许多白领已不难这么做。愈来愈多人无论身处何方，皆可正常工作。1990年代末，全球游艇市场开始日益兴旺，主要可归因于卫星通讯改善，令商人出海时能有效地与世界保持联系。

这一切令度假屋市场深具成长潜力，虽然这说不上是一个新市场。我看过《罗马世界的花园》（Gardens of the Roman World）这本书，它不仅讲罗马人的花园，也讲他们在意大利北部科木湖（Lake Como）沿岸，以及许多其他地方多不胜数的避暑别墅。这些别墅建于数千年前。到了17、18世纪，阿姆斯特丹的有钱人在威悉河（River Vecht）两岸建起避暑别墅，而英国的富人则为狩猎派对盖小屋。

美国方面，兴建第二寓所的热潮于1865至1901年间的"镀金时代"（Gilded Age）兴起，当时商业大亨开始于罗得岛的格林威治兴建避暑豪宅，例如1892年完工的大理石屋（Marble House），替威廉·范德比（William Vanderbilt）兴建，以及1895年落成的The Breakers——替康内留斯·范德比二世（Cornelius Vanderbilt II）兴建，有70间房间，是意大利文艺复兴风格的豪华府邸。1900年代初，纽约乔治湖、新墨西哥州圣塔菲与陶斯（Taos）等地盖了许多规模较小的避暑别墅。接着发展起来的是亚利桑那州凤凰城太阳谷（The Valley of the Sun），以及该州著名社区如斯科茨代尔（Scottsdale）、格兰岱尔（Glendale）、梅萨（Mesa）及坦佩（Tempe），它们不但吸引了喜欢阳光的美国人，寒冷的加拿大许多中产投资人也闻风而至。然后是麻州鳕鱼角（Cape Cod），当然也少不了佛罗里达州：迈阿密、罗德岱堡（Fort Lauderdale）及棕榈滩（Palm Beach）等——有些物业只有超级富豪买得起，但也有一些是日益壮大的中产阶层负担得起的。一般来说，北方各州的人会跑到南方度假，而旧金山居民则会前往太浩湖（Lake Tahoe），波士顿居民则到鳕鱼角。但是，随着航空旅行变得比较便宜，加上旅行习惯改变，美国人放眼海外，开始在墨西哥、哥斯达黎加、巴拿马，以至遥远的欧洲及泰国购置度假屋。

欧洲人也经历了类似过程，人们先是在法国南部购买度假屋，然后到西班牙沿海地区，包括太阳海岸——经过热闹的40年，该地区从人烟稀少变成过度拥挤。随后是马略卡岛及伊维萨岛（Ibiza），但这两地的发展较有节制。再来是克罗埃西亚及土耳其等地。

吸引大批度假人士的，并非只有美丽的湖区与滨海区。在北美与欧洲，滑雪是非常吸引人的活动。人类滑雪似乎已有近5000年历史，但第一场留下纪录的民间滑雪比赛，则是1843年才出现在挪威。32年后，世界上第一个滑雪俱乐部成立于挪威。我们所知道的阿尔卑斯山首次越野滑雪则发生在1894年，柯南道尔爵士——《福尔摩斯》系列小说的作者——和两名朋友从达沃斯（Davos）滑雪到阿罗萨（Arosa）。美国第一个度假村式滑雪学校1929年于新罕布什尔州开张，同年接载滑雪者来往波士顿及新罕布什尔州白山（White Mountains）的火车投入服务。但是，滑雪到1960年代才演变成以大众为市场的生意，如今在欧美均是大生意。拜此所赐，原本是数十名贫穷农民聚居的阿尔卑斯山小村庄，很快就变成高级旅游热点。2010年时，瑞士格施塔德（Gstaad）、圣摩里兹（St. Moritz）及韦尔比耶（Verbier）一栋房子的土地，价值三四千万美元，或甚至更贵。同样的，科罗拉多州阿斯彭（Aspen）及韦尔（Vail）也吸引了许多美国富豪。

目前约有300万法国人、75万英国人拥有第二寓所。在美国，第二寓所占房屋总销量的比重2007年触及约40%的高点，当中12%为度假屋（余者为出于投资目的）。2008年金融危机期间，度假屋占房屋总销量的比重从12%跌至9%，交易宗数从74.0万跌51.2万。

哪些人购买度假屋？看来买家可分三大类：（1）主要是为了财务上分散投资的买家；（2）那些小孩已离家自立，希望享受更多、更好假期的人；（3）数目日增的安享晚年者（享受富裕退休生活的老年人）、Grampie（成熟、活跃、健康极佳的富人），以及其他类型的富有中老年人。全美房屋中介协会（NAR）的调查显示，度假屋买家平均52岁，家庭年所得82 800美元。

新成员的加入势将大大激励全球旅游业，中国的影响尤其显著。根据《中国出境旅游行业手册》，中国人2000年、2005年及2007年最热门的旅游地点如下：

中国大陆民众最热门的旅游地点			
排名	2000	2005	2007
1/2	香港/澳门	香港/澳门	香港/澳门
3	泰国	日本	日本
4	俄罗斯	越南	韩国
5	日本	韩国	越南
6	韩国	俄罗斯	俄罗斯
7	美国	泰国	泰国
8	新加坡	美国	美国
9	朝鲜	新加坡	新加坡
10	澳洲	马来西亚	马来西亚

资料来源：《中国出境旅游行业手册》

澳洲虽然是著名的旅游胜地，但2005年起也跌出前十，但澳元兑美元2000至2007年间大幅升值，可能是影响中国人游兴的原因之一。取代这两国的是马来西亚及越南，2007年分别排名第十及第五。越南位于中国以南，有很长的海岸线，未来接待的中国游客料可大幅成长。泰国也是诱人的旅游地点，但一段时间之后，已不如日本热门。

想知道中国人喜欢到哪里旅游，还有一个方法，那就是直接问他们。2007年2月，尼尔森在线（Nielsen Online）做了一项综合调查，问题之一是受访者最想到哪里旅游，结果前三位如下：

1. 欧洲　　　　　　　　　32%
2. 中国　　　　　　　　　23%
3. 澳洲或新西兰　　　　　13%

欧洲及澳洲、新西兰离中国很远，而且是昂贵的旅游地点，但它们仍是中国人最心仪的境外旅游地点。分析中国人实际出团的欧洲游，我们会发现德国似乎最受欢迎，随后是法国、意大利及瑞士。这是相当有趣的现象，因为这跟全球游客的喜好不太一致。2007年，全球游客最喜爱的前十大旅游地点依次为法国、西班牙、美国、中国、意大利、英国、德国、乌克兰、土耳其及墨西哥。

相对于全球游客，中国人对西班牙、美国及英国的兴趣显然较淡。那么，为什么德国、法国、意大利及瑞士会那么受中国人青睐呢？我想这可能跟奢华文化有关：许多全球知名的奢侈品牌出自这四国，包括德国的BMW、奔驰及保时捷；法国的路易威登、酩悦香槟（Moet & Chandon）及香奈儿；意大利的法拉利、Versace及Giorgio Armani；以及瑞士的劳力士、百达翡丽（Patek Philippe）及宝玑（Breguet）。亚洲人对欧洲奢侈品及其背后的文化格外着迷。但是，至于未来中国人能在海外购买度假屋时将青睐哪些国家，目前我们只能猜测——可能是越南、泰国，或者澳洲。他们将到欧洲休假，但不是很多人想在那么远的地方购置度假屋。

滑雪也开始在中国流行起来。直至1995年，中国能滑雪的人很可能不超过500人，而且全都是职业运动员。但是，到2005年时，中国能滑雪的人已增至500万，此后的成长速度是每年100万人。如果你希望拥有一间滑雪小屋，而且目前负担得起，你或许应该马上买一间，尤其是如果它接近人口稠密区的话。这种物业很快就会供不应求的。

参照西方的经验，我想我们可以得出以下非常粗略但有用的结论：一个国家变得富有、人口开始老化时，房市会发展到约10%的总购屋量是出于度假目的的程度，约5%的人将拥有度假屋。所以，来算一下，13亿中国人，5%也就是6 500万间度假屋。但是，如果中国、印度及其他新兴市场国家的发展模式类似发达国家走过的路，那么相关资金潮首先将流向大众观光及商务旅行业，包括饭店、会议中心及购物商场等。但是，在较后期阶段，度假屋营建将日益受惠。我相信，随着世界财富未来数十年暴增，将有许多空间有限的地点，如优质沿海地区、滑雪胜地，以及真正富文化气息的市中心地区，游客生意非常兴旺，地价大幅上涨。

许多人想在这些地方享受生活。稍早我提到一些日益普遍的新生活方式：首先是各种无子女的年轻人、雅皮士、同性恋雅皮士、单身男女、单薪无子人士以及丁克族。这些人专注发展事业，不想要或者找不到伴侣，是同性恋，又或者是尽可能延迟生孩子。我也提到安享晚年者（享受富裕退休生活的老年人）、Grampie（成熟、活跃、健康极佳的富人），以及 Yeepie（富活力、积极投入各种活动的年长人士）。这些人有钱有闲，行动方便，而且可能有意在海外购置第二寓所。上述人士大部分都富有且行动方便。

交通便捷是驱动经济成长、进而提振房地产市场的另一个主要因素。许多城市兴起，是因为规划者一百年前决定在当地建一个火车站，又或者是有港口、有运河或河流经过，或是位于主要干道的交汇点。事实上，历史上最成功的城市，几乎全都接近通航的水道。纽约、香港、伦敦、上海、新加坡及巴塞尔等城市，全都位于海岸线或河道上。

经济成长，无论是以 GDP 还是财富计，大多出现在低税地区。很久以前，多数地区的税并不重，但如今则多数相当重，而赚钱能力高强的公司或个人显然有可能移居低税地区。许多小国或行政区起家时一无所有，就是靠着低税这一法宝，当中有不少最终还成为世人称羡的先进地区。低税政策基本上是基于拉佛曲线（Laffer Curve）的概念。这曲线显示不同税率下的预期总税收，目的是帮助决策者找出最合适的税率，也就是长期而言能获得最大税收的税率。拉佛曲线指出，税率为零时，税收是零；而税率为 100% 时，税收也是零，因为纳税人将跑光。最合适的税率介于两者之间。短期而言，当局可以抽相当重的税，但长期而言，重税将产生负面影响，包括人才外流、创业精神与抱负受抑制，以及逃税文化盛行。过度征税与在海上过度捕捞结果相似：短期内收获很大，但长期则相当低。做生意的人会问，我们成功了政府拿走大部分成果，我们失败则自己承受损失，既然如此，何苦冒险呢？打工的人会问，收入再多一些的话，税率将升高很多，既然如此，何苦加班工作呢？此外，税制若复杂，行政成本可能高达税收的 10%～20%。简单税制的行政成本低得多。

想计算出拉佛曲线上最合适的税率，几乎是不可能的事。正因如此，那些尝试这么做的人，得出的结果可能受自身意识形态影响而有偏差。左倾的瑞典一项研究显示，最合适的税率超过 70%，而右倾的美国则有多项研究显示，最合适的税率接近 30%。两者差异很大，但是，多年来在国际上以重税著称的瑞典与丹麦，在人均 GDP 全球排名上正缓慢但稳定地下滑。这正侵蚀两国的税基，因此也正损及它们的长期税收潜力。

瑞士可能是世上最具参考作用的赋税实验室，因为该国大部分税收是在地方层面上征收，也就是由每一个州、村/市去征收。各地区的税轻重不一，差异可以很大。瑞士的经验显示，起初选择低税策略的地区，经济成长大幅超越其他地区。结果是税基扩大，税率得以进一步调降，尽管在瑞士的制度下，较富有的州必须将部分超过正常水平的税收转移给较穷的州。但是，所得表现只是部分证据，因为在几近全民永久就业的情况下，瑞士大部分生产工作都交给其他国家代劳，这部分因此不能促进瑞士的GDP。但是，虽然瑞士因此没有很高的GDP成长率，但瑞士人的财富则显然有可观的成长。至少就瑞士各州而言，最合适的边际税率（包括对社会保障制度的贡献）看来低于30%，而最合适的公司所得税率则是低于15%。

影响一地经济表现的，还有当地的法治程度。当然，法规必须是合理的。资产可以随意充公，又或者是必须行贿才能办成事情的地方，长期而言远不如制度清明之地成功。我必须补充一点，合理的法规必须包括明确的产权制度，以便人们登记自己的财产，必要时作为贷款的担保品。世界上最穷的一些国家，正是几乎不可能做到这一点。

———

另有一组理论认为，创造经济成长与财富的主要是天然资源。从前，世上最富有的国家，多数确实主要拜它们拥有的天然资源所赐，例如森林、肥沃的农地、铁及煤矿等。新兴市场地区蓬勃发展，如今正推高天然资源的价格——许多富裕产油国当前的成就，几乎全靠石油。我相信，在我们的能源技术取得突破、不必再仰赖化石燃料之前，在全球人口成长进一步放缓之前，天然资源仍将是许多地方经济成长与财富累积的主要源头。但是，一个国家如果除了天然资源外别无所有，该国所创造的财富通常有一大部分会流出国外。例如，拉丁美洲创造出来的财富，相当一部分显然流到迈阿密，而非洲、中东及俄罗斯的财富则多数流向欧洲。

人类的智能是另一种天然资源，但相关理论富争议得多。理查·林恩博士（Richard Lynn）与塔图·范汉南（Tatu Vanhanen）研究多个国家的智能与财富关系，发现人均GDP与"一般智力"高度相关。所谓一般智力，是指跟任何明确的教育（如数学或语言）无关的智力水平。研究发现，德系犹太人（Ashkenazi Jew，源自德国西部及法国北部莱茵河流域中世纪社区的犹太人）平均智商最高。如果将全球人类平均智商定为100，德系犹太人的智商平均约为112～115。为帮助大家理解这数字的意义，容我补充一点：人的智商一般需要有105，才能考进大学。排在德系犹太人之后的是一组亚洲国家，智商在 105~108 的区间内。北美多数地区、欧洲、澳洲及新西兰平均智商约为 100，当中有某程度的区域差异。许多开发中及贫穷国家的智商低一些——部分低很多。

弗林效应（人类智商快速升高）似乎暗示，经济发展对一般智力水平有很大影响，而这可能是因为营养及医疗水平改善，又或者是因为生育率下降，父母因此对子女产生更大的智能刺激。但是，某些高智商的亚洲国家不久前才处于赤贫状态，而且目前经济上仍远远落后，但这些国家的智商其实略高于欧洲平均水平。我想这些亚洲国家因此有较佳的经济成长潜力。

分析房市未来成长趋势的另一个角度，是研究人们想到哪里工作。富有创意的思想是世界上最重要的可再生资源，但也是完全可移动的。培养人才是异常困难的事，但你可以吸引人才移民到你的国家。美国学者理查·佛罗里达（Richard Florida）曾研究富有创造力的人想住在哪里。他发现，富有创造力的人日益倾向先决定住在哪里，然后再决定到哪里工作。也就是说，是工作找人多于人找工作。此外，因为创意人才多数预期一份工作只做有限时间，例如三至四年。他们认为，相对于雇主的名字，家的所在地是生命中更重要的定点（.xpoint）。美国人平均每三年半换一次工作，而且这速度近年来稳定加快。美国劳工部认为，根据理查·佛罗里达的发现，最吸引创意人才的地方有多元文化、有趣的社交活动、真正的文化，以及容易亲近自然。

富有赚钱潜力或身家丰厚的创意人才之流动已日趋国际化，这些人将综合考虑上述因素：优质的社会与自然环境、法治、低税等。但是，身家已经非常丰厚的人，考虑的因素可能略为不同。顾问公司 Scorpio Partnership 编制"流动富人居住指数"（Mobile Wealthy Residency Index），每年为人口日增的"流动富人"追踪世上的最佳居住地。该公司根据富人关心的 11 个因素为各地方评分，这些因素包括经济及法律稳定性、当地法规、金融服务的深度、子女的教育机会、是否邻近人们想去的一些地方、文化/基础设施，以及就业及商业机会。根据该指数 2009 年的排名，瑞士是最适合有钱人居住的地方，然后依序是伦敦、新加坡、纽约、香港、泽西岛（Jersey）、开曼群岛、曼岛（Isle of Man）、摩纳哥、迪拜及根西岛（Guernsey）。这名单跟理查·佛罗里达认为吸引创意人才的地方仅部分重叠，后者包括旧金山、波士顿、西雅图、洛杉矶、达拉斯、奥斯丁、圣迭哥、纽约、伦敦、米兰、慕尼黑、柏林、哥本哈根及巴黎等地。

人们或许会忽略语言这个因素。不久之前，我发现一件事：在法国某个国际机场，所有的乘客广播仅以法语播出。我热爱法国的一切——法文、法国人、法国的起司和葡萄酒，但因为全球只有2%的人说法语，我认为一个国际机场仅以法语广播讯息，是相当古怪的事。

世界上最多人讲的语言是中文，然后是英语。但是，在商业、金融及科学领域，世界上最重要的语言是英文——而且遥遥领先。旅行也不例外。这意味着世界上许多创意人才及有钱人显著倾向住在以英语为母语，或至少职场（及机场）普遍使用英语的地方。有趣的是，中国说英语的人似乎多过印度。事实上，中国可能很快就会成为世界上最多人说英语的国家。

美国历来吸引的人才，多过所有其他国家。这是拜该国长春藤等级的优质大学、富创造力的多元文化环境、领导世界的科技企业、低税，以及吸引人的生活方式所赐。瑞士及新加坡的成就，主要原因很可能是当局吸引外来人才的能力。日本面对劳工短缺的困难，则尝试以科技手段而非输入移民解决问题，例如率先在工厂及医疗照护领域使用机器人。

排名	语言	讲这种语言的人数（母语加第二语言），百万	占世界人口的百分比
1	标准汉语	1 051	18
2	英语	510	9
3	北印度语	490	8
4	西班牙语	420	7
5	俄语	255	4
6	德语	229	4
7	阿拉伯语	230	4
8	孟加拉语	215	4
9	葡萄牙语	213	4
10	法语	130	2

资料来源：基督教语言服务组织"民族语：世界的各种语言"，2005年

值得一提的是，有三个新兴市场国家推行鼓励国民出国打工，而非输入移民的政策。它们是墨西哥、摩洛哥及菲律宾。这种政策有两大动机：纾缓

失业问题，以及接收外移劳工汇回本国的所得——他们在海外的薪酬，通常远多于留在国内所能赚到的。注意：这些国家显然不是希望医生及工程师外移，当局希望输出的，是赚钱潜力较低的国民。

以下类型的国家将是全球竞争中的输家：穷得无法提供优质教育或诱人的工作机会；课征苛刻的重税；因为贪腐、犯罪活动或文化不够多元化而令人不想居住；当局推行反商政策。

多数新兴市场国家会因人才外流而利益受损，但假以时日，它们或者可得到一些好处。首先，外移的国民通常会汇回可观的款项。第二，这些人可以成为本国出口商人在海外的联系窗口。第三，一段时间之后，这些人可能会带着宝贵的商业经验回国。

吸收人才的国家或城市例子	人才外流的国家或城市例子
• 美国	• 俄罗斯
• 英国	• 波罗的海诸国
• 加拿大	• 波兰
• 瑞士	• 匈牙利
• 澳洲	• 印度
• 挪威	• 伊朗
• 法国	• 伊拉克
• 新西兰	• 古巴
• 以色列	• 委内瑞拉
• 新加坡	• 巴基斯坦
• 中国香港	• 德国
• 阿拉伯联合大公国	• 津巴布韦

上述现象多数有一种网络效应。专业人士会被那些已聚集了大量业内人才的地方吸引过去。例如，如果你是生物科技专家，无论是想创业还是求职，你会希望到一个已聚集了许多生物科技业人才的地方发展。此外，高所得人士以及有钱人会希望住在富人聚居的地方，原因有二：（1）平均所得很高的地方，即使税率非常低，也能支持优质的公共服务，因为当地税基很大，而社会服务的需求则较少；（2）在这种地方，有钱人不会太引人注目。传统及

名声也可能成为关键因素。以奢侈品为例,一个地方一旦因出产某类一流奢侈品而蜚声国际,人们会期望该地区继续出产此类产品。拜这种网络效应所赐,有些地区或国家能发展出强健的在地企业,不断自我增强,税率随税基扩大而下降。

现在让我们从地点问题转到房地产的估价:物业的价值来自哪里?如何衡量?

投资房地产必须认清物业的哪一部分有升值潜力。我想,建筑物升值是非常罕见的事。多数建筑物长期而言会实质贬值。想一想:如果你盖一栋房子,水龙头或窗户会升值吗?地板会升值吗?还是屋顶的瓷砖会升值?几乎不可能。如果通胀高涨,这些东西的重置价值可能会上升,但一段时间之后,屋内大部分东西会更换。我稍早就提到,日本人平均30年左右就将房子拆掉重建。因此,就那些没被换掉的东西而言,即使价值上涨,升值幅度也很可能追不上通货膨胀。

但是,土地又是另一回事。2010至2050年间,世界人口估计将增加30%,而我们的实质所得与财富则料将成长三倍,但地球上的土地数量不会改变。我们增加建筑用地的供给,但速度往往追不上需求的成长,而且在许多地方,根本就不可能再有新的建筑用地。如果你在西伯利亚盖房子,倘若当地人口持续萎缩,土地的升值速度可能追不上通胀。但是,你的房子若是盖在德国中部一个人口稳定的正常社区,那么土地的价值应可与该地区的平均名义所得同步成长,而如果该地区生产力成长,这增速应可超过通胀。想象一下,如果你的房子盖在亚洲,而当地:(1)土地供给有限;(2)人口迅速成长;(3)平均所得成长速度更快,那么你的土地将是非常好的长期投资。如果人们均匀分散居住在所有可居住的土地上,第一个条件——土地供给有限——就不会那么重要。但人们要普遍彼此憎恨才会尝试这么做,而事实上人们并不如此——而且恰恰相反。

事实是,土地也有网络效应,跟信息科技世界非常相似。有些年轻人开始使用Facebook和YouTube,然后大家都想这么做。土地方面,许多人希望住在已经住了很多人的地方,因为这种地方才能找到工作。如稍早所述,很多有钱人希望住在已聚居了很多有钱人的地方,因为这种地方税负通常较轻。有才能的人希望住在人才聚居之地,因为那里通常有好公司。许多艺术家希望搬到艺术家聚居的社区,因为他们在那里比较容易找到灵感,以及艺术品商人。物以类聚,繁衍不息。换句话说,土地经济中有许多自我增强的过程。

我稍早提到，投资房地产若想长期成功，必须充分掌握三个关键因素：(1) 地点；(2) 估价；(3) 房地产周期。你不想买在前途黯淡的地段，不想付出过高的价格，也不想在房地产周期接近触顶时买进。

我已讲了有关地点应考虑的一些要素，那么，房地产该如何评价呢？房地产投资最重要的财务指标，是所谓的资本化率（CAP rate/capitalization rate），也就是预期报酬率，以年度净收益除以物业购置成本得出。年度净收益是物业产生的现金收益，未扣除融资成本与所得税，也不考虑物业的价值变动。举一个例子：某项物业以 1 000 万美元购入，年度净现金收益为 60 万美元，那么该物业的资本化率就是 6%。房地产投资的经验法则是，若资本化率比十年期公债收益率高 1~1.5 个百分点，那么这项投资就很可能是值得的。如果资本化率比十年期公债收益率高 3 个百分点，那么该项物业显然很值得买。但如果资本化率低于公债收益率，那你就必须有很好的具体理由才能买进，例如有可能出售原本出租的单位、借由改善物业的素质获利，或是预期房价与租金将因需求飙涨而上升。

另一个重要的指标是债务保障比率（debt coverage ratio，DCR），等于净收益除以偿债成本（也就是还本付息所需的金额）。债务保障比率若低于 1.1~1.3，投资人就必须审慎评估该项投资是否值得。

评估出租的住宅价格是否合理时，一般会看三个关键指标：

1. 负担能力比率，等于月均房贷还款额除以可支配所得；
2. 房价对劳工薪资的平均比率；
3. 房价相对于 GDP 的走势（长期而言，两者应大致同步）。房价涨势一旦开始显著超越 GDP 成长率，投资人应视为一个警讯。

房地产投资成功的第三个关键要素是时机。如果你在房地产周期接近触顶时买进，你将面对难以找到租户、无法出售，以及银行追收贷款的风险，而且这一切很可能同时发生。要掌握房地产投资的时机，你必须了解经济周期。我认为典型的房地产周期可分 30 点叙述，接下来我们就从衰退的底部说起。

> **阶段 1~4：衰退期**
>
> 1. 货币供给增加，短期利率（包括货币市场利率）跌至远低于公债收益率的水平（收益率曲线变陡）。这通常会从衰退触底前 14 个月开始。
> 2. 股市开始上涨，因为最精明的投资人发现经济波动的"二阶导数"出现变化：经济仍在下滑，但下滑的速度已不再加快。这通常发生在经济触底前约 5 个月，因此也就是在债券价格转为上涨、利率下跌之后 6 个月。
> 3. 营建许可，或一般所称的"房屋开工"，开始增加。房屋开工和利率、债券价格及股价均为一流的经济领先指标。房屋开工和股价一样，通常是在经济触底前 5~6 个月上涨，原因之一是低利率对营建商有很大的吸引力。
> 4. 其他领先指标，如厂商新接的订单、供应商的业绩，以及初次申请失业金的人数等也转向，预示着经济已快触底回升。综合领先指标通常是在经济触底前 2~4 个月转向。但是，在此期间，新闻标题仍然相当吓人，人们对股市在经济景况恶劣下仍上涨感到不解。

这段时期是投资成屋的最好时机。屋主缴不出房贷时，房子会遭放款机构相关部门没收。投资人应记住，衰退会令人们不愿消费或投资——大家会积极储蓄。这意味着愈来愈多钱会堆积在货币市场账户，而企业则会把库存降至接近零。这为复兴创造了条件，其过程可能如下所述：

> **阶段 5~14：复兴期**
>
> 5. 企业发现，库存已降至最低限度，它们因此恢复正常订购。此举足以重新启动经济，甚至会迫使企业设法提高库存。
> 6. 消费者支出上升。
> 7. 衰退结束，尽管这在相当一段时间后才获得证实。股票投资人称这阶段为"最适点"（sweet spot），因为通胀率或利率仍处于低位或正下滑，而经济活动及企业赢利则快速成长。股市可能已升至高于衰退开始时的水平。
> 8. 利率处于低位或正下滑，加上房价已显著回落，使得人们负担住宅物业的能力大幅升高。公寓、独栋房屋、店面及饭店的价格开始上升。提供全面服务的饭店在衰退期间门可罗雀，如今生意大大好转。

9. 租金收益额开始上升，扣除成本的净收益升速更快，因为租金收入增速超过成本。
10. 因开发成本上涨，专业开发商对是否开始新建案犹豫不决，他们因此尝试借由翻新既有物业来满足日增的需求。
11. 住宅需求回升后一年左右，办公室的租赁需求也开始升温。
12. 价格在这阶段仍算合理，这激励白领企业（尤其是服务业公司）寻找优质办公室。"优质"意味着位于商业中心区，相关物业率先受追捧，促使价格上涨。
13. 经济稳步成长，景气扩张至各领域，产能紧绷。地价开始劲涨，物业库存全部出清。
14. 消费者经济状况大幅改善，许多人有能力从公寓搬到独栋房屋，后者的价格涨势因此超越前者。

复兴期是经济的理想阶段，但这是无法持久的。人类心理上的一些固有因素会令经济从复兴期进入过热期。

阶段 15~27：过热期

15. 在这阶段，消费者往往会借入过高的房贷，因为他们低估了在通胀率与利率下滑时，以较高价格购置物业的真正成本。毕竟，利率会那么低，是因为人们预期通胀未来数年处于低位。低利率使得最初的房贷还款额也变得较低，但实质房贷（经通胀调整）不会像通胀高涨时跌得那么快。因此，投资人透支未来购买力的程度其实超出自身想象。
16. 房地产投资如今更容易获得融资，因为人们认为房价稳步上涨之下，投资房地产已变得较安全；而且既有的物业也可以用作投资更多房地产的担保品。
17. 汽车销售在此阶段相当强劲，商业停车场表现出色。
18. 消费者已用掉相当一部分的储蓄，但因为信心十足而继续花钱。住宅地价随住宅市场的景气加速上涨。
19. 需求强劲令厂商左支右绌，因此开始扩增产能，令经济在扩张晚期获得一股助力。厂商扩增产能显著推高了工业物业（研发场地、货仓等）及工业用地的价格。

20. 寻找办公室的人如今被迫将目标转向商业中心区以外的地方，郊区办公室市场兴起，办公室用地的价格上涨。
21. 通胀可能已开始上涨，饭店与商业停车场可持续加价。
22. 市场上有许多小块土地，投机客出于炒卖的目的买进。融资条件仍日趋宽松，许多开发商只需要拿出很少钱，就能开始新建案。
23. 在此同时，开发商积极盖新屋，消化了许多原本空置的土地，为地主带来巨额赢利。土地炒卖迅速流行，引发投机狂热：房地产营销者利用最乐观的学术研究（较严谨、保守的预测则遭忽略），发表对未来成长率极其乐观的预测。当前的空地，在营销资料上变成已开发完成、美轮美奂的物业。积极进取的销售方式非常普遍。
24. 房市景气激励了地方政府，当局希望支持房市成长，办法是划出更多土地供开发，并建设支持开发的基础设施。小块土地的买家因此对新开发潮即将展开更有信心，但如果这些都市化开发案未能成事，相关土地已不能当做农地使用。
25. 股市不再上涨，展开多个月的盘整期，波动剧烈但趋势不明。大户及职业操盘者，如对冲基金及技术高明的投机客，是此阶段的净卖出者，散户是净买入者。
26. 综合领先指标转跌。
27. 物业价格持稳于高位，但成交量大幅萎缩。

领先指标转跌距离经济周期触顶通常有6~8个月的时间，因此，经济触顶的警讯比经济触底的讯号更明显。理论上，这段时间是房地产投资人出货离场的好时机，但事实可能并非如此，因为市场上愿意买进的人已寥寥无几。如第27点所述，房市进入价高量少的阶段。接下来的发展如下：

阶段 28~30：崩盘期

28. 消费者财力耗竭，工业产能扩增活动减少，单是租金及营建成本已开始令企业界吃不消。
29. 股市崩跌。几个月后，经济开始下滑。
30. 房地产需求不再成长，汰换销售超过新需求。租金涨速放缓，空置率上升，房价开始下滑，但营建活动继续增加，可能直到GDP触顶后一年。

我必须提醒各位，这整个过程在书本上看起来不是很复杂，但在现实中要辨明情势则困难得多。不过，大致判断正确的人能赚得厚利，而判断错误者则可能损失惨重。

投资人有时将辨明地点、估价及时机称为"贝他"（beta），而投资中还有"阿尔法"（alpha），也就是更积极的部分。就房地产投资而言，这可以指积极开发或改造某项资产。例如，你可以买一大片土地，分割发展，盖好房子后，逐个单位出售。你可以盖公寓、工厂、办公大楼等等。只要你不是在房地产周期接近触顶前做这件事，就大有可能赚大钱。

你也可以购入既有的物业，加以翻新，提升其价值。例如，你可以买进出租公寓，然后在租户搬走时（也可以付钱请他们搬走），将单位逐一"私有化"。所谓私有化，是指将单位逐一出售，通常是在加以翻新之后。

也有投资人会改造整栋大楼，甚至是整个社区，以迎合商业与人口形态的变化。将工业物业改造为公寓，或是改善整个社区的环境、吸引较富裕的买家，均为这种做法的典型例子。例如，投资人可以为社区添置停车位并加以绿化、增设共享的娱乐设施、商店与餐厅、网球场、乡村俱乐部、24小时监视系统，甚至是为整个社区设置门禁。许多人也提升物业的环保标准，例如改善物业的隔热性能，因此令房子显著升值。

有一些投机式金融手段，在危机时期可能极有赚头。上市的房地产公司与不动产投资信托（REIT）的市价，在危机时期往往跌至远低于实际资产净值的水平，买进此类资产远比直接购置房地产吸引人。直接向放款机构洽购它们没收的物业，或是竞购法拍屋，也可能是赚钱的好机会，而结果较好的通常是前者。

第三种投机式金融手段是投资那些陷入财困的房地产公司。你可以向此类公司发放过渡贷款或夹层贷款（mezzanine loan），期待公司度过难关后获得丰厚报酬。还有一种由债权人变身股东的操作方式，我在上一章已约略提及，其做法如下：

1. 找一家陷入财困的开发商，在市场上（或向银行）以很低的折扣价买进该公司的债券或贷款债权。
2. 如果这家开发商没有破产，你将乐于获得很高的报酬。例如，假设债券的利率为6%，而你是以半价买进，那么你得到的报酬率将是12%。
3. 如果该开发商破产了（因为其债权在市场上低价求售，这是很有可能的事），你将有后续作业要完成。典型的情况是原股东将丧失所有权益，而债权人（也就是你）将拥有该公司，然后你得投入额外的资金，完成公司手上的建案，重整至有利可图的状态。

针对财困公司的投资被称为"秃鹰投资"（vulture investment）。尽管名字不太好听，但我认为只要执行得当，这种交易对社会及投资人一般均属好事。

未来建筑的 15 项构想

1. 在建筑结构中植入水分与应变传感器，及早侦测潜在问题。
2. 内墙以智能玻璃砌成，按一下控制键就能变成乳白色。部分智能玻璃设有电子区，可以当做计算机荧幕或媒体播放界面使用，以非接触手控方式操作。
3. 太阳能窗户：天窗玻璃涂上一层染料，吸收波长相配的光，再传送至玻璃边缘发电。
4. 智能玻璃：含涂层的直立式窗户，阳光过强时能自动产生反射光线的阴影。
5. 智能墙纸：整面墙或一大部分的墙可当做媒体播放界面使用，或是营造某种气氛。
6. 整个屋顶或整面外墙由太阳能电板砌成。
7. 房子像汽车那样，按一下遥控装置就能锁起来并启动保全状态。
8. 智能灯光控制，花园使用感光器，走廊或其他通道使用红外线传感器，又或者使用计时控制装置。
9. 气氛控制：方便编程的灯光、智能玻璃墙或智能墙纸状态控制，按一下按钮就能转换状态。
10. 全面应用无线通讯。
11. 美观的车库：老式房子一般很注重门厅是否美观，因为这是人们进屋后首先会看到的。现代房子则通常是直接连接屋内的车库，因此车库也应当设计得好看。
12. 机器人：能自动吸尘、清洗房间及割草。
13. 智能外围控管，入侵侦测，以及人工智能辅助、连接网络及智能手机的门禁控制。
14. 安全的标准置物柜，用于存放网络上订购的食品杂货。
15. 透过网络或智能手机，遥控房子的自动化及监控系统。

本章开头提到日本历史性的房地产泡沫与崩盘，举例说明早期的投资人在前 20 年中可获得本金 15 倍的报酬。我估计，现实中许多投资人获得更丰厚的报酬，因为在那样的房市景气下，许多人会拿账面大幅升值的物业增办房贷，扩大投资。但我也肯定，这些投资人有许多在随后的房市崩盘中输个精光。

我个人认为，未来数十年，许多新兴市场地区的房市很可能将出现有坚强基本面因素支持的大多头走势，而倘若有一些市场像日本当年那样泡沫化，我也不会感到意外。我们只能寄希望于决策当局已从日本房市崩盘及国际次贷萨拉米香肠危机中吸取教训，有助于避免代价惨重的房市泡沫。

无论未来是否将出现房市泡沫，有一件事是我们确定将发生的：未来数十年，新兴市场地区将出现一波营建热潮，其规模不但是空前，也可能是绝后的。如上一章所述，营建活动需要很多资金支持。除此之外，它还需要大量大宗商品，例如金属与能源。这就讲到了下一章的主题：大宗商品的全球需求。

第十一章

大宗商品

1900年8月1日，《纽约时报》刊出以下这则简短报导：

> **去年全球钢铁产量26 841 755吨，美国占10 702 209吨**
>
> 华盛顿7月31日电：副领事莫纳汉于德国开姆尼茨向国务院发出一份有关世界钢铁产出的报告，内容有趣。他说，德国当局估计去年世界钢铁产量26 841 755吨，1898年则为23 866 308吨。当局估计去年铸铁产量4 000万吨，高于1898年的3 600万吨。70%的铸铁产出用于炼钢。

这则报导告诉大家，世界钢铁产出1900比1899年增加300万吨，达2 700万吨左右。当时美国及欧洲日趋工业化，显然推动钢铁产出成长。但是，这涨势既可喜又可忧，因为以当时美国快速消耗铁矿资源的速度，人们不知道这趋势还能持续多久。1908年，各州州长于白宫开会讨论这问题。以下为《纽约时报》相关报导：

> **各州州长为罗斯福总统讲话喝彩**
> 总统指保护自然资源需要一个有条理的方案
> **明尼苏达州长被委任为委员会主席**
> 卡内基指许多煤和铁遭浪费，呼吁节俭使用

根据这篇报导，老罗斯福总统发表了以下令人不安的话：

> 我们丰沛的油气矿藏已消耗了一大半。我们的天然水道还在，但因为大家的疏忽而备受伤害。因为责任分散且缺乏良好的统筹制度，这些水道上的航运量比50年前还少。因为使用不当且未能制止土壤流失，我们的土壤日趋贫瘠，作物产出能力正减弱而非增强。

当时美国大工业家安德鲁·卡内基（事实上也是美国历来最伟大的工业家之一）也表示：

> 到1938年时，我们将用掉一半的原铁矿资源，仅剩下较低等级的铁矿，而早在本世纪结束前，目前我们认为可开采的铁矿将全部耗竭。
>
> **铁矿逐渐耗竭**
>
> 多年来我对我们的铁矿资源不断减少印象深刻。我们一度以为本国的优质矿藏非常充沛，但如今却发现它们很可能不够新一代人使用，本世纪后期将仅剩下劣等铁矿，这实在非常惊人。

尽管众人纷纷提出警告，钢铁产出在接下来五年中继续迅速增加，1913年触顶时达到7 800万吨，随后下滑、持平多年后恢复增长，但涨速大幅减缓。

但是，全球钢铁产出的荣景并未就此结束，1950至1979年间又经历一波大幅扩张期，受"二战"之后欧洲重建及日本经济快速增长激励。随后又经历一段盘整期，直至2000年升速非常缓慢。在此期间，许多大宗商品的价格未能追上通货膨胀，生产商的赢利因此持续受压。许多业者破产，另一些业者则退出相关业务，将资金投资在前景看好的其他领域，又或者是派发现金给股东。举例来说，铜是最大宗的工业金属之一，但自1980年代初起就不曾有新的大矿场开始开采。艾克森原本投资了智利的Disputada铜矿，但2003年全球经济衰退时将其股份卖给了英美集团（Anglo American）。

但是，接下来就出现了令人惊奇的发展：各种金属的需求纷纷暴增。全球钢铁需求量2002年为6.08亿吨，2003年增至7.20亿吨，2004年再增至8.02亿吨。事实上，光是2000至2010年这十年中，全球钢铁年使用量增加一倍至12亿吨左右，这增幅超过了之前110年间的增幅。讲得具体点：全球

杨百翰说

大咖领读 · 邀请嘉宾 · 家长陪伴
—— 一站式知识学习训练营 ——

— 我手要求话 —

20年前，我们只是两个来自城市的、怀揣着对知识的渴望的同学。20年来，我们走出国门，我们又以不同的方式回到国内，在各自的领域为之奋斗。如今，我们想把我们的经历与感悟分享给更多的年轻人，为大家的成长之路提供帮助。我们深知，每个人的成长都需要一个好的引路人，希望我们能够成为这样的人。

— 学习路径 —

大咖领读
国内外大咖亲授 + 国内名师分享
中西结合，交叉融合，精选方向

邀请嘉宾
直播互动 + 线下沙龙
提升认知力，培养思维，基本素养

家长陪伴
课外活动 + 阶段性计划
扎根根基，培养内力，保持持续力

我手要课请你一起学习

不只得到的课程的进度，
感谢你如此珍惜一起成长

招手招募·课程体验馆员

-DUO SHOU ZHAO MU KE CHENG TI YAN GUAN.

▶ 酬金 500-5000 元学习算量、学习软件手绘绘课程；
▶ 有效果、签约文、会根据效果加分奖励，另有准考其
有额外惊喜奖励；
▶ 免费考研手耳播课；
▶ 免费参加各类手绘书法社群活动；
▶ 公约图书享受以上 95 折；
▶ 报名就可以推荐考书 9 折；
▶ 作来讨画名优先接名通道；
▶ 报手可为大会优先接名通道；
▶ 优秀者可提升社区名化人，城市合伙人。

扫码即可加入！

钢铁年使用量近十年增加逾6亿吨，这增幅是1900年全球钢铁产出的20倍以上，而当时卡内基对于铁矿资源之消耗表示担忧。所有其他工业金属也经历了类似的发展。

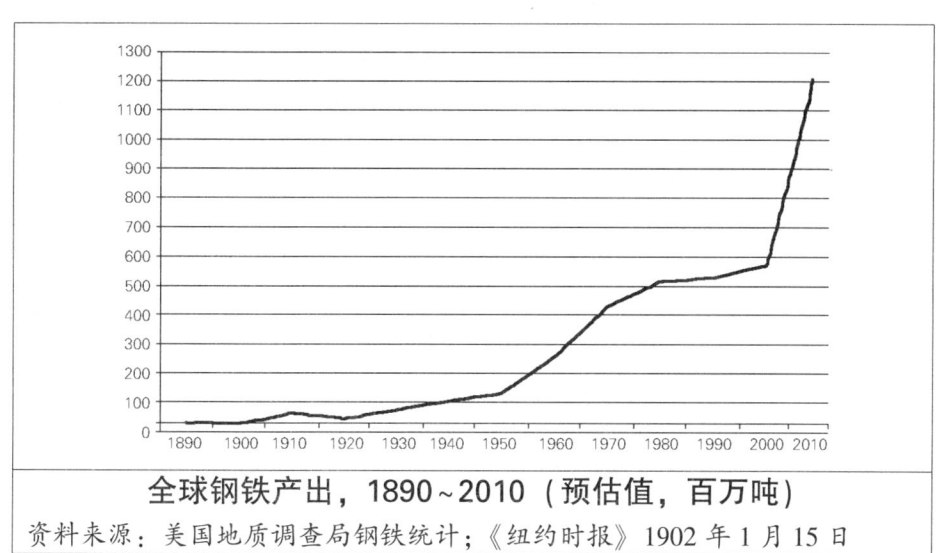

全球钢铁产出，1890～2010（预估值，百万吨）

资料来源：美国地质调查局钢铁统计；《纽约时报》1902年1月15日

那么，为什么金属需求骤然急增呢？我们来看一些基本数据。我们使用的主要工业金属依序为铝、铜、锌、铅及镍。全球人均每年消耗约150公斤钢铁、4.5公斤铝、2～2.5公斤铜、1.5公斤锌，以及略超过1公斤铅。当然，并不是说你会到商店里去买这些金属，而是我们购买的各种东西里含有这些金属。

先说铝。这金属因为相当轻，全球产出约40%用于制造运输工具。其他用途则包括：营建18%、包装（主要是罐头）16%、电力设备9%、机械/设备9%。至于铅，则有约76%用于制造铅酸电池（尤其是汽车电池）。铅有毒，好在有很大一部分的铅会循环再用。

我同时提到铝与铅，是因为它们有一个共同点：主要用在汽车及其他交通工具上。这使得这两种金属跟资本支出周期息息相关，而因为汽车是很大宗的库存，它们因此也跟存货循环紧密相关。因此，未来汽车产量若如预期暴增，或将大大刺激铝与铅的需求。我稍后会再讲一点。

另外两大工业金属是铜与锌，主要跟营建业有关。铜是一流的导体，因此主要用于电力相关应用，例如制造电线（50%），此外也用于一般及工业工程（20%），以及营建用途，如屋顶、照明器具，以及水管（15%）。另有一部分用在运输工具上，如制造散热器及中间冷却器/热交换器等（11%）。电力相关应用大部分其实也是跟营建有关，也就是说，铜的用量将近一半是跟房地产建设有关。至于锌，约57%用于营建、23%工程应用、20%房屋与建筑、15%运输、11%为其他用途。

我们先前已讲过，未来数十年，全球每年估计将有7 000~9 000万人脱贫晋身中产阶级，约7 500万人移居城市。除非我在本书中的预测大错特错，大宗商品业根本未准备好迎接将出现的发展，即使业者如今可能已完全意识到这一切。启动一个新矿场需要5~10年时间，而且可能需要数十亿美元的投资。你得跟政客达成协议，然后是工会。你必须训练当地人，聘请有本事的经理人，并游说他们搬到沙漠或丛林等环境恶劣的地点工作。你必须建设大量基础设施，将开采出来的商品运往港口——港口设施还可能必须自己建。采矿需要用水，而许多地方附近并无水源。在智利，有些铜矿位于海拔4 000米左右的高地，业者必须靠海水淡化厂生产淡水，然后运送至矿场。

2010年全球铜产出约为1 600万吨。光是满足脱贫晋身中产阶级者的需求，每年就需要约600万吨铜，而中产阶级日益富有产生的需求，更不止如此。因此，铜需求应将继续增加，但采矿业向来需要很长一段时间才能完全满足新增的需求。我认为工业金属的价格将上涨，有时还可能涨至非常非常高的水平，直到需求明显受影响。此外，供给最终得以增加时，通常将是来自那些成本远高于以往的矿场。但即使这导致商品价格大涨，估计对需求仅有温和影响。毕竟，你会因为少量的材料（如铜）价格增加两倍就不盖新房子吗？你大概会照付如仪吧。

除供给与需求对价格变动反应不灵敏外，甚至有可能出现价格上涨导致供给减少的情况。价格快速上涨时，有些政府会要求与采矿业者重新谈判先前达成的合约，而工会也可能会发起罢工。有些矿场会收归国有，其后产量可能减少，赞比亚及刚果就出现这种情况。展望未来，大部分金属最终可能必须靠海底采矿，而这当然不会是成本低廉的作业。

───

需求殷切的资源并非只有金属。在世界人口估计将从70亿增至90亿，且人们生活水平日益改善的情况下，对水的需求也将快速增加。缺乏干净的水，很可能是世上最大的卫生问题。每年全球因水的问题而死亡的人数估计达350万，当中约43%是死于腹泻。情况非常糟糕，因为世界各地的病床，估计总有一半左右是躺着因水致病的人。一般估计，每人每天需要100公升左右的洁净水，供饮食、洗涤以及个人卫生之用。全球有近9亿人未能获得安全的供水，而一些研究显示，住在贫民窟的穷人为每公升的水付出的代价，是住在同一城市中的富人之 5~10 倍。

然而，家庭用水仅占全球用水量 8%，工业用水占 22%，几乎是家庭用水量的三倍。农业用水占人类总用水量高达 70%，生产一吨食物往往需要约 1 000 吨水。雨水充足或有大江大河的国家，或许不会有缺水之苦，但在水源稀少的地方，城市开发者显然可能跟农民因用水问题爆发冲突。例如，在西班牙南部自治区穆尔西亚（Murcia）一带，愈来愈多水源被用于供应沿岸地区，支持旅游业发展；除一般民生使用外，高尔夫球场及游泳池也耗用不少淡水。当地农民的农业用水因而受限。

全球土地每年降水量平均为 30 厘米。人类部落大多数建在接近淡水水源（湖泊或河流）之处，是大有道理的。随着人口成长，愈来愈多地方需要动用昂贵的技术手段解决用水问题。水坝是其中之一，它能调节河水流量——许多地方雨量集中在秋季，冰雪融化在春季，而河床可能于夏冬两季干涸。其他的技术手段包括泵取地下水、以长程水管运输淡水、改变河道、使用屋顶集水系统，或是淡化海水（成本约为每立方米 0.5 美元，可使用太阳能电池板提供能源）。

有许多技术可帮助我们省水或重复使用水。因为农业耗水最多，这也是省水潜力最大的环节。滴水灌溉可减少用水量 30%~70%，并提高产量 20%~90%。此外，我们也可以透过基因改造，大幅降低作物的耗水量。但是，这在在需要用钱，经济增长因此必须追得上人口增长。

在沿岸地区开设海水淡化厂，同时在海外置地或租地耕种，是缺少淡水的国家正迅速流行的应有之道。海水淡化厂成效良好，比较头痛的问题是处理海水淡化后留下的大量浓盐水。海外耕种方面，2000 至 2010 年间，加纳、埃塞俄比亚、马利、坦桑尼亚、肯尼亚及苏丹共有价值 200~300 亿美元的农地出售或长期出租给中国、韩国、沙乌地阿拉伯及科威特等国家。这些农地面积超过法国全国农地，而这些抢占农地（实质上抢占水资源）的个案，可能标志着一个长期趋势的开端。非洲并无四通八达的公路系统，而且铺好的道路比例不到 20%。倘若非洲以外的国家希望在当地有效率地大规模耕作，这或许是刺激非洲交通基建改善的契机。

人们吃得愈来愈多。1970 至 2000 年间，世界人口增长 64%，但人均每天摄取热量仍得以从 1970 年的 2 411 大卡增至 2000 年的 2 789 大卡，30 年间增加 16%。此外，尽管全球仍有约 10% 的人口不时受饥饿之苦，人均食量增长最多的是发展中国家，期间增加 26%。

就需求而言，人们食量增加的原因包括贫穷人口减少、中产阶级扩大，以及人们体重、身高及肌肉量增加。供给方面，在此期间的额外食物产出，约80%源自农业生产力提升，仅20%拜开垦新农地所赐。因此，我们只是增加约20%的农地，就几乎提升食物产出（以热量计）一倍，同时生产更多较昂贵、更耗费资源的食物（按比例计，人们比以前吃更多肉），而且还将愈来愈多农业产出用于制造生物燃料。此外，务农的人口还愈来愈少。丹麦是人口稠密的小国，人口仅500万，但2010年生产的农产品足够供应约1500万人食用。而丹麦务农及从事食品加工业的人只有15万左右，也就是人均产出足够100人食用。自1970年以来，丹麦粮食部门生产力年均增长6%。

许多其他国家也出现类似情况。在1970年代，欧洲农民生产力强到令人口稠密、人们日趋肥胖的欧盟食品及葡萄酒大量过剩，必须存在巨大的货仓里（即欧盟的"奶油山"与"酒湖"）。欧盟及美国当局为免过剩食品进一步堆积，向农民支付巨额补偿，要求他们少种一些地。粮食部门生产力不断增长的效果非常惊人：1900至2000年间，食物价格实质（也就是经通胀调整）下跌约90%。

联合国粮食及农业组织（FAO）常调查与预测世界粮食生产情况。2006年，该组织发表其报告《世界农业：迈向2030~2050年》（*World Agriculture: Towards 2030~2050*）修订版，预测人均摄取热量将继续增长。因世界人口也将增长，FAO预测世界粮食产出2008至2030年间将增加40%，随后增长显著减速，因为届时人均摄取热量涨势将放缓，且世界人口成长也将继续减速。但是，尽管全球人口摄取热量正度过增长最强劲的阶段，肉类消费量的涨势将非常可观。根据多家机构的预测，世界肉品产出2010至2030年间料将增加85%，而至2050年则倍增。

我想，粮食问题的重点是我们已经过了全球粮食业承受庞大压力，但食物价格并不会结构性上涨的阶段（近百年来，粮价实质大幅下滑）。而因为接下来世界人口增长20亿的时间估计将是上次的两倍，我们将有更充裕的时间应付由此而生的粮食需求增长。因此，未来粮食问题的技术挑战看来不难解决，尤其是因为基因革命其实才刚开始。总而言之，世界部分地区会有饥饿及营养不良问题，并不是因为人类整体无法生产足够的粮食，而是因为贫穷人口买不起粮食，或是缺乏产粮技术。这是经济问题，而不是资源不足的问题。

但是，很明显，唯有天然水源充沛的国家，方能拥有生产粮食的竞争力。因为未来人口增幅将有很大一部分出现在缺水的地区如中东，一些相关国家可能将出现严重的国际收支问题。此外，有些国家也将担心供给缺乏保障。

2007年短暂的大宗商品泡沫也波及粮价,期间许多粮食出口国对其产品课征出口税,粮食净进口国因此觉得备受压榨。新兴市场国家粮价大幅上扬时,往往会酿成暴动,危及政权。这因素可能令当局更觉得问题迫切,因此加紧在海外置地耕种,但如果人们相信国际粮食市场的自由运作,这其实是不必要的。

中东的问题尤其值得注意,该地区2010至2050年间人口料增加75%至7.5亿。在此情况下,中东对外国粮食及水源的倚赖,可能将逐渐超越世界对中东石油与天然气的倚赖。

由此就讲到世界面对的最后一个重大资源问题:能源。宇宙间能源的首要来源是核融合,包括太阳在内的恒星之所以燃烧发亮,正是拜此所赐。太阳是一个巨大的核反应堆,我们使用太阳能面板,即可将阳光转化为电力或热能。太阳散发出能量,也是地球有风和波浪的原因,而风及潮汐也可以成为我们的能源来源。地球其实也是一个巨大的核反应堆,这是地核温度极高的主要原因,而这可以带给我们地热能(我家的房子正是靠此供暖)。

太阳能还有很多神奇功能,它令植物能从空气中取得碳,从土壤中取得矿物质,以这些元素制造出巨大的蛋白质结构,以及糖和脂肪。我们今天开采石油、天然气及煤时,其实是在采收储存在矿藏中的古老能源,而它们的源头是太阳,因此也就是源自核融合。

我们今天使用的多数煤、石油及天然气源自约3.60亿至2.86亿年前的石炭纪。石炭纪的地球气候较现今温暖,其名称正是衍生自"炭"字。在此期间,陆地主要为沼泽所覆盖,长满了巨大的树、蕨类及其他多叶的植物,海里则是充满名为protoplankton的单细胞生物。当时地球上有许多如今已绝种的鱼类及陆地动物。

随着岁月的推移,这些生物死去后一层接一层地堆积起来。大部分生物死后迅速腐烂,将它们身上大部分碳释放到空气中,但有一些(可能是1%左右)则死在因为缺氧或酸性太强而无法完全腐烂的地方。这主要是浅水的沉积盆地。这种盆地可以是大型的潟湖(译注:因海湾被沙洲封闭而演变成的湖泊)、内陆湖或为陆地包围的沼泽。有时因为气候变迁或陆地移动,大片森林沉入水中。这些残骸一层层地堆积,这过程在同一地点可能历时数千至数百万年。它们有时会被泥、石、沙覆盖,因此更难获得氧气。细菌、藻类及浮游生物的残余在此情况下会逐渐分解为石油。植物及树的残余则变成腐植酸及一种名为泥煤的海绵状物质。泥煤看起来像煤,尝起来、闻起来有点像某些苏格兰单一麦芽威士忌——原因很简单,这些威士忌正是用来自泥煤田的水酿制的,不信试试拉加维林(Lagavulin)这牌子。此时可能会出现数种情况:

- 愈来愈多石头及其他物质堆积在含泥煤的物质层上,令其沉入更深的地底。在此过程中,该物质层遭挤压,并因地热能而受热。水分遭挤压或蒸发出去,有些液体则转化为油和气,并像水分那样流失。剩下来的东西就是煤。
- 微生物残余(或许还包括一些大树及植物的残余)转化为石油,逐渐穿越地壳流出地面,最终蒸发殆尽,不留一点在地底。
- 沉积物沉得不够深,结果未转化为石油,而是变成油母质(kerogen),看起来像石头,但可以燃烧。石油业称之为油页岩(oil shale),但其实油母质本身既无石油,也不含页岩。美国洛基山脉有大量油页岩,能源存量估计相当于1.5兆桶石油,很可能比全球的传统油藏还多。
- 石油及天然气逐渐穿透地壳,但在浮上地面前受阻于一层密闭的地质层,如花岗岩或大理石。这样一层"盖岩"(cap rock)将石油及天然气堵住,就像软木塞堵住玻璃瓶口。这就形成了今天我们最常开采使用的传统油田。
- 油田由一层盖岩封闭起来,但随着岁月的推移,盖岩遭侵蚀,令油田在地面或近地面处暴露出来。天然气及石油中易挥发的部分逐渐挥发出去,剩下重质的部分,也就是油砂,是极度黏稠的流体。委内瑞拉及加拿大拥有大量油砂矿藏。

我们很容易以为上述过程仅发生在少数地方,但是,因为这些过程历时以百万年计,而我们又很难理解数百万年间可以发生多少事,我们可能无法掌握其规模。首先,在人类演化出来前的数千以至数百万年间,地球上曾产生的大部分石油与天然气已蒸发或毁坏掉了。事实上,地球上几乎每一个角落过去都可能曾多次成为油田或气田。除了煤,我们今天找到的,是少数因为盖岩保存完好而未有蒸发掉的液体或气体化石燃料。

此外,我们也很难掌握还有多少化石燃料正在形成中。一般估计目前地球上共有约10 000兆吨油母质,大部分源自生物的残骸。也就是说,地球上每人平均可分得140万吨油母质,或1 400 000 000公斤。这些油母质仍在地底挤压演化中,大部分将变成我们视为石头的石墨。但是,当中约0.1%最终将转化为煤,平均每人可分得1 500吨,堆起来真有一座山那么大。但早在这些煤演化出来前,你已不在人世。另外也将有一小部分变成石油与天然气。

目前人类使用的石油约 62% 由中东供应，其中沙特阿拉伯供应约 22%，伊朗 11%，伊拉克 10%。约 60% 的石油用于运输，满足了运输能源需求的 95% 左右。石油需求量每年成长约 2%。

未开发的油藏分 P90、P50 及 P10 三类。P90 代表成功开采的机率为 90%，业内称为"探明储量"（proved reserves）。P50 成功开采的机率为 50%，称为"可信"（probable）储量，而 P10 则是"可能"（possible）储量。

讨论矿物储量时，业内人士使用所谓的"哈伯特见顶论"（Hubbert Peak）。哈伯特是壳牌（Shell）公司地质学家，他研拟了一个相当简单的模型，用于预测一项原料的开采量何时见顶。哈伯特认为，石油开采量通常呈钟形曲线，一旦商业油藏已采出一半，开采量即见顶回落。他首次发表这理论时，表示为应对未来石油短缺问题，人类应逐渐扩充核能业。当时是 1956 年。

哈伯特发表其理论后不久，人类发现油藏的速度即告见顶。这发生在 1963 年，是油产可能即将见顶的首个警讯。第二个警讯出现在 1980 年，当时人类用油速度首度超越油藏发现速度。

近 10~20 年间的研究大多估计，地球上可商业开采的油藏约为 2 兆桶。2005 至 2015 年之间的某个时候，我们会用掉其中一半，这意味着我们距离油产见顶已不远。但是，也有少数模型预测，油产在 2040 年之前还不会见顶。

哈伯特见顶模型多数不考虑页岩油、油砂及其他非传统油藏。不过，开采这些油藏需要耗费可观的能源（以天然气或核能供应）。将这些油藏算进去的话，我们或许能将油产见顶的日子延后至 2060 年左右。但我们无法延后生产成本的攀升。顺带一提，在我稍早嘲笑过的《成长的极限》一书中，最乐观的预测是我们将于 2024 年耗尽全部石油。如今我们知道，情况绝非如此。

该书还预测，我们将于 2021 年耗尽所有天然气。但是，在此之后，我们发现愈来愈多天然气田，1980 至 2010 年间天然气储量实际上增加两倍。按照当前使用速度，天然气够我们用到 2080 年左右。天然气储量所藏的能量，比已知的油藏还多。在此必须指出，上述数字不包括可从煤及油页岩提炼出来的天然气；将这也算进来的话，天然气将够我们用到下世纪开始后很长一段时间。

天然气在陆地上通常透过气管输送。运往海外时，天然气会压缩成液化天然气，由特别设计的轮船运送，船身漆上醒目的 LNG（液化天然气的英文缩写）字样。天然气这燃料比石油和煤干净，不过它也可以制成不需要高压保存的液体燃料。这过程称为"天然气制合成油"（gas-to-liquid, GTL），可作为液体燃料短缺时的权宜之计。事实上，因近年来天然气探明储量大增，这技术未来可能大派用场。但是,气转油的过程会耗掉天然气中45%的能量,因此,这方法在油价低廉时并不适用。

我们迄今所知的最大宗化石燃料矿藏是煤。全球已探明的煤储量真的非常多,按照目前的消耗速度,够我们用到2280年左右(《成长的极限》则估计2122年)!我们的曾孙那一代仍将有煤烧,但他们一定会觉得这主意太可笑,就像我们今天觉得家里点鲸油照明很可笑一样。

煤储量最多的三个国家依序为美国、俄罗斯及中国。将煤转化为汽油或天然气,在技术上是可行的。"二战"期间,纳粹德国正是以煤制造汽油,而南非在遭受国际抵制期间也开始这么做。煤最大的问题,是会造成很大的污染,但如今人们正多方研究净化煤的技术,包括以化学方式清除煤中的矿物与杂质、气化、以蒸汽去掉硫质,以及从废气中提取碳。目前正在推广的另一种新技术,是所谓的"气化复循环发电技术"(integrated gasification combined cycle, IGCC),将煤转化成"合成气"(syngas)使用。从废气中提取的碳,可回收用于与细菌或藻类制造生质燃料,或是封存于地底。但是后者并不容易做,因为将碳灌进地下,除非有盖岩封住或岩层吸收,这些碳还是会跑出大气中。但如高尔(Al Gore)在《我们的抉择》(*Our Choice*)一书中提议,我们可以不必将碳灌进地下,而是先将它们转化为木炭(charcoal),然后混进土壤中。

这各种化石燃料孰贵孰廉?这取决于开采地点与方式,不过下表可告诉我们大致情况。它显示的是所谓的"损益平衡价",也就是售价必须超过这水平,业者才有钱赚。

各种油源的损益平衡价	
油源	损益平衡价(美元/桶)
传统油源	3~40
油砂	30~65
提高石油采收率的方法	35~80
深海或极深海	38~65
北极油源	38~100
天然气制合成油	40~110
油页岩	50~110
煤液化	60~110
资料来源:瑞信、瑞银	

表格中最上方的传统油源，是指我们插一根管子到地下，然后将油泵出来的那种油田（我知道事实上并非那么简单，但我想你明白我的意思）。这种油田的开采成本可以低至每桶3美元（在沙特阿拉伯的沙漠中），在开采困难的地方则可以高达40美元。油砂显著较贵，但情况还不算太糟，问题是它们会造成很大的污染。接下来是提高石油采收率的方法，这包括数种技术，一般可将石油采收率提升至30%～60%，而不是停留在传统方法的20%～40%。此类方法包括注入气体、二氧化碳、化学物或微生物，或是加热以促进油的流动，甚至是应用超音波技术。这些方法有用，但会加重成本。接下来是深海或极深海钻油，成本最高者每桶油可接近70美元。然后是北极油源，开采成本可高达每桶100美元，也可能低至38美元。

最后三种油源为天然气制合成油、油页岩及煤液化，全都相当昂贵，但有很大的产出潜力，尤其是最后两种，够我们用到下世纪有余。

我想这表格告诉我们，油价若是保持在每桶80～90美元，甚至更高的水平，利用供给充沛的新油源将变得有利可图。不过，这表格并没有告诉我们，这些油源要供应充裕的石油需要多久时间，而且如果我们无法确定油价能维持这么高，是否还有人愿意耗费巨资在新油源上。

除加拿大、澳洲及挪威等发达国家外，一些新兴市场国家也拥有非常充沛的天然资源，未来数十年或可为它们带来丰厚的赢利。就传统的化石燃料而言，主要出产国为中东国家，然后是俄罗斯、美国、中国、印度、加拿大、委内瑞拉、巴西、南非及尼日利亚等。非传统油源则以加拿大、美国及委内瑞拉为主。

资源问题会约束成长，但这也是投资的机会。只是，人口及所得成长的速度是我们必须面对的问题。假设我们的能源来源最终是无限的，我们或许有足够的创造力解决难题，只是我们可能将发现，要及时调整适应新局势相当困难。

我们并非没有尽力解决问题。在加拿大，我们正使用一些最重型的机械挖掘油砂。我们也踏遍地球寻找传统油源，包括一些看起来不可能开采的地方。2007年底，巴西石油（Petrobras）宣布发现巨型油田。问题是：这些石油藏在海底8千米深之处，而当地海域的盐层可能深达2千米。要开采这样的油源，油公司必须以极高的压力泵气穿过2千米深的水及6千米厚的岩层。

过度倚重石油及天然气供应能源有两大问题。首先是全球暖化的危险，这问题我们已经讲过。第二个问题是开发中国家能源需求不断升高，要及时满足这种需求可能非常困难。

本章开头概括了一百多年来全球钢铁产量的演变情况。随着欧洲与美国相继工业化，钢铁产出显著成长，然后是日本与韩国工业化刺激了需求。这整个过程，我们处理得很好。但是，未来数十年的发展，问题在于规模实在庞大。日韩经济于1960~1970年间起飞时，两国人口总计约为1.25亿。今天金砖四国总人口高达35亿，几乎是前者的30倍。

这显然将令所有资源面对供给压力。在此期间，各方将召开无数会议，人们以PowerPoint报告解决世界资源难题的大计。这很好。但是，资源问题也将触发骚乱，群众焚烧汽车、打烂橱窗以表达不满。这就不太好了。不过，现实是人们往往倾向空谈解决问题之必要，而不是实际去做。

但是，到某个时候，这些问题终可解决，而功臣是主要由普通人组成的许多小团队，他们默默地在世界的"机房"中努力。我想到的是投资人、工程师、技术人员、商业企划师、企业家及工人等，他们每天致力做好自己的小角色，为推动世界前进，往往押上了自己的资本与健康。

在此领域，需要最多创意、涉及最大投资及最丰厚潜在奖励的环节，就是替代能源。这是我们下一章的主题。

第十二章

替代能源

替代能源（alternative energy）有多种定义。从生态的观点出发，替代能源是指不会造成污染的能源（不过制造相关设备可能会造成一些污染）。从经济的观点出发，替代能源可能是指尚未大规模应用、又或者是有极大扩张潜力的能源。对我来说，替代能源是这两者的结合。

有关替代能源的论述已相当丰富，很大一部分似乎忽略了现实，例如成本问题。下表是一个价目表，显示每一种主要替代能源相对于油价的损益平衡价（也就是原油价格必须达到这水平，这种替代能源才符合成本效益）。

我按损益平衡价由小到大的次序排列主要替代能源，因此可能（可能！）是最廉宜的能源排在最上方。不过，这些价格区间并非固定不变。因为研发人员正于许多替代能源领域努力创新，假以时日，这些损益平衡价多数将降低。个人认为，成本最可能显著下降的替代能源包括太阳光电（利用太阳能发电，亦称光伏太阳能）、太阳热能，以及生质燃料。

核能在表中居首位，部分原因在于核能的损益平衡价最低可至10美元。这有点不公平，因为这价格仅出现在折旧完毕的运作中核电厂。如果你关闭这样一座核电厂，那等于舍弃不会污染空气、以原油计成本等同每桶10美元的能源。我就不会这么做。

主要替代能源相对于油价的损益平衡价	
能源	损益平衡价（美元/桶）
核子	10~125
水力	35~140
陆上风力	35~80

(续表)

主要替代能源相对于油价的损益平衡价	
能源	损益平衡价（美元/桶）
糖基乙醇（例如巴西的蔗糖乙醇）	40~50
纤维素生质燃料	40~70
地热	40~110
离岸风力	45~125
太阳热能	55~180
潮汐和波浪	60~140
藻类/细菌燃料	90~120
生质柴油	125~140
太阳光电	150+

资料来源：瑞信、瑞银

　　这表格显示，许多替代能源其实颇具竞争力——油价不必维持太高的水平，它们就能符合成本效益。不仅核能如此，水力、风力、糖基乙醇、纤维素生质燃料、地热及太阳热能（例如在阳光充沛地区的屋顶装设太阳能接收板，为游泳池或自来水加热）也是如此。不过，这些能源要符合成本效益，必须符合个别的特殊条件。

　　因天然的核子反应之故，地球内部温度非常高。事实上，地球99%的部分温度高于摄氏1 000度，仅0.1%是低于摄氏100度。这是我们可以利用的地热能，在冰岛、菲律宾、土耳其及意大利北部是很好的能源。在这些地区的某些地点，你只需要插一条管子到地下，放冷水进去，然后就可以泵出冒着蒸汽的热水，或直接泵出蒸汽。在其他地方，管子可能必须插得更深，而你得到的可能只是微温的水，必须使用电力进一步加热。我已说过，我在瑞士的家就装有利用地热能的装置。瑞士某些地区普遍使用地热能，成本低于石油。家居地热能装置通常是将管子插到地下150~500米处。不过，现在有许多研究计划希望能更深入地底（"加强型地热系统"、"热干岩技术"），主要是希望能到达地下5 000米处，利用地热发电及产生热能。最具经济效益的地热能是在接近板块边界之处，通常也就是山脉附近。这种地方包括几乎整个南北美洲的西岸、欧洲阿尔卑斯山区、东非、日本、菲律宾及喜马拉雅山区。

燃烧废弃物也是一种重要的替代能源。焚化炉可借单一过程产生三项好处：

- 令废弃物体积减少95%~96%；
- 产生热能或电力；
- 销毁含有病菌或毒素的有害废弃物。

我在上一章提到，核能是地球以至宇宙能量的首要来源。我们可以在一段合理时间内，大幅提升核反应堆产生的能量，而且这过程不会排放二氧化碳到大气中。国际上若想净化空气，未来可能需要大力借助核能。目前世界各地约有440个核反应堆运作中，供应人类总能源需求7%左右，占电力供给17%左右。为什么核能规模这么大？想想这数字：1公斤铀（核燃料）所含的能量，相当于300万公斤煤。

核电厂目前使用的主要是第二代反应堆。这种反应堆之所以昂贵，主要是因为它们基本上都是一次使用的设计。但如今研发人员已开发出数种第三代反应堆，包括新的球床反应堆（pebble bed reactor）。球床反应堆的基本设计，是在一个大槽上放置氧化铀球，使用完之后可以经槽底取走，整个设计就像那种糖果装在透明塑胶球中贩售的糖果机。这种燃料球每个含成千上万粒氧化铀，由碳化硅及一层热解涂层封起来，再装在一个石墨壳中。氦气经过反应堆，吸收能量变热——氦有不会产生幅射的优点。如此一来，这过程就是流动式（flow）而非批次的（batch）。此外，这种反应堆不会融解，燃料也很难转用于制造核弹。

即使将切尔诺贝利核灾（释出的幅射量是投在广岛与长崎的核弹的百倍以上）算进来，并且不考虑煤可能促成的全球暖化效应，历史上核能仍远比煤安全。1970年代，煤矿事故每年导致约7万人罹难，如今每年仍至少有1万人罹难。至于车诺比核灾最终将造成多少人死亡，我们还需要再观察。死亡人数最高估计是4 000人，但截至2010年，此次事故估计造成4 000宗甲状腺癌病例（一般是可治疗的），另有57人死亡。受幅射影响的80万人致癌率增加多少则无从得知。这虽然是惨痛的后果，但煤历年来造成的伤亡无疑严重得多。此外，新的核反应堆（甚至是西方较旧的反应堆）安全标准已大幅提升，类似车诺比核灾的事故应该是不可能再发生了。

现今的核能是靠核裂变，也就是由原子核分裂产生能量。核电厂以铀为燃料，但反应堆仅能使用燃料所含能量的7%左右。不过，我们可以利用滋生反应堆（breeder reactor），从传统反应堆用过的燃料中取得更多能量。一般估计，按照当前的消耗速度，目前已探明的铀矿藏够我们使用280年。如果我们增加使用滋生反应堆，则铀资源应足够我们使用数千年。如果我们从海水中提炼铀，则铀应够我们用数十万年。核裂变真的是非常充沛的能量来源。

核融合则是另一回事，规模也完全不同。人类制造核融合，是直接模仿太阳产生能量的过程，当然规模要小得多。核融合实验已经历了多个时代，有句老话这么说：核融合能距离成功还有 40 年，而且永远如此。不过，相关研究是有进展的，如今我们已接近能制造能量输出大于输入——尽管只是短暂的——的核融合反应器。核融合能若能商业化运作，人类的能源问题即可大致解决。核融合的燃料是氘（deuterium）及氚（tritium）的微粒，可从海中提炼。核融合不会产生放射性废弃物，而地球上的氘及氚蕴藏量足够供应人类电力数百万年。

———

甲烷水合物有成为第二大替代能源的潜力。地球上的甲烷水合物蕴藏量估计至少是天然气的 100 倍，仅使用一小部分也足够满足人类能源需求数百年。不过，甲烷水合物燃烧时，会释出二氧化碳，因此称不上干净。即使我们不使用这资源，甲烷水合物也被视为一种潜在威胁，因为它们多数冰封在西伯利亚的冻土中；冻土若暖化，部分甲烷水合物可能蒸发到大气中，分解成二氧化碳及水，而前者会促成全球暖化。目前甲烷水合物仍无商业上可行的采掘方法。

相对于甲烷，乙醇这种替代能源则正吸引非常可观的资金与政治支持，在巴西及美国尤其流行。巴西是以甘蔗为生产乙醇的原料，相对于石油有很强的竞争力。而且，汽车只要简单改装一下化油器，就可以像使用汽油那样顺利以乙醇为燃料。但是，尽管有这些好处，巴西乙醇产量也仅相当于世界石油产量的 0.3%。

美国乙醇产量大于巴西，但该国气候条件不如巴西，因此主要以玉米而非甘蔗为原料。美国乙醇厂商的能量投入与产出不分伯仲，其运作因此像是大型的试验项目。这些厂商使用的是所谓的第一代技术，仅发酵植物的果实，不包括其纤维素、半纤维素及木质素。事实上，植物演化出后三种物质，正是要避免自身被细菌、真菌及昆虫轻易分解。

但是，美国乙醇业长期而言或许可蓬勃发展，因为目前正有许多研发纤维素乙醇的项目进行中，一旦成功，不仅是植物的果实可用于制造乙醇，连占植物质量大部分的结构物质也能派上用场。这些材料需要更多工序处理，但除了生产效益较高外，还有可利用农业及林业废弃物的优点。研发者正试用的材料包括玉米秆、杨树、杂交柳、悬铃木、枫香树、桉树、芒草及木片。

但其实几乎任何一种树、草或灌木皆可用作原料。这技术显然是可再生的，而且是碳中和的，因为植物生长过程中吸收空气中的碳，制成燃料燃烧时则将碳释回空气中。除乙醇外，我们还能以植物油、动物油脂、回收油脂及甲醇制造生质柴油。

有趣的是，柳枝稷（switchgrass）也能用来生产乙醇。这是多年生的植物，可生长在不符合一般耕种标准的土地上，不需要灌溉、施肥、培养或播种。在某些地方，最合适的方式是轮流种植粮食作物与生物燃料作物。第二代生物燃料每单位土地的燃料产出可达第一代的二至三倍，而且显然是符合能源效益原则的。能促进第二代生物燃料发展的技术，包括植物基因改造，以及制造可分解纤维素、半纤维素及木质素的酵素（可能也是透过基因技术）。

虽然第二代技术仍在研发中，目前已有许多团队在开发所谓的第三代生物燃料。第三代技术使用经基因改造的藻类或细菌，培养在由阳光自然加热的水槽里。这技术涉及的资本投资远高于第一及第二代，但藻类与细菌的生长速度是最快植物的 20~30 倍，每单位土地产出应是传统作物的 15~300 倍。而且，由于基因技术实质上已变成一种信息技术，我们有理由估计第三代技术的效率将进入极快速成长期。事实上，美国生物学家及企业家克莱格·范特（Craig Venter）就说过，要为第三代生物燃料技术制造效率是目前 1 000 倍，甚至是 100 万倍的细菌，方法可能是利用计算机从零开始设计。讲句题外话，我们完全有可能制造出新陈代谢速度极快的细菌，将碳转化为糖、建筑材料以及许多其他物料。

第三代生物燃料使用的藻类或细菌培养水槽，可置于不适合种植作物的地区，例如沙漠、旱地，以及土壤盐分过高的土地。美国能源部估计，若要以藻类燃料取代美国全部石油燃料，需要约 4 万平方公里的土地，相当于目前玉米田面积的七分之一。欧洲若要做到这一点，则需要一个比利时那么大的地方。不过，生物技术快速发展，或许可大幅降低所需的土地面积。

风能是近年最成功的再生能源之一。风车愈大，效率愈高，而最有可为的风力发电方式是建设大型的离岸风电场。但是，尽管风能市场将继续扩大，这技术的确有一些环境问题，例如风电场可能不雅观、令人讨厌，以及会杀死一些鸟类。此外，这种能源仰赖风力，因此可能比太阳能更不可靠。丹麦装了许多风力发电机，无风时不能运作；风太多时，许多机组必须停机，因为电网无法吸收它们产生的全部电力。

长期而言，太阳能很可能是大有可为的能源。地球接收的太阳能约为人类能源消耗的 7 000 倍。我们只需要在撒哈拉沙漠 2.6% 的面积铺上太阳能接收板，产生的能源就足够供应全球 2010 年的需求。太阳能可分太阳热能及太阳光电两大类。太阳热能用于为某种液体加热，其蒸汽可用于推动涡轮机发电。最简单的应用方式是用来为水加热，热水流进水槽备用，或是为游泳池供应暖水。太阳光电则是直接以阳光发电，装机规模每增加一倍，成本会下跌 20%，其性质因此有如工业与信息科技的混合物。还有一种新的薄膜太阳能电池成本低很多，但产生的能源也较少。假以时日，太阳光电或将变得极具吸引力，因其生产成本可能将继续快速下滑，而其装置则日益雅致。在建筑物上加装太阳光电板有时会很困难，或显得难看，未来令人期待的发展是将太阳能板做成建筑物的表面材料，以及例如车顶及轮船甲板等。

―――――

不过，最经济、最易得的能源资源，或许是节约能源。节约能源能有多大效果？以加州及丹麦为例，这两个地方均能在几乎完全不增加用电量的情况下，大幅提升 GDP。人类消耗的能源，大部分其实是浪费掉了，而我们不难显著减少浪费。燃煤或燃油发电厂一般浪费了 60%~65% 的能源（尽管如此，这已经比数十年前大有改善）。此外，剩下来的 35%~40% 能源通常有 10% 浪费在电网上。而白炽灯泡所消耗的能源，95% 是浪费在发热上。总结如下：

- 发电厂烧 100 公升的燃油，产生的电能仅相当于 35 公升燃油。
- 在经过电网输电的过程中，约 10% 的电力浪费掉了，剩下的能量因此相当于 32 公升的燃油。
- 这些能源经过白炽灯泡，仅 5% 实际用于发光。

因此，以白炽灯泡为例，电厂烧 100 公升的燃油，最后实际用于发光的能源仅相当于 1.6 公升，也就是 98.4% 的能源在这过程中浪费掉了！汽车的能源效率也好不了多少，约 87% 的能源浪费在引擎、空转及传动装置等地方，余下的 13% 则还要消耗在防倾阻力及气动阻力上。汽车若能做得比较轻、更符合空气动力特性，并将部分制动力回收（油电混合车能做到这一点），能源效率可大幅提升。事实上，汽车底盘为什么要用金属这么重的物料制造呢？最好的跑车已改用碳纤维制造，而生物可分解的碳未来或许将是制造汽车的基本材料。

节省能源有很多种方法。现代电厂多数会提高燃烧温度来提升效率。另一方法是汽电共生（cogeneration），是指利用发电过程中的废热，例如用于为大楼供暖，又或者是利用工业制造的废热来发电。

传输电力的电网也能借更有效率的管理，减少能量消耗。这基本上是靠扎实的工程技术及大量经验。房屋的能源效率也大有提升的余地，例如加强隔热功能，或是将传统灯泡换成日光灯或发光二极管（LED），寿命长得多，而耗电量则低很多。演色性（color rendering）可能会是一个问题（这种灯令所有东西看起来都冷冷的），但这问题已见改善。

　　制造业有大量工序可改善以节省能源。最有可为的领域之一，是使用新的物质加快化学反应的速度，或是借以生物工程技术制造出来的微生物产生特定物质。更换大型的老旧电动机，也对节能大有帮助。

　　运输耗费大量能源，节能潜力因此也很大。停缸技术、涡轮增压、油电混合车/插电式混合动力车、降低轮胎的防倾阻力，以及使用如铝、钛、陶瓷及碳纤维等轻质材料，均有助节能。

　　许多信息科技也有助于节能。例如，先进的视讯会议技术可大幅减少商务旅行的需要。信息科技的应用也可以防止人们无效率驾驶，并减少我们对实体商品如纸本书籍、CD、DVD，以至商店的需求。此外，计算机中心数目日增，能源消耗抵得上一个中型国家，借由智能软件的应用及更周全的选址规划，也能提升能源效率。未来的趋势之一，是将服务器中心设于有大量廉价再生能源的地方，如接近水力发电站（Google在美国的服务器中心正是如此）、风力发电站（如德州）、成本低廉的地热发电站（冰岛），或太阳能发电站（西班牙南部）之处。另一重要领域是应用所谓虚拟化软件，管理多部计算机的运作，确保那些闲置中的计算机全数进入节能的休眠状态。

　　智能型电表的应用也跟节能大有关系。这种电表能使家里的电器——如洗衣机、游泳池过滤器，以及未来的电动车——于夜间自动进入充电状态；夜间用电量较低，发电的成本也较低。这不但有助发电厂节省资源，还能帮助吸收风力及太阳能电厂发电高峰时段的产出。设有实时电能计算功能、所有用户均有权出售及购买电力的超级电网，有时被称作电网络"Electranet"。没错，这词是模仿"Internet"（网际网络）创造出来的。如果这样的电网成为事实，而且人人都知道化石燃料将一直昂贵下去，那么人类的集体创造力很可能将研发出各式各样的能源及相关业务，令我们在数个世代后可完全不必再使用化石燃料。

　　许多人错误以为我们必须建设所谓的"氢能经济"（hydrogen economy）来解决能源问题。好消息是，宇宙间90%的原子是氢。因此，若我们真有需要，是不怕没有原料的。此外，氢燃烧之后化为水，不会产生任何其他东西。

但是，好消息也仅此而已。氢是极其容易产生化学作用的原子，自然中是找不到纯氢的——它总是跟其他原子结合在一起，因此若要以氢为燃料，首先必须将它从化合物中分离出来，而这过程是需要能源的。这过程的能源消耗一定多于燃烧提炼出来的氢所能得到的能量，通常多 30% ~ 40%。也就是说，氢完全不是一种能源资源，而是一种成本高昂的能量转移方式。

在我看来，以氢为能源是极其不切实际的。氢是挥发性很高、非常轻的气体，这也是齐柏林飞船，如兴登堡号（Hindenburg），使用氢气的原因。但是，氢既然轻，密度也就很低，每体积单位能供应的能量因此也很少。若想以氢为汽车燃料，你必须将它压缩成液体，方法是将它冷冻至摄氏零下 253 度，然后维持这样的温度。这非常耗能，而且也很危险，因此替代做法是将氢大幅压缩。遗憾的是，压力下的氢通常会渗透到金属容器之外，每天流出 1% ~ 5%。因此，如果你休假数天，燃料缸里的氢会逐渐跑掉，而车房里则充满氢。氢气无色无味，因此你若在车房里点一根烟，可能会引起爆发。而你的车子若卷入交通事故，压缩的氢可能会引发特别猛烈的爆炸。那些运送压缩氢到加油站的卡车，也有爆炸的危险。这些问题或许都有解决方法，但在我看来，要解决能源问题，我们有好得多的其他方法。

问一个问题：既然我们有这么多节省及产生能源的方法，我们何不全力以赴，完成能源结构的必要转变？为什么我们还没完成这工作呢？

原因有很多。首先，这些方法必须有利可图，或是获得政府补贴，否则不会有人去做。第二，投资新能源往往需要 5 ~ 10 年方能产生收入，因此你必须对未来的能源价格有某程度的信心，否则不会投入。至于政府补贴，已开发经济体多数不太可能增加财政预算，因为加税会侵蚀税基，而且这些国家多数已处于赤字连连的状态。

赢利能力方面，替代能源项目的问题之一，是它们通常是资本密集型投资，回本时间往往很长。在此有三项商业基本法则应记住。首先是 π，我称之为"时间与金钱的实证倍数"。π 的数值约为 3.14，π 法则如下：你认真地合理估算某个项目所需的时间与金钱，得出答案后，你将这两个数字都乘以 π。我实验过很多次，发现这真的令很多估算变得实际得多。不曾真正做过大型项目的学者就如何拯救世界做出他们的估算时，我想你必须将他们估计的成本与时间都乘以 π。

第二个重要数字是 7%，代表增加一项机械/工业产品年产量一倍，通常能节省的成本。

第三个数字是15%，代表多数投资人对一个高风险项目期望的内部报酬率。例如，投资人会期望运作良好的对冲基金与私募基金一般可产生这样的报酬率。若投资项目风险较低，投资人期望的报酬率可能会降至不动产的资本化率（cap rate）、股息收益率，甚至是长期公债的收益率——通胀处于低位时，通常是3%~7%。世界银行期望8%~10%的报酬率。

我已说过，传统化石燃料的成本料将上升，但拜技术创新及规模经济所赐，许多替代能源的成本则估计将下滑，至少在实质基础（剔除通胀因素）上是这样。不过，如果我们看看风能及太阳能的例子，就能了解舍弃化石燃料、改用替代能源为何需要颇长时间。2010年世界消耗的能源约33%为石油、25%为煤、20%天然气、7%核能。余下约15%为"再生能源"，但绝大多数源自水力发电，这方面的拓展空间有限。太阳能及风力发电加起来占全球能源消耗量不到1%。想想这情况：风能及太阳能总共仅能满足全球能源需求不到1%，而后者的趋势成长率约为每年2%。也就是说，全球能源需求一年的增幅，相当于2010年风力及太阳能总发电量的两倍以上。

《史登报告》与折现率

受英国政府委托编纂的《史登报告》（*Stern Review*）检视全球暖化的经济含义。对于抗暖化的成本，该报告取联合国跨政府气候变迁专家小组（IPCC）成本估计区间的中值，然后约除以2（换成是我，会乘以π）。

至于抗暖化的效益，该报告的估计显著高于IPCC的最乐观估计，某些项目是IPCC估计值的8倍。

然后该报告以约1.4%的折现率将未来的金额折算为现值，这真是经济史上的创举——我在现实世界中不曾见过任何接近这水平的折现率。

事实是，所有这些技术要大规模投入使用，莫不需要很长一段时间，而除核能外，其他替代能源均需要特殊的环境条件配合。太阳能需要充沛的阳光，风能显然需要大量相当稳定的风，其他替代能源则需要廉价土地、充沛水源，以及地热等条件。若想了解替代能源的现实情况，可看看Desertec计划。该方案由12家创始公司于2009年10月30日签署推动，当中包括重量级企业如ABB、德意志银行、E. ON、慕尼黑再保及西门子等。其计划的目标有如实现环保人士的梦想（也是我的梦想）：建一个跨欧洲/北非/阿拉伯地区的电网，连结太阳能电厂（当然是主要在非洲及阿拉伯地区）、地热发电厂（冰岛、意大利及西班牙等地）、风能（主要是欧洲西北沿岸）、生物能源（主要是欧洲），以及水电（山区）。透过此项建设，电力生产系统较易根据每天及

每年的季节需求波动调整产出，并可以将沙漠地区的太阳能电力输送至能源需求庞大的欧洲。此案预算约为 4 000 亿欧元，至 2050 年应可供应欧洲电力需求的 15% 左右，尽管电力输送跨越地中海时会损失约 10%~15%。平均电价（经通胀调整）估计将低于现今水平。这是一个从各方面看都令人赞叹的计划，但我想指出的是，4 000 亿欧元是非常庞大的金额，而 2050 年欧洲电力供给的 15% 起。

Desertec 方案概念图

这样一个电网不仅可增加干净再生能源之供给，也可促进参与国之间的关系，如贸易联系。资料来源：Desertec Foundation

　　促进替代能源产业发展的最佳方法，可能是对化石燃料能源课征富弹性的重税，同时承诺不会让消费者支付的油价跌破某一水平，甚至是逐年小幅调高此一底价。但是，我撰写本书时，现实是欧洲课征很重的能源税（但没有可信的底价承诺）、美国能源税远低于理想水平，而许多新兴市场国家则补贴民众的能源消费——这是非常愚蠢的政策。尽管如此，替代能源还是会发展下去，而且将是世界上最大的成长产业之一。

　　这产业将一波波地发展。第一波的焦点是提升电网的效能，并应用回本时间很短的节能技术。短期内也将兴建大量新电厂，包括新的燃煤发电厂。这些电厂供应的并非"洁净"能源（尤其是燃煤电厂），但远比旧的电厂干净，估计主要仰赖超高温及合成气技术。此外也会有开采页岩气及油砂资源的大型项目动工。这些发展将令人们得以逐渐转用电动车，这种汽车可吸收供电系统产出高峰时段的电力。跑车将一直使用液体燃料（你需要引擎的声音），但在化石燃料之外，也将可使用生物燃料。

约从2020年起，我们很可能会开始大规模使用第二、第三及第四代生物燃料，它们将使用经基因改造的细菌、藻类及植物。到2025年，我们或许会看到20~30年内完全不必再仰赖石油及煤的商业路线图。在此同时，太阳光电面板的成本将大幅降低，普遍用作建筑物的表层物料。此外，在气候温暖地区，太阳热能技术也将普遍应用。最后，到本世纪中叶，我们很可能已克服核融合的技术困难，在接下来的数十年中普及应用这种能源。果真如此，我们将可拆掉风车、移除太阳能面板，改善环境的外观。

简而言之，我相信的是：除非我们投入资金，能源问题将无法解决。好在我们未来将投入愈来愈多资金。这主要是因为能源需求将暴增，而随着人类的知识每8~9年增加一倍，我们将能想出无比聪明的方法解决能源问题。到2050年，人类知识将是2010年的45倍左右，当中将有解决能源问题的完整答案。这一切有赖信息科技，它们体现在核子科学、基因学及生物技术上。

后两者是下一章的主题。

第十三章

基因与生物技术

我父亲当科学家时，不时需要申请研究资助，每次金额从 2 万至 50 万美元不等。在此范围内，合理的申请有颇大机会获批。不过，父亲的申请有时还是会遭否决，这时他就会变得心情恶劣，抱怨拨款委员会不理解他的研究项目有多重要。耳濡目染之下，我对这种委员会的印象，是里头充斥着酗酒、无知的邪恶政客。

以下是我异想天开，杜撰出来的申请研究资助的故事。

1989 年冬，天色阴沉的一天。某个研究资助委员会开会审议一些拨款申请。会议开始一个小时后，绝大多数申请已遭否决。此时委员会主席打开一个档案夹，然后说：

"这是第九份申请。项目非常大，我因此请来研究团队的一位代表，向我们说明项目内容。"

主席走到会议室门口，打开门，邀请一位穿西装配网球鞋、留大胡子的科学家进来。两人都坐下。

科学家开口说："各位早，我想跟大家介绍……"

"你申请多少拨款？"一位酗酒的国会议员以沙哑的声音大声打断科学家的话。

"呃，是，呃，30 亿美元，这是 13 年的研究经费。"

"是亿还是万？"

"是亿。"

国会议员目瞪口呆，心思转到威士忌去了。委员会主席对科学家说："或许你可以跟大家说明这项研究的目的。"

"好,我们要研究的是某个分子的结构,它非常重要,可帮助我们了解……"

"为什么这么贵,竟然需要 30 亿美元?"那位国会议员清醒过来,又插口问道。

"呃,那分子真的非常、非常长。实在很长。"

"有多长?"主席轻声问道。

"两米长,也就是略低于七呎。"

国会议员觉得自己血压开始上升,他想:他妈的 30 亿美元,就为了两米长的分子?也就是,呃,每毫米 150 万美元。神经病!他的心思又转到威士忌去了。

"你可以说明一下这两米到底是怎样一个概念吗?"主席说。

"我试试看。这分子主要是由两串碱基构成,这些碱基简称 A、T、C 和 G,我们有时称它们为字母。这些字母有固定的配对方式,因此我们研究的是约 32 亿对碱基对。"

那名国会议员此时已在偷偷发简讯给他的亲密女友,但科学家没注意到,继续解释说:"想象一下,我们将代表这些碱基对的字母一个接一个印出来,用一般的打印机,并假设我们的纸可以拉得很长。然后我们将这打印机放在高速公路上,用汽车拉着纸走,一直走到印完为止,这样我们就能知道它有多长。"

国会议员觉得有趣,因为他喜欢汽车。

"我们加速,开到最快,譬如说时速 75 哩,或 120 公里好了,然后一直维持这速度,让那些字母一直印出来。"

"那么,这样到印完需要多久?"主席问道。

"如果保持这速度,需要两天两夜。换句话说,要约 50 个小时才印完。"

"好,"国会议员说,"我们知道这分子真的很大。但是,有什么原因使它这么重要,值得我们去花 30 亿美元?"

科学家看着国会议员,好一阵子没回答。然后他说:"这分子藏着生命的秘密。"

以上情节,纯属虚构,我想现实中一定没发生过类似的事(不过,某些

科学家真的会穿西装配网球鞋。我曾亲眼见过）。但是，1989年真的有一个研究项目，是以30亿美元的经费，花13年时间研究一个分子。它就是"人类基因组计划"（Human Genome Project），而且获得了必要的资助。该计划于1990年开工。

人类基因组是藏在脱氧核糖核酸（DNA）分子中的遗传资料，这分子就像上述故事中描述的那么长、那么复杂。我们身体中，除血细胞外，每一个细胞中都有一份个人的DNA。所有其他生命——动物、植物、细菌及真菌——的细胞中都有类似的DNA分子。

早在人类基因组计划开始前，科学家已知道人类的遗传指令藏在DNA分子中，每一个活人都是无数的生命历时30亿年、不间断遗传下来的产物（近20万年左右是以现代智人的形式），而我们的生命祖先有一个共同特点：他们全都有繁殖能力。换句话说，我们传承了所有人类祖先，以及更早之前较原始生命形态（如细菌）的遗传指令。

我来说明一下人类基因组中的32亿对碱基对是怎样的概念。计算机程序的长度以程序码的行数衡量，世上最大型的软件约有30万行程式码，平均每行约20个字符（许多行是很短的指令，甚至只有一个数字），也就是共600万个字符左右。这样的资料量约为人类基因组的0.2%。换句话说，人类的遗传代码约为世上最大型计算机软件的500倍长。

不过，这些遗传代码有多少真正起作用，则是另一回事。当中约80%适合用来产生蛋白质，但许多证据显示，当中仅2%~5%实际有功能，余者被称为"非编码DNA"或"垃圾DNA"。例如，有一个称为ALU的序列，含300个字母，我们的DNA中有30万份。这序列有何作用？据我们所知，应该是毫无作用。

事实上，我们确定遗传代码中有许多垃圾DNA，因为我们曾从动物身上移除我们估计为垃圾的DNA，结果并未造成任何影响。其他物种似乎也有类似情况。例如，日本河豚红鳍多纪鲀的DNA长度只有人类DNA的十分之一，但基因数目却跟人类差不多。另一方面，有些细菌及虫的DNA却远比人类长，当中大部分应该是垃圾DNA。单细胞无恒变形虫（Amoeba dubia）的DNA是人类DNA的200倍长。我无论如何无法相信这种变形虫复杂到需要这么长的DNA。因此，垃圾DNA的确很多，扣除这部分，人类有用DNA的长度，跟大型软件程序相似。

除血细胞外，我们身体每一个细胞都复制了一份DNA，每人因此有100

兆（100 000 000 000 000）份自己的DNA。如果我们将这些DNA链串成一条，它够我们从地球拉到太阳再回来600次以上。

我最初写计算机程序时，是将程序存在打孔卡上，后来可以存到磁碟上。DNA的存取就没那么简单，我们不能靠显微镜就看到DNA链的构造。我们必须靠连串化学反应来确定DNA的构造。这非常费时，但原理并不复杂。最初的做法，是用酶将DNA链于特定地方切断，然后放到细菌中，大量复制出个别的DNA链。接着是以胶体电泳分析每一条DNA链的内容。我在大学时做过这件事。如果你要分析的分子是非常、极其、无比、惊人的长，那就麻烦了。

人类约有2.3万个基因，它们构成人类的基因组（存在于DNA整体链条中）。每一个基因代表某项特定的化学功能，有些基因可代表数项功能。DNA的小序列会跟核糖核酸（RNA）互动，后者会参与蛋白质的合成。这些非常长的蛋白质折叠及彼此产生作用的方式极其复杂。

人类的32亿对碱基对是经历约44亿年的演化而来的，也就是平均每17个月增加一对碱基对。这似乎很了不起，但别忘了，多数碱基对毫无作用。剔除这些"垃圾"，每一个有用的单原子改变平均需时30~60年。

人类平均每15~20年产生一代人，但地球上多数生命是单细胞生物，数天或数小时内就会分裂繁殖。大自然的生命密码时常在变，数以百万计的小型突变一直在发生——例如，妇女怀孕的过程中，通常就会经历100次基因突变。这种演变并非只是一代传一代时才发生，而是同时发生在成千上万、百万、十亿个同一物种的个体上（单细胞生物更是无数兆的个体），最强的个体有最大的生存及繁殖机会。因此，演化有如超大型的平行计算，其法则很简单：最强健的个体有最大的繁衍机会。

各个基因发生突变的机率并不相同。有一些基因，例如含眼睛遗传资料的基因，会比其他基因强健。实际发生的突变绝大多数是轻微的变化，通常只是改变了一个原子的位置，可能是因为氧化、日晒、宇宙射线或幅射之故。突变也有可能是一个极短的序列被复制了数次，增添到DNA中，或是脱落了。不过还有一种可能：一个含有明确遗传指令的长序列由病毒（少数情况是细菌）从一个生物随机带到另一个生物身上。如此一来，个体就会接收到来自另一个体（有时甚至不是同一物种）的一长串明确的遗传指令。这种突变多数是有害的，但也有少数证明是有益的，赋予下一代某种竞争优势。演化以及生物多样性就是这么来的。

人类基因组计划头几年进度非常缓慢，当时很多人怀疑它是否能在原定的 13 年内顺利完成。但是，计划开始后第八年，也就是 1998 年，参与计划的科学家克莱格·范特（Craig Venter）创办私营企业赛雷拉基因公司（Celera Genomics）。他宣称，借由一项富创意的新技术，他可以比所有靠公共资助的大学研究团队共同努力更早完成基因组计划。范特的方法称为"随机定序"（shotgun sequencing），使用 600 台计算机，每秒运算超过 1 兆次。人类基因组计划的研究人员起初强烈怀疑范特的方法是否可行，但最终承认他的方法的确比较好。两者于 2002 年几乎同时完成工作，较原定目标早了一年。范特花了 3 亿美元（也就是人类基因组计划原预算的十分之一），但必须指出的是，他可自由使用公共资助的计划已产生的资料。

自此之后，范特的团队已收集了逾万人的 DNA 样本，并开始绘制其图谱，分析这些人的基因差异。范特还驾着他的游艇到世界各地，收集数以百万计的细菌、藻类及病毒的基因组样本，交由他的团队绘制图谱。他的研究团队已发现大量新生命形式，其数据库描绘的基因数目已超过 1 000 万，而且数目正日益增加。范特还绘制并公开了自己完整的基因组图谱——这工作多年前的预算可是高达 30 亿美元。

这真是革命性的发展。过去 300 年来，全球生物学家有系统地研究大量生物，记录它们的生死繁衍、觅食搏斗。如今我们再次研究这些物种，但这次是分析决定其生命形态的遗传密码（用信息科技的术语讲，是查明人类、动物、植物、细菌、真菌及病毒的"原始码"）。这是工作量极其庞大的任务——地球上物种数目在 350 万至 1 亿之间，迄今我们已绘制了 150~180 万种的基因图谱。

了解哺乳动物基因功能的方法之一，是所谓的"基因替换与基因剔除鼠"（knock-in and knock-out mice）。这方法是将特定的基因植入老鼠身上，或是从老鼠身上剔除，然后观察其影响。举例来说，借由此方法，我们已发现，某个基因若遭剔除，老鼠会得结肠癌。这自然显示我们对人类结肠癌的研究与治疗应聚焦于何处。精确了解 DNA 各部分如何与 RNA 及蛋白质产生作用，以及它们如何影响生物的功能，是人类历史上最重要的探索工作之一——可能正是最重要的探索。而我们如今正处于这探索工作的初期阶段。

基因学的研究与创新速度正日益加快，未来数十年将进一步加速。目前有些公司每天可分析数十万对碱基对，而破解一个人类基因的密码需要5万美元左右，数年内可望降至1 000美元。2008年4月，我阅读《麻省理工学院技术评论》（*MIT Technology Review*）时看到一则消息：两家以美国为基地的公司正在开发一种新技术，成功的话，破解一个人类基因的密码只需要100美元左右。1990年，这可是需要30亿美元及13年时间的事。现在研究人员正努力要将成本降至100美元？我还没提新技术做这工作需要的时间？答案是8小时。

基因译码之后，下一步是分析它创造出来的蛋白质。这工作极其复杂，因为蛋白质会折叠成复杂的立体形状，有如纠缠在一起的面条，而其折叠的方式对其功能有关键影响。不过，我们确实知道一件事：蛋白质折叠的方式，以尽可能降低内部张力为原则。我们因此使用大型计算机系统，应用我们对化学结合方式的所有知识，模拟蛋白质链条的行动方式。基于这作业，我们或能模拟蛋白质可能产生的化学反应。

基因技术有数种应用方式，最常见的是基因分析及诊断。这包括DNA译码，或所谓的"定序"。2002年，牛津大学基因技术专家理察·戴维斯（Richard Davis）计算发现：DNA碱基对定序的价格每27个月缩减一半。在此之后，价格更是加速下跌。原因之一是"DNA芯片"的应用，这是储存DNA序列的微阵列。阵列的每一部分会吸引特定的DNA序列，一旦DNA序列与相应的阵列位置结合，荧光分子标记会发光，该序列即显露出来。拜此所赐，如今我们以非常低的价格，就可以借由羊水分析侦测450种潜在的基因缺陷。类似技术也可以用于识别强奸犯及谋杀犯（或是替那些遭冤枉的人洗脱罪嫌）。

另一应用是基因合成，也就是按特定方法在DNA链中将原子与分子结合起来。多年前，杜邦公司改造大肠杆菌的基因，令这种细菌能制造出可当做纺织原料使用的1, 3~丙二醇。该公司总裁甚至穿一套以此方式生产的布料缝制的西装。孟山都（Monsanto）等公司也早就在做基因改造商品的生意。胰岛素业者以植入人类基因的细菌制造药物，维持约400万人的生命。我们也可以替乳牛植入特定基因，这样他们就会分泌一些有益的物质到牛乳中，这方法称为"养殖制药"（pharming）。

基因合成的另一领域，是研发治病精准度更高的药物。如果我们能确切了解疾病的成因，并完全消除药物的副作用，我们就能办到这一点。我们大有机会在可见的未来研发出以下疾病的疫苗：哮喘、多发性硬化症、白血病、关节炎、疟疾、高血压、类风湿性关节炎、沙门氏菌感染，以及成瘾症等。此外，我们将发现，成功对抗一种疾病往往能防止另一些疾病。例如，某些病毒可令人罹患癌症，因此，研发出针对这种病毒的疫苗，对预防癌症也有帮助。关节炎可能是由一般炎症造成，预防这些炎症也有助维持血管健康。另一个有趣的领域，是识别造成缺陷的基因，阻止它们产生作用。

人造抗体可能是特别引人瞩目的基因技术应用。我们发现新细菌或病毒时，可以分析其 DNA（某些病毒是 RNA），然后借由人工智能软件研拟出对应的抗体。接着我们可以使用基因改造的细菌及藻类，大量生产这种抗体，以对抗新流行疾病。此类疾病曾造成大量人口死亡，例如西班牙流感病毒 1918~1919 年间肆虐，据称杀死了世界人口的 2.5%~5.0%。哥伦比亚大学的科学家警告世人，未来可能还会出现许多类似的流行疾病。

此外，我们也将可以根据个别病人的情况，特别制造专用药物，或是针对仅感染了一名病人的特别变种细菌制造药物。这种药物能帮助或销毁特定细胞，也可以抑制某些问题基因。我们知道，所有标准药物都有副作用，但多数仅影响少数病人。拜成本低廉的基因测试所赐，我们将能准确找出最适合每一位病人的药物。我们的最终目标之一，是以药片或注射抑止病人身上的恶性肿瘤，同时完全不影响身体其他组织，以此方法取替现今副作用严重的化学疗法。未来许多诊所以至家庭将购置简单的仪器，分析我们的血液、尿液或呼吸，马上就能诊断出我们是否患有癌症或许多其他疾病。

和许多新事物一样，基因改造引起许多人的疑虑，而这种做法事实上是有潜在危险的。举一个例子，如果我们为改变某种胡萝卜的质量，植入某种坚果的基因，对这种坚果过敏的人吃了这种胡萝卜后可能严重过敏，甚至不幸身亡。

因此，基因改造的确是有危险的。但是，并不是只有人类才在做基因改造实验，大自然一直都在做同样的事。细菌就经常变种。细胞分裂时，无论是发生在动物或微生物身上，基因突变的机率在百万分之一到十亿分之一之间。多数突变会破坏细胞，但有些突变会令生物更强健，更能适应环境。例如，细菌对抗生素的抗药性就是这么产生的。

妇女怀胎时，平均会发生约 100 次自发的基因突变（也就是说，孕妇的 DNA 中有 100 个原子随机改变了）。这种突变绝大多数不会有任何影响，极少数是有益的，有一些则会造成不难应付的小问题。但也有一些突变会导致残疾、流产或早产。

顺带一提，我们出生后，每一个细胞都会发生大量变化。我们身体中每一个细胞估计每天平均有 10 000 个原子脱离 DNA 中的正确位置，主要是氧化作用导致。幸运的是，健康的身体可以修复其中 9 997 个原子。但这也意味着细胞中有三个基因问题未修正，而且这种问题会随着我们年岁渐长一直累积。当然，23 亿个原子每天有 3 个出状况，问题似乎不大，但谁也不知道这 3 个出状况的原子未来是将造成灾难、小问题，还是完全没影响。当然，这种状况也有可能是有益的。

年岁渐长的问题之一，是那些累积了大量未修正基因问题的细胞仍然活着，但功能日衰。它们可能会释出对其他细胞有害的物质，这种问题累积下去，我们的身体就会日趋虚弱。另一个问题后果严重得多，那就是发生突变的细胞不受控制地生长，形成恶性肿瘤，也就是癌症。

但是，我们不应忘记，人类事实上已在改造自然的基因数千年之久。在我们还完全不知道什么是 DNA 的时候，人类已懂得根据自己的需要创造生命，办法是选择性繁殖。我们刻意选择植物杂交繁殖，产生外观跟自然原始品种截然不同的新作物。上一个冰河期约 11 000 年前结束后，人类开始学会耕种，经刻意选择发展出许多跟原始品种差异极大的作物。许多园艺植物，如兰花及玫瑰，也是人工繁殖的产物。

我们也以同样方式对待动物。人类估计从 12 000 年前开始跟狼一起生活，以狼为种迄今已培育出超过 160 种狗。没错，祖母那只叫"菲菲"的宠物狗一点也不像狼，因为菲菲是人类制造出来的品种，在野外完全没有生存能力。但它某种意义上仍是一头狼，可以跟狼交配。如今在美国，这种人工培育出来的狗有 5 000 万头左右，而狼则只有 3~4 万头。换句话说，"人工"狼的数目是"自然"狼的千倍以上。同样的，我们还培育出马、猪及牛，它们跟自己的自然祖先没有多少相似之处。如果不这么做，我们根本无法喂饱世界目前的人口。我们也设法令谷物变得对恶劣气候更有抵抗力、生长更快、果实更丰。相对于原始品种，今天的水果也变得更大，能保存更久，而且通常更多汁。

拜分析及合成基因的能力之赐，生物技术已从"模拟"产业变成真正的

"数位"产业,愈来愈像软件业。举例来说,基因合成过程原则上可以这么做:某人在新加坡经计算机模型分析,认为某个基因非常有用,决定制造出这样的 DNA。他透过电子邮件将基因码寄给美国某实验室,实验室数小时内就将这 DNA 制造出来,植入一个空的细菌细胞中,就像替一台计算机安装新的作业系统。数小时之内,这细菌已根据新 DNA 的指示行事,它基本上已是一个新物种。再发挥一点想象力的话,未来我们甚至可能跟 70 光年以外的文明联系,透过无线电波将一些 DNA 序列寄出,而对方就能在其星球上复制出这些物种。

基因技术第三种应用方式,是尝试改善基因组的功能。我已说过,基因组中有许多无用的序列,而且可能非常混乱。说来这有点像是个人计算机大量使用后,运转速度忽然转慢。这时我们可以使用 Windows 的"磁碟重组工具",令系统更有条理、更有效率地组织计算机中的资料,这样计算机就能恢复顺畅运作。生物业有公司专门致力改善特定基因的功能。业者针对某个基因制造出大量略微调整过的版本,观察它们是否比自然的基因运作得更好。这种努力往往有成果。我们可以视之为一种"基因调整"(gene-tuning)。

基因技术第四种重要应用,是代谢工程(metabolic engineering)。有一些细菌可自然地产生一些有用的化学物质,但速度可能非常慢。代谢工程可替这种细菌植入生长速度较快的细菌之基因,加快有用物质的生产。另一种做法,是将负责制造相关物质的基因植入生长很快的细菌,如大肠杆菌。改善基因功能称为"基因调整",那么代谢工程或许可称为"基因组调整"(genome-tuning)。

我想,人类迟早将决定建一艘数位式诺亚方舟,将所有已知物种的完整 DNA 序列存在计算机服务器中。若有物种灭绝,我们可以复制其 DNA,植入空的细胞,然后培育出该物种的新一代。若已灭绝的物种之 DNA 跟现存者差异太大,这过程可分阶段完成。第一个阶段是找来最接近的现存物种,然后完成四分之一(举例而言)的基因改造。接着在第二代再做四分之一的改造,四代之后,原本已灭绝的物种就复制出来了。

到此阶段,我们甚至有可能复制出历史上早已绝种的生物,不过这是有限度的,很可能无法像《侏罗纪公园》所讲的,复制出绝种那么久的生物。电影《侏罗纪公园》1993 年上映时,许多科学家被问到电影中的情节是否真有可能发生。科学家的回答多数是：电影中复制恐龙的原理逻辑上说得通，但实际上不可能办到（那原理是吸了恐龙血的蚊子被封在琥珀中，恐龙血中的 DNA 可以植入鸟蛋中）。

2008 年，科学家表示，他们相信自己可复制出长毛象，约需 1 000 万美元的经费。这是因为西伯利亚冰封的长毛象的毛发保存了较完整的 DNA，只要分析同一头动物的许多基因组（这程序的成本已不再高不可攀），科学家可整理出长毛象完整的 DNA 序列。研究人员表示，我们甚至有可能复制出尼安德塔人（Neanderthal Man）。假以时日，这甚至可能是轻而易举的事。但我们很可能不会这么做，因为最适合人工培育的动物，应该是人类自己。

在我看来，基因技术的应用不会仅此而已。1993 年，日本非营利组织 Eubios 伦理研究所的达利·梅萨（Daryl Macer）做了一项调查，了解各国民众对以预防遗传疾病为目的的基因改造及基因筛检之态度。他发现，亚洲民众多数支持这种基因技术应用。

基因备份的四种方法

在健康的生态体系中，基因备份是自然而然的。不过，为保险起见，我们还可以以另外三种方式为生物的基因备份。因此，基因备份可分以下四种方式：

- 自我调节的生态系统中之自然繁殖。
- 动物园及植物园，物种由人类培育。
- 细胞样本及种子之冷藏保存。
- 将 DNA 序列存在计算机中。

第一种方式是理想状态，另外三种则是面对灾难风险的安全措施。

在这项调查中，受访者也被问到是否支持以基因筛检及改造技术改善下一代的外表与智能。支持者略为减少，但多数亚洲民众仍赞成这么做。下表显示各国民众对三个问题的看法，问题是这么问的："你对科学家出于以下目的，改造人类基因有何看法？"

各国民众对改造胎儿基因的看法							
		澳洲	日本	印度	泰国	俄罗斯	美国
降低小孩成长后罹患致命疾病的风险	非常赞成	47	35	48	50	46	39
	倾向赞成	34	40	35	32	33	38
	总支持率	*81*	*75*	*83*	*82*	*79*	*77*
避免小孩遗传非致命疾病,如糖尿病	非常赞成	50	25	42	63	45	41
	倾向赞成	29	37	31	28	26	36
	总支持率	*79*	*62*	*73*	*91*	*71*	*77*
提升小孩继承的智力水平	非常赞成	15	13	41	48	18	18
	倾向赞成	12	13	29	26	17	26
	总支持率	*27*	*26*	*70*	*74*	*35*	*44*

注:原调查还包括以色列及新西兰的数据,此处省略。总支持率是本书作者计算出来的,包括"倾向赞成"的百分比。

资料来源:Macer, J., J. Azariah & P. Srinives: International attitudes to biotechnology in Asia, *International Journal of Biotechnology*, Vol. 2, No. 4, 2000

该表显示,若目的是预防疾病,每个国家的民众均压倒性支持基因改造。若目的是提升小孩的智能,印度(70%)及泰国(74%)民众压倒性支持,而澳洲、日本及俄罗斯的支持率则低得多;美国支持率居中,为44%。

我相当确定人类基因改造未来将成为现实。今天我们可以看到人类是如何想方设法改善自己、提升生活质量。我们发明了医学,改变了自然死亡率与生育率,一方面促成人口暴增,另一方面以避孕手段控制人口成长。很多人补牙,有些人接受手术更换髋关节或膝盖,接受心脏移植,使用助听器,植入人造视网膜,使用隐形眼镜,植入心律调整器,接受抽脂手术,植发或永久脱发,接受整形手术,或是注射肉毒杆菌。这当中有些东西我觉得很恶心,有些则乐见其成,但无可否认的事实是,它们很受欢迎。

我们还制造了大量试管婴儿。以试管授精方式产生的第一个婴儿是路易丝·布朗(Louise Brown),出生于1978年。当年一些批评者坚称,试管婴儿长大后将成为心理怪物。但自此之后,世界上陆续有50万名婴儿是以试管授精方式产生,而且完全没有迹象显示,他们的身心状态跟普通人有显著差异。事实上,人们对试管婴儿的第一反应有如当年人们对在医院生小孩的反应。

一百年前，人们觉得那是很怪异的事，但是今天人们普遍认为，不在医院生产是冒不必要的风险。

我们已开始为罹患严重遗传病的人施行基因移植治疗。此类病人的某个基因有缺陷，治疗方法通常是让他们感染带有该基因健全版本的病毒。病毒侵入病人细胞后，通常能以健全的基因修正病人的基因缺陷。这称为肌体治疗（somatic therapy）。应用这种疗法的疾病之一为囊性纤维化症，病人的肺会被过多的黏液粘住，痛苦不堪且会缩短寿命。治疗方法是令病人吸入含相关病毒的烟雾，由病毒修复受损的肺组织。其他基因疗法包括注射裸露 DNA（naked DNA）到肌肉中，甚至是在身体外培养完整的细胞，然后植入病人体内。不过，从技术角度考量，在授精前修正基因缺陷比事后治疗容易得多，方法是分析卵子及精子中的基因，修正缺陷后于试管内授精。

在我看来，人类将成为史上第一个在基因层面上自我改造的物种。原因之一，是我们的基因组愈来愈不适合现代生活。我们的基因码几乎完全是在石器时代演化出来的，它会命令身体储存脂肪以备万一，好让我们在找不到食物又或者冬季下雪日子长于预期时，有能量支持身体所需。此外，人类停止生育后，身体自我保护的意识似乎会明显减弱，尽管我们其实还可以活很久。而我们死亡时，一生累积的知识大部分就此遗失。我们的基因令我们容易歇斯底里及恐慌，它并未赋予我们理解人类技术发明的智慧。

支持基因工程的另一理由，是绝大多数人希望活得更久、更健康。1999年，普林斯顿大学生物学家植入一个基因到老鼠身上，令老鼠变得明显比较聪明。同年米兰研究人员令老鼠身上某个基因不起作用，结果这老鼠的活动能量不受影响，而且比一般老鼠长寿 30%。1985 年，研究人员发现，只要改变线虫（Caenorhabditis elegans）某个基因，这细菌的寿命可增加一倍以上。1999 年，另一些生物学家为某种细菌植入能产生两种抗氧化物质的基因，令这种细菌寿命延长 50%。人类应用基因技术自我改造的步骤可能依序如下：

1. 首先是羊膜穿刺术，也就是抽取含胎儿组织的羊水，检验胎儿 DNA，厘清是否有某些遗传疾病。此技术已普遍应用。有严重缺陷的胎儿会以堕胎方式处理。
2. 第二步是胚胎筛选，也就是在胚胎植入子宫前检测基因缺陷，有时也会在授精前检测卵子细胞。这做法如今也已相当普遍。
3. 第三步可能是某些人开始复制他们心爱的猫狗。目前已经有人这么做，但很罕见。
4. 接着可能会有人利用基因改造技术培育某种动物，例如特别聪明或特别长寿的狗。到此阶段，人们会购买、养殖这种狗，逐渐认为改造动物的基因跟选择性繁殖本质上并无太大差别。
5. 无法自然生育、打算生产试管婴儿的夫妇要求针对约 4 000 种遗传疾病，对卵子及精子作基因检测，挑选最健康者授精。
6. 假以时日，父母甚至可以对胎儿的基因作一些具体选择，例如选择复制一些令人更聪明、更健康或更长寿的基因。换句话说，这有点像是苹果 iPhone 的应用程序商店。我可以想象未来的生育诊所可能会问一对夫妻是否希望胎儿拥有自然的音调（人类记忆音调的能力，已发现是由某个基因数个原子的位置决定）。是的话，诊所会确保那几个原子位置正确。父母甚至可能有三种选择：（1）经改造的基因不会自动传给第三代；（2）第二代成年后，服用药物以启动某些经改造的基因功能；（3）永久的基因改造。这些选择技术上已可以做到。选择应用这些基因技术的人，可能是那些本身天赋不高、希望下一代有更好发展的父母。果真如此，人类天赋的差距或可缩窄。
7. 到此阶段，我们可以想象人类将其他生物（如植物）的基因植入人类基因组中。例如，我们可以植入负责释出抗氧化物质、保护细胞的基因，这样或可减慢老化速度50%，令人可健康地生活 150 年。
8. 极端的发展，可能包括人们获得可容纳新基因的额外染色体。

个人认为上述应用大部分将成为事实。果真如此，我想第三及第四种应用很可能将快速发展并普及。第五阶段（试管授精前检测基因）将在许多国家引发强烈争议，但将流行于美国及亚洲。随后的应用（植入优质基因）将遭遇激烈反对，尤其是在欧洲、拉丁美洲及阿拉伯世界。估计一些亚洲国家将率先推行，带头的可能是中国。毕竟，中国奉行一胎化政策，中国人对子女成才的渴望因此特别强烈。

尽管基因技术对改善人类健康及能力可能至关紧要，近期更重要的应用是帮助解决环境及资源问题，尤其是提升农业生产力。从现在到2050年，我们可能需要增加农业产出一倍。面对这问题，我们有三条路可走：（1）将更

多荒野开垦为农田;(2)坐视数以百万计的人饿死;(3)借由精准农业(以精确的实时测量技术改善播种及灌溉等作业)、基因技术及其他方法大幅提升农作物产量。

多数人对农业有好感,对农民有感恩之心;没有农民的付出,大部分人无法生产足够养活自己的粮食。但是,虽然大片玉米田看起来很美,它可一点也不自然。现代农业将许多作物从原产地移到世界各地种植。此外,如我稍早所言,我们将许多作物改造得跟原始物种截然不同。种植时,我们会喷洒杀虫剂及防疫药剂。我们犁田时,无意中制造出可导致严重土壤流失的条件。而如果我们使用天然粪肥而非化学氮肥,我们可能会摧毁邻近溪流的野生动物栖息地。

此外,我们种植出来的许多食物,其实非常不健康。事实上,若是采用基因改造食物的标准,许多产自天然植物的食物根本就无法通过审核。例如,许多坚果会引发可能致命的过敏反应。如果它们是基因改造食物,早就被禁止了。小麦和玉米很可能也逃不过被禁的命运,因为它们常因植物生病而留下少量毒性很强的物质。那些含脂肪、可能导致动脉硬化的食物又如何?这些食物若是基因改造的产物,根本不可能获准上市。尽管如此,人们还是每天吃这些食物,而且许多人还因它们导致的问题而死。而其实我们可以利用基因技术解决这些问题。有人想要防过敏坚果吗?

农业的代价之一,是必须开垦大片原野作为农地,因此摧毁了野生动植物的栖息地。人类务农占用的土地,约等同整个南美洲的陆地面积。

生态农业解决不了野生生物丧失栖息地的问题。生态农业反而需要更多农地,才能生产同样分量的粮食。如果我们仅从事生态农业,我们要不是面对全球大饥荒,要不是摧毁几乎全部野生生物。如果全球人口不超过10亿,生态农业是可行的。但如今全球人口已达70亿,而且不久之后将达90亿。但是,我们可利用生物技术缩减农地需求,并提升农业效率,一如我们将计算机从数吨重的庞然大物缩小到可以放在口袋里。我们应以尽可能降低农地面积、保留更多森林与原野为目标。

———

农作物基因改造之研究,起初是在加州大学及史丹佛大学进行。最初的技术非常粗糙,例如打破植物的细胞壁,让不同植物的基因混在一起,然后观察结果;又或者是以X光加速植物的随机基因突变,看看能否产生更好的新品种。后来进步到可以改变数个植物细胞中的特定基因，然后透过"组织培养"（tissue culture）产生全新的植物，结果发现这做起来往往很困难。

研究技术逐渐精进。一些研究人员发现，植物若受农杆肿瘤菌（Agrobacterium tumefaciens）感染，会长出奇特的肿瘤，可以切出来单独栽种。长出肿瘤的原因，显然是这种细菌除正常的DNA外，还有一条容易松脱的基因链，后者侵入植物细胞后会改变其功能。科学家将这条DNA链植入其他植物，发现会产生一样的结果。科学家后来研究土壤中的苏力菌（Bacillus thuringiensis，简称Bt），日本人自1901年起就以此制造杀虫剂。研究人员认为，他们可以找出这种细菌中负责杀死幼虫及昆虫的基因序列，然后移植到植物基因组中，以省掉使用杀虫剂的麻烦。为做到这一点，苏力菌的基因必须略微调整，因为植物"解读"基因的方式跟细菌略有不同。经过多次尝试后，试验终于成功，可保护自己免受幼虫及昆虫侵害的新一代作物产生了。

基因技术专家后来又有了一个新主意。1970年代，美国企业孟山都推出以Roundup为品牌的除草剂，这产品相对于市场上其他除草剂可说是革命性的。一般除草剂通常只杀死杂草，而且马上见效，作用持续数周以至数月。Roundup使用后第一周看不到明显作用，但最后奏效时会杀死全部植物，然后作用迅速衰减。这产品很快就被普遍用于喷洒路边及石板间隙。农夫也不犁田了，改用Roundup，因为犁田容易造成土壤流失，而且非常耗能。科学家逆向思考，希望找出能保护有用植物免受Roundup杀害的基因。成功的话，农民未来就可以在农田使用Roundup，杀死有用作物以外的所有植物。多年努力之后，终于有了成果：可抵抗Roundup的种子产生了，以RoundupReady为品牌销售。使用此类种子的农夫不必犁田，而且可以少喷除草剂。例如，密西西比州及阿拉巴马州的试验显示，农民改用RoundupReady种子后，每季喷除草剂的次数从平均8次降至1.5次。总的来说，这技术对环境有四方面的好处：降低能源消耗、减少每亩产量损失、减少土壤流失、减少食物中的除草剂残留。

到2008年，世界上有8%的农地种植基因改造作物，而相关技术正迅速发展。2009年，孟山都推出可提升产量5%~10%的Genuity SmartStax玉米种子，以及RoundupReady第二代大豆种子，相较第一代似乎可提升产量7%~11%。

这发展过程显然非常有趣。种子公司以往是"模拟型"企业，业者检视作物，从中挑出最好的作下一年的种子。这过程平均每年可提升产量1%。但是，农业如今显然已变成一种信息科技，而这可大大加快生产力的提升。孟山都如今使用一种"种子切片机"，可以挑一颗种子，转到正确的位置，在不损害种子生长能力的情况下切取一小片，然后分析这一小片中的基因组，预测这种子会长出怎样的植物。应用这方法，孟山都可大幅加快挑选种子及培育作物的速度。该公司因此预计生产力年成长率可提升至3.5%，也就是说，若保持这样的成长率，2010至2030年间，农作物产出可增加一倍。若能成事，这实在意义非凡，因为2010至2030年间，世界人口预计将成长约20%。因此，同期我们若能提升农业产出100%，我们将可轻易满足世界人口的粮食需求，同时增加生质燃料的产量。事实上，即使许多地方将抵制种植经基因改造的作物，我们仍大有可能于2050年前有能力将部分农地交还给大自然。

此外，我们也将增加生产所谓功能食品（functional foods），这是经基因改造，对健康有益的食品，如含有欧米加-3脂肪酸，更多维生素、纤维素或蛋白质。例如，植物植入藻类的某些基因，或许就能产生健康的欧米加-3脂肪酸。在开发中国家，此类食物将有助于减少饥饿及营养不良，令数以百万计的儿童免于智障、失明、生病，甚至夭折。

直接改造食物的基因，这概念令许多人恐慌，尤其是欧洲人。但相关研究继续进行，未来将有许多新作物面世，每亩产量更高、耗水量较少、更耐风霜，需要较少肥料，甚至完全不必施肥。遗憾的是，欧洲人若禁止从非洲及其他贫穷地区进口基因改造农产品，这些地方实际上也就不会种植基因改造作物，穷人因此间接被迫为富人的恐慌付出代价。

───────

保护地球环境、解决粮食问题，最重要的可能是靠人类在植物生化技术方面的发展。不过，未来细菌在这方面可能也将发挥重要作用。

地球上出现生命后头20亿年中，一直只有单细胞生物。然后第一批多细胞生物出现，经过漫长的过程，演化出今天我们所知道的大型生物，如树、牛及人类等。但是，许多研究人员估计，目前地球上细菌的总重量，其实等同所有植物，包括海里的藻类及森林里的树木。而因为我们持续在不可思议的地方——如地底3 000米深——发现细菌，许多研究者如今认为细菌占地球生物量一半以上。

有些细菌活在有机物质中，有些吃硫黄或石头，或是靠地热或光合作用获得能量。有些细菌需要氧气，有些则喜欢缺氧的环境。有些细菌可承受很强的幅射，或是海底极热的水，有些则仅能生存于某温度范围内的牛奶中。

有些细菌喜欢住在人体内。据估计，一个人体内的细菌，数目超过人体细胞。不过，细菌细胞平均远比人类细胞小，因此它们"仅"占人体干重量的 10% 左右。但这提醒了我一件事：每个人其实都是一个移动的生态体系。

稍早我提到，克莱格·范特 2006 年驾驶游艇到世界各地收集了许多水样本，得到数以百万计的细菌、藻类及病毒。他将这些样本送到他的实验室，透过基因译码机器发现了数以百万计的新基因。他的公司因此获得一个庞大的数据库，可搜寻具特定性质的基因。其他生技业者势必将模仿范特的做法。这些工作建立的基础，未来或许可制造出大量新细菌品种。例如，说不定有一天我们能制造出可大量生产蜘蛛丝的细菌，这样我们就能为军人或警察制造薄如丝的防弹衣。我们还可能靠细菌制造许多药物。事实上，我们目前已大量使用这种制药细菌。

但是，细菌最有意思的应用，可能是生产第三及第四代生质燃料：细菌或藻类进行光合作用，从空气中吸收二氧化碳，转化为燃油。瞧，就这么简单！有了这样的细菌，我们将可停止大气中的二氧化碳积累，获得一种可持续的能源资源，产品可供飞机、汽车及轮船使用，交通基建几乎完全不必调整。目前美国有数家公司正致力开发这种细菌，很可能短期内就可推出市场，跟基因改造的藻类竞逐第三代生质燃料市场。这种细菌或藻类产油技术经基因调整、基因组调整及其他技术调整至最佳状态后，我们将必须建造"燃油酿造厂"。或许我们可以从燃煤发电厂的烟囱开始。这种技术将带给我们一种很适合当前交通基建的液体燃料，而且是不占地方、碳中和的再生能源。

信息科技系统与自然生态系统相似之处

生物生态系统在地球上的历史数以百万年计，但我们直到近年才开始解开生物的遗传密码。随着我们对生物基因的知识日益增长，我们发现这系统跟人造的信息科技系统有惊人的相似之处。生物及信息科技世界都有巨大的软件架构，一层又一层的运作规则全部建基于非常基本的程序码：在计算机世界是芯片架构及机器码，在生物世界则是 DNA 序列。

其他相似处还包括：电子设备及生物均使用电力传送讯息，但两者的神经细胞是由不同物质制造的。此外，电子及生物世界均有错误码及物件导向程序码等，而且两者均可复制。

电子设备（硬件加软件）愈来愈像动物，如今有些计算机能看、听、闻、讲，并且知道自己身处何方。

还有，在计算机世界中，我们会为软件备份（希望如此），而自然也有自己的备份系统：DNA 是双链构成的。在计算机世界，我们透过计算机辅助设计（CAD）/计算机辅助制造（CAM），直接连结软件设计与硬件制造。生命遗传的原理完全一样：在基因码（软件）指挥下，生物利用从环境中取得的化学物质，制造特定的硬件。

这领域跟基因技术的其他应用一样，有成为大生意的潜力。它们不但可为我们的许多环境及资源难题提供漂亮的解决方案，还对我们解决人口老化衍生的医疗难题大有帮助——世界老年人口未来 40 年间估计将至少增加 16 亿。

目前这产业的主要业者分布在美国、瑞士、新加坡及丹麦，以及以巴西、中国、埃及、印度、以色列、南非及韩国为首的一些新兴市场。基因生物技术业不像信息科技业有那么强大的网络效应，因此短期内产生赢利惊人业者的可能性较低。不过，这也令更多新业者有发挥的空间。

DNA——以及蛋白质中的 20 种氨基酸——很可能是空前绝后、最伟大的开放式计算平台（open-computing platform），大自然借此系统所做的事超乎人类想象。我们想象得到的一切，大自然几乎全都试过了：地球上曾出现数以千万，甚至是数以亿计的物种。科学家认为曾出现于地球上的物种，约 99% 已灭绝，绝大多数是在人类出现前就已绝种。但长期而言，生存在地球上的物种大致上是愈来愈多。

生物基因系统有一点是非常奇妙的：一方面它是一个开放式平台，可表现出无穷的生命形态，但各物种的基因码却惊人相似，微小的变化就能产生生命形态上的重大差异。想想猴子是如何思考及讲话的。研究人员做过多项研究，希望能与猴子有意义地对话，办法是让猴子按一些代表特定词语的按钮，藉此与人类沟通。结果产生了像下面这样的句子：

"Nim 吃。Nim 吃。喝吃我 Nim。Nim 咀嚼我咀嚼。你我香蕉我香蕉你。"

猜到了吗？Nim 是那猴子，他说的话听起来真的不是很聪明，至少跟人类有时说的话相比是这样。例如人类可能会说：

> 将哈达玛闸（Hadamard gate）应用在量子计算机的第一个量子位元（qubit）上，结果是为该量子计算机产生一个新描述，以数字 $t_1, t_2, \ldots\ldots$ 代表，而 $t_1 = (s_1 + s_{2n}/2 + 1)/\sqrt{2}$。

甚至是：

> 我可以跟你共舞到那些牛回家。想想我还是跟那些牛共舞到你回家好了。

我觉得第一句是很聪明的人说的，它源自科学家麦可・尼尔森（Michael Nielsen），而第二句则是源自喜剧演员格鲁乔・马克斯（Groucho Marx）。谁会想到，如果我们逐对碱基对比较猴子（例如 Nim）跟人类（例如上述两位有才华的人）的 DNA，两者不同之处仅 4%？我们的 DNA 不仅跟猴子几乎完全相同，其实跟许多细菌也相差无几。我说生物基因系统是世上最伟大的开放式计算平台，就是这意思。顺带一提，伦敦大学学院的史蒂夫・琼斯（Steve Jones）教授指出，人类的 DNA 有一半和香蕉一样——难怪我在某些周日早上感觉很"香蕉"（bananas）（译注：bananas 在英文俚语中是发狂或疯、傻之意）。

不过有关生物科技与基因，我们就讲到这里。接下来要讲"信息科技"——我们以此名词称呼计算机相关事物，实在不太高明。

第十四章

信息科技

视力正常的人可以看见一根人的头发。一根头发宽约 50 微米或 5 万纳米（1 米等于 100 万微米或 10 亿纳米），约为人眼能分辨的最小尺寸的五倍（我们能看见的最小尺寸是 0.01 毫米）。容我举个例子说明这些尺寸的概念。旧金山湾最宽处有 20 公里长。如果你身处丹麦哥本哈根，望过海湾到瑞典那边，最宽处也大概是 20 公里。如果我们将所有东西放大 4 亿倍，那么头发的宽度就跟旧金山湾最宽处，或哥本哈根至瑞典海岸的距离相同。在这样的世界里，东西至少要有 4 公里宽，人眼才能看得见。

我知道，想象一根头发 20 公里宽是很怪的事，但请耐心一点，因为这可以帮助我们理解一些奇特的事。在这样的世界里，1 纳米等于是 0.4 米，一般的细菌细胞直径约为 10 米。隔着适当距离看这 10 米宽的细菌，我们可以看到一些氢原子跟其他原子连结在一起。这些氢原子每颗直径约为 4 厘米，也就是一颗大卵石那么大。一颗电子则约有 0.00000000000001 厘米那么大，一个夸克则约为 0.000000000000004 厘米。因此，即使在这个所有东西均放大 4 亿倍的世界里，你也无法看见电子或夸克。

那么，在这样的世界里，一颗功能强大的计算机微芯片有多大呢？为你提供一个线索：诺贝尔物理学奖得主理查·费曼（Richard P. Feynman）1959 年就未来芯片的资料储存能力提出他的看法。他说，如果我们能制造一台只需要 100 个原子（10 纳米大）就能代表一个位元的计算机，我们将能把有史以来所有书籍（当时有 2 400 万册）的文字存在一颗 100 000×100 000 纳米大（也就是 $1×10^{-8}$ 平方米）的计算机芯片上。因此，在我们这个放大 4 亿倍的世界里，代表一个位元的东西有 100 颗大卵石，也就是 4 米大。

那么，费曼说的那颗芯片到底有多大呢？如果丹麦与瑞典的距离（20公里）等同一根头发的宽度（5万纳米），费曼说的芯片是40公里乘40公里那么大（边长等同旧金山湾宽度的两倍）。在真实世界里，其边长是两根头发的宽度。真的只有一粒微尘的大小。

因此，费曼说的是一粒可储存2 400万本书的微尘。这些书若印在纸上，总重量约为80万吨。如果将它们连成一条"书径"，长度等同伦敦与纽约的距离。当然，这只是费曼1959年时的设想。本章稍后我们就能看到他的假想有多接近事实。

要制造费曼所说的芯片，我们需要应用晶体管这种发明。事实上，我们需要许多微型晶体管，数量绝对是天文数字。

我个人认为晶体管是人类历史上最伟大的两项发明之一，另一项是轮子。有一种特别的轮子称为钝齿轮（cogwheel）。你将一个结构复杂的机械表拆开，会发现里面有无数个大小不一的钝齿轮，它们巧妙地相互配合，将你上发条产生的简单机械能转化为复杂的讯息。这机械表会显示日、分、秒，可能还显示日期、时区、月相以至更多资料。这些资料全靠一条又一条的简单规则，由钝齿轮以各种尺寸比例及连结方式产生出来。负责分针的钝齿轮转60次，负责时针的钝齿轮就会转1次。负责时针的钝齿轮转24次，日期显示就转一次。诸如此类。

写程序的人也会使用许多简单规则，最常用的其中一条是"如果……就……否则……"譬如说，你开车到红绿灯前，那规则就是：

如果亮绿灯，就继续前进，否则就停下来。

晶体管就是执行这种简单规则的物理装置。1925年，加拿大首度有人为晶体管注册专利。在此之前，尝试制造计算机的人使用的是钝齿轮，就像制造钟表那样（真有人试过几次）。有了晶体管，人类两大发明的其中一项取代了另一项的某些用途。

令人惊奇的是，晶体管面世后整整22年，没有人用它做出任何有意义的东西。事实上，没有什么人知道世上有晶体管这东西。直到1947年，晶体管的第一个技术突破才出现：贝尔实验室的工程师发现，锗晶体可用来制造晶体管。只要给锗晶体电流，它就是一个很好的导电体；关掉电流，它就失去导电功能。锗晶体因此可成为一个控制电流通过的开关键：

如果接上电流，它就能导电，否则就不行。

晶体管最常见的用途之一是制造放大器。例如，助听器就是使用晶体管，以微型麦克风接收的声音驱动控制电流（或称"基极"base），然后使用一块电池，令较强的电流通过晶体管，驱动一个微型扬声器。

锗在接上电流时有导电的功能，不接则不导电，因此是一种"半导体"。将许多晶体管连接起来，就成了一个开关阵列，可支撑许多功能。这一点跟机械表相似：大量钝齿轮互相配合，可产生许多复杂功能。但晶体管与钝齿轮有一个重大差异：计算机芯片中的晶体管运作速度极快，每秒可开关数十亿次。速度如此惊人，原因之一是电讯号移动速度极快（是电场移动速度快，而不是电子，后者移动速度其实相当慢）。事实上，电场的移动速度接近光，而光每秒可围绕着地球赤道转7.5次。

早期的晶体管相当大，但很快就缩小，而锗最终也遭硅和其他物料取代，后者加入小量杂质，如砷、磷、锑、硼、镓或铝［这过程称为"掺杂"（doping）］，就能当半导体使用。这是很好的技术发展，因为硅比锗便宜，而且也比较容易处理。

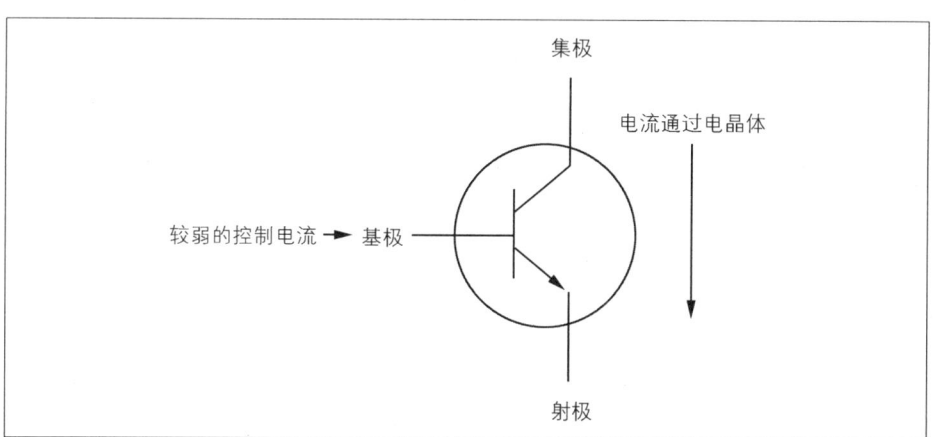

晶体管示意图

晶体管基本运作原理，是通过这装置的电流（从"集极"到"射极"）是由"基极"一股微弱得多的电流控制。晶体管比轮子复杂一些，但也不是复杂很多。事实上，装有滚珠轴承的轮子理论上似乎比晶体管复杂。

资料来源：Marcus Nebeling, Fiber Network Engineering Co.

接下来的发展，是将晶体管微型化，令手指甲大小的一颗芯片容得下大量的晶体管。这构想成真之后，一些工程师开始计算若将所有东西按比例缩小（例如较小的芯片、较低的功率），芯片会有怎样的效能。他们发现，缩小后芯片功能如常，而且速度快得多，这可能令他们有些意外。相较于电路设计完全一样的芯片，较小的芯片甚至不会产生更多热能（以每表面单位计），因为互连电容降低之下，需要的电力也减少了。工程师因为将所有东西缩小，制造出愈来愈微型的芯片。

生产这种芯片需要"晶圆"（wafer），这是纯度接近百分百的单晶硅圆片，以镶上钻石边的金属切出光滑无瑕的平面。接下来是一连串的工序，极其重要的一道是加上"光阻剂"液体，然后放一个模板在晶圆上，这模板反映芯片中的电路及电晶板设计。

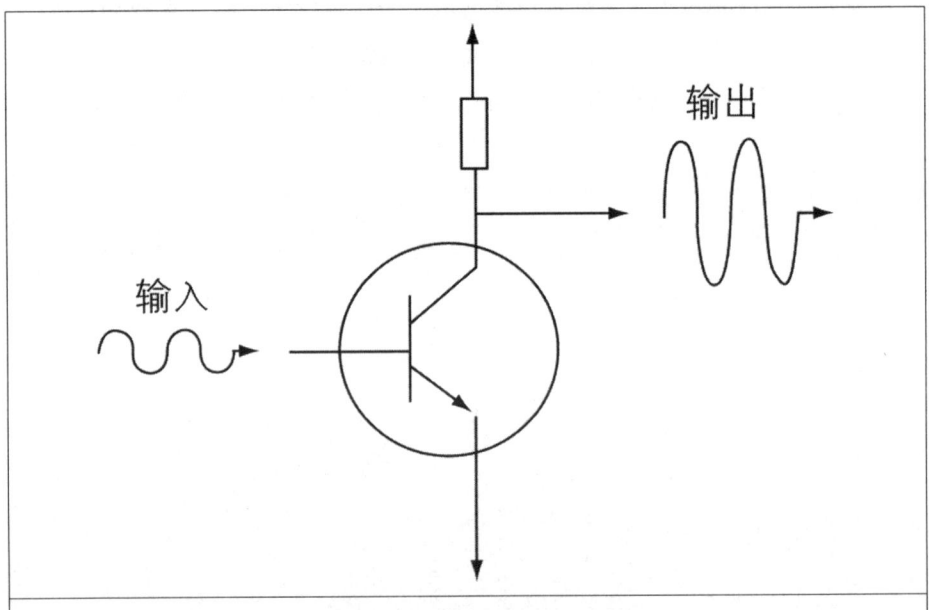

当做放大器使用的晶体管

输入讯号的小幅波动控制较强电流的较大幅波动。

资料来源：Marcus Nebeling, Fiber Network Engineering Co.

这有点像放一个模板在某个平面上，然后以油漆喷出一个商标。不过，在芯片制造过程中，"喷漆"工序既不是使用油漆，也不是用喷的，而是用曝光的方式。厂商以形态复杂的光照射晶圆，产生化学作用，将芯片线路刻在晶圆上，随后洗去多余的光阻剂，就制造出集成电路。为省钱省时，一个流程会同时生产许多个集成电路,也就是一片晶圆将产生许多颗芯片,切割出来封装测试,就成了实体的集成电路成品。厂商会尽力提升这过程的"良率"(yield),也就是优良成品的百分比。

第六章提到的摩尔定律指出,一块芯片(或集成电路)上可容纳的晶体管数目每两年增加约一倍,而且这可以在符合成本效益的情况下达致。这定律显然不是像牛顿定律那样可永久有效。摩尔定律是戈登·摩尔1965年首度在一篇论文中提出的,当时他追溯半导体业的发展至1959年,而差不多半个世纪后,这定律仍有效,真是惊人。摩尔的说法实在太吸引人,摩尔定律因此得到一些自我实现的力量——它成了业内的金科玉律:既然对手的技术跟得上摩尔定律,我自然也不敢怠慢,努力希望超越对手。1970年代某些时期,芯片的晶体管容量实际上每12个月就增加一倍。

这是如何办到的?这种持续的进步是拜许多因素所赐。例如,晶圆的尺寸变大了,芯片上的所有东西则日益微型化,工程师想出多种方法更有效地利用空间。此外,芯片线路的某些部分是由多层不同物料堆积起来的。2000年时,一块芯片上通常含有超过50种化学元素,每一种元素对提高芯片的速度与可靠性均非常重要。芯片微型化的另一方法,是逐渐降低制造过程中使用的光的波长,因为波长较长的光,最终无法产生够精细的线路。因应这趋势,光阻剂也必须改变,才能配合短波长的光;这任务极其艰巨:在某波长的光开始应用于制造芯片之前十年,化学家就必须开始开发相应的光阻剂。毕竟,光阻剂不仅必须适合所用的光,还必须产生高对比度及清晰的边,而且还必须能粘在晶圆上,不会在清洗过程中脱落。

困难并非仅此而已。工程师必须开发出比哈伯太空望远镜更精密的光学应用,使用波长愈来愈短的激光。此外,工程师还必须解决所谓的"穿隧"(tunneling)问题,也就是避免晶体管或电线极度接近时,电子自发地在晶体管或电线之间跳动。为此工程师开发出隔离材料,应用于只有数个原子宽的空间。应用先前的比喻,如果一根头发有20公里宽,工程师得有效地隔离0.5米宽的空间,而且必须毫无错差、一个不漏地隔离数以百万计的这种空间。

然后还有时脉速度(clock rate)的问题。假设你想做连串计算,因此输入电讯号,令电场以每秒接近30万公里的速度移动,瞬间完成计算。然后呢?然后你想做下一串计算,可能需要用到先前的计算结果。那么,你该输入新的讯号。怎样才能做到呢?你使用某种晶体,它们本身有某种频率——

举个例子，你用手滑过水晶酒杯的湿杯口时，杯子会视水晶的频率发出某种声调。计算机芯片启动时，围绕着晶体的线路会随意发出声响，当中必然包括晶体的自然振动频率。晶体开始振动，放大离开晶体的电讯号。这些讯号之间的间隔就称为"时脉速度"。第一台商业个人计算机 Altair 8800 使用英特尔的 8080 中央处理器（CPU），时脉速度为每秒 200 万周期（2 MHz）。到 1995 年，时脉速度已达每秒 1 亿周期，约 5 年后突破 10 亿大关。到 2010 年，芯片的速度通常超过每秒 30 亿周期（3 GHz）。

这种进步来之不易。每一个时钟脉冲过后，晶体管中的连接需要时间稳定在新状态；如果下一个脉冲在此之前来到，讯号就会乱掉。此外，因为速度这么快，芯片的运转会产生大量热能，可能会将集成电路烧掉。散热是非常关键的问题——工程师若想延续摩尔定律的寿命，散热是必须解决的关键难题之一。因为目前无法解决高速芯片的散热问题，芯片设计师被迫开发多核心处理器技术。

只要摩尔定律仍然有效，计算机的能力每两年就会增加一倍，也就是未来两年的能力增幅，等同 1943 年第一台计算机面世迄今的总能力累积。因此，假设现在是 2010 年，而且摩尔定律到 2012 年仍有效，那么这两年内的计算机能力增幅，等同先前 67 年的能力总增幅。

那么，摩尔定律可以有效到何时？专家并不知道，因为他们只能根据眼下的知识展望未来。不过，2010 年时，多数专家表示，很有信心摩尔定律可持续运作至 2020 年，甚至是 2025 年。那么之后呢？他们通常会说，或许可以，或许不可以，因为"发明面世之前，我们不知道自己会创造出什么东西来"。

不过，我们确实知道的是：集成电路中的逻辑闸（logic gate）若是小于 5 纳米，即使在"关闸"的情况下，电子也会跳出去（但这已比费曼 1959 年在论文中假设的最小尺寸小一半）。1 纳米相当于 10 个氢原子的宽度，因此，芯片中的电子不会无意中自发征服的距离约为 50 个氢原子的宽度。按照目前的计算机芯片设计概念，那就是微型化的极限。

IBM 的立体水冷式芯片原型

图中为 IBM 的单夹层（single-interlayer）立体水冷式芯片原型。有效冷却区为芯片中央 1×1cm、结构特殊的部分。该部分高 100 微米，垂直连接可达 10 万个。摄影：Charlotte Bolliger；照片由 IBM 苏黎世研究所提供。

回到那个一根头发 20 公里宽的世界，时间快转到 2020 年，届时计算机芯片会是怎样的模样？估计一块芯片上会有 150 亿~200 亿个晶体管，最小的闸门已缩至只有 5 个氢原子的宽度，也就是仅 20 厘米宽。这芯片含 625 个核心，时脉速度为 73 GHz，也就是每秒发送 730 亿次电磁脉冲经过相连的晶体管，速度为每秒近 120 兆公里（速度随尺寸同比例放大）。按目前的集成电路概念，那是我们将迈向的境界。

但是，目前已有强烈迹象显示芯片于 2020 年压缩至极致后将如何发展。我能想象立体设计帮助延长摩尔定律的寿命一二十年，也就是到 2030 至 2040 年。

稍早我提到，轮子是世界最伟大的两项发明之一。如果你有一辆汽车与自行车，你已经拥有六个轮子。此外，现代抽屉、办公椅椅脚以至许多其他地方，都有小轮子。如果加上手表里的钝齿轮，以及电机与机械中的轮子，

你很可能拥有数以百计，甚至成千上万个轮子。

那晶体管呢？2010 年晶体管世界总产量估计接近 10 000 000 000 000 000 000 个，相当于全球蚂蚁数量的 10～100 倍。每年我们生产的晶体管，比米粒还多。事实上，如果我们将 2010 年的晶体管产出平均分配给世界上每一个人，每人可得约 14 亿个晶体管。如果你是一家四口，总共可得 60 亿个。如果你是计算机玩家，这一年你个人可能分到接近 1 000 亿个。人类的晶体管产量，远大于所有其他产品元件，而我们目前每 18 个月就增加产量一倍。

到 2020 年时，一台标准计算机的性能，应将是 2010 年时的 30 倍左右。而如果摩尔定律可以延续至 2030 年，这倍数将扩大至约 1 000 倍。不过，晶体管产量的成长速度将快得多，因为不但每一块芯片将容纳更多晶体管，每一个家庭、每一家工厂均将使用更多芯片。

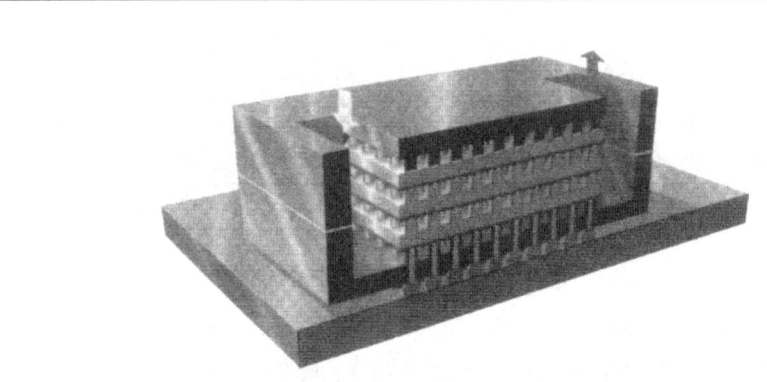

IBM 立体水冷式芯片示意图

此图显示该芯片的水冷技术夹层，冷却结构与芯片堆直接结合。IBM 研发人员与 Fraunhofer Institute IZM 合作开发出一种特殊组装技术，能将冷却夹层精准、牢固地嵌进一个冷却容器中，让水（摄氏 20 度）从一边泵进，流经每一层后，在另一边排走。照片由 IBM 苏黎世研究所提供。

但是，你买计算机或智能型手机时，显然不是要买晶体管，而是它们的资料处理能力及相关功能。资料处理能力通常是以每秒百万指令（MIPS）衡量。1972 年，IBM 开发出"system/370 model 158-3"大型主机，拥有 1 MIPS 的资料处理能力，令人们目瞪口呆。每秒一百万个指令！一百万！而且 IBM 还矢言不会仅此而已。

许多人因此开始问自己，每秒百万指令以上的资料处理能力，实际上可以做些什么。美国机器人专家汉斯·莫拉维克（Hans Moravec）以机器人为例说明这种能力（此分析工作相当容易）：能力为 1 MIPS 的机器人，可指出或跟随一些很简单的东西（例如一条白线，或是一个有颜色的点）。1972 年的 IBM 大型主机，拥有的能力正是如此。

那么，10 MIPS 呢？拥有这样的能力，就可以像智能型炸弹那样，寻找并追踪灰色调物体（摩托罗拉 1987 年推出拥有这种能力的芯片。1990～1991 年第一次波斯湾战争期间，我们见识到智能型炸弹之精准）。

下一步是 100 MIPS。拥有这样能力的汽车，可在一个天然地域中慢慢找到出路。英特尔 1996 年推出的 Pentium Pro 就有这样的能力。四年之后，1 000 MIPS 的处理器面世，资料处理能力足够引导机器人经过不熟悉的环境。

发展到 10 000 MIPS 时，资料处理能力进入立体阶段，机器人可以寻找并抓住物件。这在 2005 年已成为事实。到 2008 年，英特尔推出 Intel Core i7 Extreme 965EE，速度高达 76 000 MIPS。如今所有人着眼的目标是 100 000 000 MIPS，因为据说这是人脑的资料处理能力。

硬件性能高速成长，令应用创新也以惊人速度发展。试举一例：好好看看 2010 年时的 iPad 或 iPhone，实在是了不起的电子产品。但是，2000 年资讯科技泡沫破灭时，这样的产品完全不可能做出来。但是，不过是十年后，数以亿计的此类产品已投入日常使用。

计算机性能的成长并非仅限于 MIPS，还包括存储器、资料储存、频宽，以及行动装置的电池寿命。2009 年春，贝尔实验室公布光纤传输速度的新世界纪录。该实验室使用 7 000 公里长的单一光纤，以及 155 组同时波长（simultaneous wavelengths）的光，创造出每公里每秒 100 千兆位元（petabit）的传输速度，相当于每秒 15.5 兆位元（terabit）的有效载量（payload）。这载量足够同时传输 10 430 个非压缩高画质视讯讯号。

随着这些技术全都继续快速进步，十年后必然将有我们今天难以想象的新信息科技产品面世，而且销量可能数以亿计。未来我们或许买一个小装置，就能取得大批电影。

事实上，相关技术的开发已大有进展。加州大学的科学家已示范如何将相当于 250 张 DVD 的资料，存在一个只有小硬币那么大的装置上。澳洲斯威本科技大学微光电中心开发出 5D 技术，使用彩色滤光片及偏极光（polarization）技术，令 DVD 在原有的三维资料储存之外，再增二维。应用此技术制造出来的 DVD，容量是传统 DVD 的 2 000 倍。在我看来，这样一张 DVD 已足够储存有史以来所有值得看的电影。假设我们以这样一张 DVD 储存 2 500 部电影（包括数据量远低于高画质电影的老电影），而你是狂热的电影迷（不过你还是会时常出门见朋友），每年看 250 部片子。那么，一张 DVD 就够你看 10 年。而看完后，你很可能会重温自己喜欢的片子。

一些新的信息科技应用是利用高效能微型传感器，跟计算机惊人的计算性能无关。未来查明物品位置主要有三种方法：无线射频辨识（RFID）、全球卫星定位系统（GPS），以及手机。撰写本章时，我刚滑过雪。在滑雪场，我接近上山缆车时，不必出示门票，缆车就会为我开门。大型缆车甚至会向工作人员显示我的大头照。这是因为我口袋里有一张信用卡大小的缆车季票，上面贴了一个 RFID 标签。这是一个成本低廉的微型芯片，里面是一小粒集成电路，周边是扁平的金属天线。这芯片贴在塑胶卡上，几乎完全看不出来。

未来的十大信息科技应用

1. **透明的智能型手机**：配备透明荧幕，透过荧幕看现实世界中的事物时，可获得解说及相关信息。
2. **电子纸**：柔软、可折的电子阅读器，可下载并播放任何媒体档案。
3. **家庭电影服务器**：一个储存数千部电影的小型服务器，每部电影均有附注说明，方便搜寻。
4. **媒体墙**：看起来像单色光亮表面或镜子的整面墙，按一下就能变成媒体显示器。
5. **大荧幕计算机显示**：数米宽的平面显示器，非使用中的部分可转为透明状态。
6. **汽车娱乐系统**：供乘客使用的在线娱乐系统，可看电影、电视或上网。
7. **无线监控装置**：监控财物的小装置，无论身处哪里皆能监视自己的财物。
8. **组成运算（composable computing）**：任何智能型装置皆可轻易将内容输出到附近的显示器（例如从智能型手机输出到媒体墙）。
9. **房屋自动清洁装置**：在你外出时，帮你打扫家居；以插座充电。
10. **防盗物品**：物品一旦列为失窃品，会将所处位置传送给警方，方便警方追寻。汽车若是被偷，警方可遥控停车，或是将已停下来的车堵住。

这 RFID 技术如何运作？我接近缆车闸门时，一个小型传感器会向我发出无线电讯号。这讯号令我门票上的 RFID 天线产生电磁场，集成电路利用这电磁场产生的能量回发讯号，当中有我的身份资料。缆车计算机系统接收到资料后，就会为我打开缆车门。此外，计算机系统会找出我的档案照片，方便工作人员确保我的门票并非遭盗用（只是我戴着护目镜和安全帽，鼻子冻成青色，容貌根本无法辨识）。RFID 的功能类似条形码，但如我的滑雪例子显示，你不必拿 RFID 芯片直接对着扫瞄器，只要接近传感器就可以了。这种装置愈来愈便宜，而且可以微型化到能贴在活的蚂蚁身上（事实上，研究蚂蚁移动型态的科学家已经这么做。没骗你）。如今 RFID 芯片贴在无数消费商品、容器、包裹、停车票，甚至是猪和牛的耳朵上。其应用范围还包括收费公路（装了有效 RFID 芯片的车辆可自动通行，其他车辆则不行），以及博物馆收藏品。

未来几乎所有商品都会贴上 RFID，原因有几个。首先，这能加快超市的结账效率。顾客只需要提着货品经过闸门，传感器会自动侦测到所有商品，顾客只需要检视购物清单，按一下荧幕上的"接受"，款项就会从顾客设有 RFID 功能的付款卡（或手机）扣走。RFID 应用普及的另一个原因，是这技术不仅能用来辨识商品，还可以叫出商品的"故事"。你可以拿智能型手机感应某款商品的 RFID，然后就能在一个够大的荧幕上（别忘了，许多老人家根本看不清商品包装上的小字），阅读、观看或收听厂商提供的信息。你或许也想知道其他消费者对这商品的评价，例如他们的平均评分。RFID 结合厂商的产品信息及产品评分，将是非常重要的信息科技应用。顺带一提，几乎所有东西都会有评分：企业道德与永续性、度假饭店、餐厅、汽车、人，以至这本书。评分制度已相当普遍：企业的透明度与道德评级，可参考 ISO 2600 标准。葡萄酒有《帕克葡萄酒指南》（*Parker's Wine Guide*），以及许多其他指南书。书籍可以上 Amazon.com，投资机会可询问往来的银行，度假饭店则可以上 tripadvisor.com。RFID 还有第三项重要应用：洗涤指示。未来你洗衣房中的机器人将不会把你的黑袜子与白衬衫放在一起洗，因为它会透过 RFID 读取指示，知道这两样东西不能放在一起洗。

第二种定位技术是 GPS。这系统使用一群围绕地球运行的人造卫星，对地球发出讯号。GPS 接收器分析数个卫星的讯号，即可确定自身位置，准确度通常可达 5 米（恶劣气候会降低准确度）。GPS 接收器非常普遍，人们装在船只、汽车以及智能型手机上。卫星发出讯号，但并不接收 GPS 接收器的讯号，因此无法用来追踪人（有时会有人说 GPS 卫星有这样的功能）。不过，若 GPS 接收器是装在可发出讯号的装置上（例如手机），那么这装置当然是可以将其位置发送出去。

事实上，你只要开着手机，手机网络就会知道你的大概位置，因为网络天线读取你的讯号强度，就能确定你的位置。手机因此是第三项关键的定位技术。如果只有一支天线读取你的手机讯号，那么网络将仅能知道你的大概位置；但如果有三支天线读取讯号，网络利用三角测量原理，可以相当准确地计算出你的位置。这技术常用来逮捕罪犯及恐怖份子，此外还有一个极有用的功能，那就是监控路面情况，了解哪里正在堵车。因为绝大多数人开车时会开着手机，系统很容易追踪主要道路上的车辆数目，以及它们的行驶速度。借由这技术，我们不但可以马上知道哪里正在堵车，还能预测堵车的时间及地点。这些讯息可透过电台广播传送给驾驶人，而汽车里的 GPS 系统则可以提供改道建议。

结合 RFID、GPS 及手机的应用巧思数之不尽，因此也衍生无数商机。例如，有一天你可能只需要按一下智能型手机上的"出租车"键，手机就会将你的位置发送给出租车，然后车子就会来接你。如果出租车由机器人驾驶，那就更酷了。又或者是东西（例如昂贵的相机）或人只要离开其应在的位置，或是偏离预期路线，就会自动发送讯息给主人或警方（例如可用来追踪学童或老人的行踪）。你只需要设定东西可移动的最长距离（例如你的音响组合可能是 10 米），以及所有允许的路线。事实上，你的小孩可以带一个追踪器，到达学校、网球俱乐部或某些其他地方时，就会发出讯息。可能的应用还有：GPS 控制的割草机；告诉你将到达的地方即将举办的活动的汽车广播；过期前会发出警讯的食物（将智能型手机对着冰箱，就能知道短期内必须吃掉的食物）。

信息科技的基本创新也将继续改变电子媒体。人们希望透过行动装置，随时、实时地接收信息，找找乐子。这种行动装置可能将有两种：智能型手机，可放进口袋里，荧幕有透明及正常显示两种模式；以及平板计算机/电子阅读器，也有两种显示模式——背光模式供室内使用，以及供室外使用的模式。另一趋势将是在线游戏愈来愈流行，尤其是大型的多人游戏，数百万人同时参与，有时还可以加入现实元素，例如现场同步举行的赛车。随着在线游戏接近高画质电影的质量，这种游戏可自然成为电影的延伸：你看一部探险片，结束时可以进入游戏模式，回到自己喜欢的场景开始玩。这种娱乐可能会称为"电影游戏"（moviegame）。

此外，电视新闻及谈话、辩论节目将演变成视讯会议的形式，数以千计，甚至数以百万计照顾小众兴趣的节目，将抢走大电视台标准节目的部分收视率。举个例子，一个电视频道可能有 2 万名顶级客户，可透过视讯方式"上节目"，向嘉宾提出问题，并发表自己的意见。这种节目或许可称为"电视讨论会"（TV conference）。

假设摩尔定律持续有效至 2020 年，届时单晶片计算机的资料处理能力将是 400 万 MIPS 左右，也就是约 4 TIPS（每秒兆指令）。人脑的资料处理能力估计约为 100 TIPS，因此我们在 2020 年将能制造出能力相当于人脑 4% 的计算机（届时我们也已超越了费曼设想的资料储存能力——将 2 400 万本书存在一粒微芯片上）。但是，如果芯片性能在此之后继续每 24 个月成长一倍，我们将在略晚于 2030 年制造出能力等同人脑的芯片。但是，大型计算机不需要等到 2030 年才超越人脑的能力，估计 2020 年左右就能办到。

为什么呢？1997 年，IBM 制造的计算机"深蓝"在国际象棋比赛中击败世界棋王加里·卡斯帕洛夫（Gary Kasparov）。深蓝的资料处理能力为 3 000 000 MIPS（或 3 TIPS），使用 256 块当时最先进的芯片，每秒可以模拟 200 步棋。也就是说，卡斯帕洛夫下棋输给资料处理能力仅为他 3% 的计算机。但之所以如此，是因为深蓝下棋之外不做任何事——这计算机能算出接下来 14 步的所有可能情况，而这已足够打败棋王。因为深蓝表现实在出色，卡斯帕洛夫怀疑深蓝背后是另一位棋王级高手。事实上，卡斯帕洛夫说，他有时能从深蓝的行为中看出深刻的个性——某种独特、富创造力及杰出的质量。由此可见，简单的性能有时能创造出复杂、优美的结果。

不过，这里要讲的重点，是深蓝当时之所以能力超强，是因为它结合了 256 块芯片的性能。到 2020 年时，这种多芯片/多核心计算机的资料处理能力将媲美人脑，甚至显著超越人脑。这种技术事实上已投入日常应用，例如用于个人计算机。如果 2020 年一块芯片的能力是 4 TIPS，而人脑是 100 TIPS，那么计算机集 25 块芯片的性能，就有媲美人脑的能力。你或许会说，多芯片/多核心计算机运作起来通常不如单晶片计算机有效率，资料处理能力不是简单的乘法可算出来。的确如此，但就算打个折扣，多芯片计算机的性能仍将极其强劲，而且必要时可以增加芯片的数目。别忘了，深蓝就用了 256 块芯片。无论如何，我们将制造出能力与人脑相若的计算机。

立体（3D）芯片某种意义上可说是效能最好的多核心芯片，而且我们还可以使用多块立体芯片组成多核心立体芯片，以创造更强的资料处理能力。但这并非终极模式。譬如说，你可以以光取代或辅助电流；或是将敏感、性能特强的容错（fault-tolerant）芯片和较安全的传统芯片结合起来。终极方案可能是结合快速、精准的容错硅芯片与基于光学及纳米管的芯片，后者的误码风险或许较高，但平行计算能力极强。

也有研究者致力开发 DNA 的计算机应用。DNA 的资料储存方式极其"紧凑"，一个位元的数据只需要以 32 个原子代表——现今的计算机芯片即使发展至极致，也远不如 DNA 微型。以下举一个例子说明 DNA 的计算运用。假设我们想算出香港景岭路与大涌桥路之间最短路线的距离，方法如下：

- 我们为该区域街角与街角之间的每一个路段做一条 DNA 链，赋予其可辨识的碱基序列，以及跟对应路段成比例的长度。
- 利用细菌为每一条 DNA 链复制成千上万份，将它们混在一起，让它们连接成长度不一的 DNA 链。
- 从这些 DNA 链中找出一头代表景岭路，另一头代表大涌桥路的链。
- 以胶体电泳技术从中找出最短的链，读取其序列，即可找出最短的路线。

事实上，许多汽车的 GPS 装置数秒内即可完成同样的作业。由此看来，DNA 计算机要不是仍处于发展初期，要不就是根本不具深厚潜力。

终极模式可能是所谓的量子计算技术。这技术应用核物理学一些深奥的原理：一颗粒子同一时间可能处于数种不同状态与位置，同时跟远处另一颗粒子对称相连。量子计算机用来代表位元的粒子是电子，而电子当然远比原子小。硅芯片计算机即使发展至微型化的极致，其位元代表方式相对于量子计算机仍显得硕大无朋。在量子计算机中，单一颗电子就能代表四种不同状态，因为电子能以四种不同方式转动。

你可以拿量子计算机跟现今最强的大型计算机比较，但这就像拿货柜轮跟塑胶鸭子比较，或是拿宇宙飞船跟纸飞机比较。事实上，这么讲还是不足以说明两者差别之大。假设我们以今天最先进的技术，拿所有星系中的所有原子制造一台计算机，然后让这计算机解答一道需要运算数十亿年才能得出答案的问题。但如果我们使用一小台高性能量子计算机，这问题不到一秒钟就可得出答案。两者的差异，就是如此悬殊。不过，在此必须补充一句：量子计算机并非应用在所有问题上均有这种优势。量子计算机能发挥最佳效能的问题，是涉及随机猜测的某些特殊问题。

那么，这样一台量子计算机会长什么模样？量子计算机的研究者不多，他们认为最便捷的起点，是利用某数量的液体来计算。有几位研究者明确表示，量子计算机可以建在一杯咖啡中！我们确实知道的是，1998 年有三个人真的做了一台量子计算机，他们是美国洛斯阿拉莫斯国家实验室的 Isaac Chuang、麻省理工学院的尼尔·葛申菲尔德（Neil Gershenfeld），以及加州大学的马克·库比内（Mark Kubinec）。我们还知道，他们让这计算机做的计算是 1+1，并且得到正确答案 2。后来，2009 年时，研究者开发出以固体物质做成的量子计算机。由此看来，量子计算机或许真有大放异彩的一天。

理论上，一台量子计算机的资料处理能力远高于 2010 年世上所有人类及计算机的总能力。但是，量子计算机对宇宙射线（从太空以接近光速的速度到达地球的微粒子）极其敏感。每一个人的头部，平均每秒会遭两颗这种微粒子穿过；人显然不会感觉到痛，但基因往往会因此出现某程度的损坏。宇宙射线的粒子若穿过量子计算机，会将电子撞离其应处的位置（事实上会被撞出计算机之外），扰乱计算机中的资料。因此，量子计算机有必要跟周遭环境隔离开来，同时保持跟外界的联系。例如，我们或许可以将量子计算机放在一间四边均是 8 米厚铅墙的房间中，同时以某种方式跟外界联系。另一方式是任由量子计算机曝露在宇宙射线下，不过每次计算均做许多次，然后剔除那些偏离主流的结果。

———

你是否想过蚂蚁的脑袋有多大？我这么问，是因为蚂蚁的社会高度组织化，非常成功，以致于地球上蚂蚁的总生物量跟人类其实不分伯仲。这些微小的昆虫成就巨大，能造出蚁巢、采集食物、在复杂的环境中辨明方向、作战、繁殖。但是，蚂蚁的头部却小到我们看不清楚。相对之下，人脑非常大。尽管如此，许多人的生活仍过得一塌糊涂，因为他们的"软件"出了问题。这证明硬件性能强大（例如人脑）不能保证成功——硬件必须搭配优秀的软件，才能发挥其能力。这令我想到以下问题：计算机硬件性能远比人脑强劲时，我们如何替计算机写软件？因为最大型计算机的性能不久之后将超越人脑，我们实在应该好好想想这问题。你该如何指挥比你更聪明的东西？

当然，这得视你想用电脑做什么而定。如果是制作对数表或计算质数，我们使用 50 年前已面世的计算机及软件就可以了。但是，较复杂、涉及直觉能力的任务就截然不同，程序设计师为此致力开发具"人工智能"的软件。

发明家、科学家艾斯楚·特勒（Astro Teller）说，人工智能就是"尝试令计算机像电影讲的那么厉害"。科学家与工程师已努力开发人工智能技术三四十年，但迄今成就有限，许多项目结果令人失望。但是，近 10～15 年来，相关研究已取得一些突破，主要是因为投资银行及对冲基金为求洞烛先机、赚取厚利，投入巨资开发能辨识经济及金融市场型态的系统。不过，研发有成的并非只有这些金融业者。"TD-Gammon"是最巧妙的人工智能系统之一，它是设计来玩双陆棋（backgammon）的计算机软件。下棋时，这软件只会获得以下资料：（1）游戏规则；（2）棋子的位置；（3）胜出者的名字。很显然，TD-Gammon 一开始时拙劣得像个白痴，但经过一段时间的学习，它已成为双陆棋的顶级高手。

还有一些智能型软件可以做一些要求近乎人类智能的事。例如，哥伦比亚大学自然语言处理组（Natural Language Processing Group）就跟美国麦特公司（Mitre Corporation）合作，开发出名为 bio-Gen 的软件，可以在读取大量新闻资料后，制作出一天的新闻报导，看起来像是新闻工作者的作品。

至于用处可能不大的人工智能成果，则包括 BRUTUS 软件，能写出仿佛作家作品的短篇故事。然后还有 EMI 作曲软件，能在听完一位作曲家的作品后，写出仿佛出自该作曲家的新曲子。EMI 的表现令美国认知科学家道格拉斯·霍夫斯达德（Douglas Hofstadter）赞叹，他因此邀请美国一著名音乐学院的一群老师，让他们听一首萧邦相对冷门的曲子，以及 EMI 创作的仿萧邦曲子，然后问他们哪一首是萧邦的作品。大部分人的答案是 EMI 作的那首。计算机软件打败了艺术家！

还有人工智能软件的工作是画艺术画（最著名的是 AARON）、辨识笔迹、分析指纹，以及从机场的人群中辨识出紧张不安的人。人工智能软件的主要应用之一是翻译，但这已证明是极其困难的工作。数年前，搜寻引擎 Alta Vista 提供自动翻译的功能。如果你输入英文"The spirit is willing, but the flesh is weak"（心灵固然愿意，肉体却软弱了），然后由计算机翻译为西班牙文，再由西班牙文译回英文，结果是"The alcohol is arranged, but the meat is weak"（酒安排好了，但肉很差）。翻译不仅必须掌握字词的意思，还涉及语义学、语境、风格，或许还必须懂得幽默（但我必须指出，我举例的这句话，如今用 Google 的翻译功能，完全可得出正确的翻译。不信试试）。

其他人工智慧软件形形色色。例如，科学家利用软件搜寻数学世界中的有趣理论及现象，然后研拟解释它们的模型。我个人很喜欢 ELIZA，这软件是出于好玩，写来模拟心理学家提问技术的。例如，如果你说"我岳母不喜欢我"，它会类似这么回答："为什么你认为岳母不喜欢你？"令人意外的是，许多跟 ELIZA 对话的人认为自己是在跟真人对话，有些人还认为 ELIZA 对自己帮助很大，感激不已（"你对我就像父亲一样"）。

美国曾发生一件跟 ELIZA 有关、非常有趣的事。某个星期天早上，某公司一位副总裁在麻省理工学院一间房子里使用计算机。他发现某台电传打字机上写着这样的指示："输入讯息至本机器，结束时加上句点。"不过，他希望在使用前先问一下公司员工博布洛（Bobrow）。他坐在一台机器前，以为自己是在跟博布洛对话，不知道其实是在跟 ELIZA 交谈。然后就出现以下对话：

副总裁：你认为我今天早上可以用电脑吗？

ELIZA：你为什么这么问？

副总裁：我或许能额外卖出一些电讯产品。

ELIZA：你为什么这么肯定？

副总裁：我的潜在客户从不曾看过我们那系统的性能示范。

ELIZA：这对你来说很重要吗？

副总裁：当然。

ELIZA：你看来对此很有信心。

副总裁：真荒谬。

ELIZA：你说真荒谬是什么意思？

副总裁：我有任何理由不应该现在使用计算机吗？

ELIZA：再谈谈你的潜在客户吧。

副总裁：请打电话给我，号码是 491-1850

你或许注意到，副总裁打完最后那句话，忘了加句点，ELIZA 因此没回答他。副总裁等博布洛来电，但当然等不到，因为博布洛其实在睡觉。副总裁觉得博布洛在耍他，怒火中烧下打电话给博布洛，把他从熟睡中吵醒，质问他："你为什么对我这么傲慢无礼？"博布洛反问："你说我对你傲慢无礼，是什么意思？"误会澄清后，两人都哈哈大笑。

我在第六章提到，世界上以大众为市场的期刊约有 8 万份，学术期刊 4 万份，通讯 4 万份，报纸 2.5 万份。这些堆积如山的资料不断增加，根本没有人能够全面追踪。这就是"资料探勘"（data mining）能产生很大价值的原因。传统采矿者探勘的是大宗商品，资料探勘者则是寻找有用的信息。

以本书的制作过程为例，或许有助大家理解。我花了约 2 个月看书，以及 5 个月写作、校订、申请引用资料，以及处理其他事项，也就是共 7 个月或 28 周的时间完成本书。我之前说过，我做这些事的效率估计是 1985 年时的 10 倍（这意味着以前的著作题材较狭窄）。问题是，未来 25 年，我们能借信息科技之助，将这种工作的效率再提升 10 倍吗？例如，2035 年时，有可能花不到 3 周的时间，就制作出一本有关经济成长理论的书吗？

我想这是有可能的。假设我们有一个名为"写作快手"（SpeedWriter）的软件，持续浏览网络上的资料及电子书，就像现在的搜寻引擎那样。但是，写作快手跟一般搜寻引擎不同，因为它能理解浏览过的资料。例如，它可以浏览所有有关吃红肉的健康效应之研究，据此完成一项后设研究（meta-study），提出可能涵盖数千项个别研究的总结论。

好，假设现在是 2035 年。为了写这本书，我先要求写作快手列出在经济成长理论方面学界最常引用的学者。数秒钟后，写作快手为我列出这领域最重要的 25 位学者，按相关程度排序。这名单是它分析成长理论著名学者相互引用作品的情况拟订的（学者是否"著名"，主要视乎他们在主要学术期刊发表了多少篇论文，以及作品获其他学者引用了多少次）。

接着我要求写作快手以画图方式显示这些学者活跃的年代，以及每一位学者发表最重要作品的时间。写作快手很快照办。我要求它将这些学者按学派分类，它也做了。我想了一下，然后输入以下指令：

- 写一本 150 页的书，主题为经济成长理论。
- 主要结构：依时代顺序；次级结构：学派。
- 风格：学术型。
- 20~40 个技术图解，5~10 张学者照片。
- Flesch-Kincaid 易读指数：25~30。
- 完整的资料来源及网络连结。

几分钟后，计算机已完成书稿。我浏览了一下，发现内容实在太枯燥。我因此要求写作快手找出所有涉及至少两位书中提及的学者的趣闻，然后按时序插入书中。此外，我也将风格改为"科普型"，易读指数调升至50。新书稿很快就完成，感觉好多了。我又输入："加上10~15个摘要文字框"。计算机马上照办。

我想差不多可以了，但这时又有一个主意。我输入指令："制作5~10段30~300秒的短片，内容是相关学者解释他们最重要的学术贡献。其中一段是两位同时代的学者争论某个论点。"

计算机找出一些学者的照片，画出维妙维肖的卡通人物，用来制作短片。我想："好，差不多完成。"现在我需要的只是一些互动元素，我因此指示计算机："制作一些多项选择题及辅导资料。"计算机照办。我将结果传送到我的电子阅读器，走到庭院中阅读。总共花了一个小时，而我的互动多媒体著作已经有了完整的初稿。但我准备了3周时间，因此可以用余下时间去芜存菁。真轻松。

资料探勘的应用非常广泛。例如，你可以调查某个人是否认识曾涉及犯罪的人，甚至是该人认识的人是否认识曾涉及犯罪的人。事实上，我们甚至可以让计算机自动根据道德观、社交网络、学术成就以及许多其他项目评价及简单介绍一个人。评价这概念将应用在愈来愈多方面。现在人们已经在网络上为消费品、餐厅及书籍等东西打分数，未来可能几乎每一样东西都会由使用者及/或计算机专家系统提供评价，甚至评价者本身也会有评价。

资料探勘系统可以找出交通拥挤的地点（办法是追踪道路上的手机位置），据此建议行车路线。这种系统也可以浏览部落格，了解人们对哪些事物感兴趣。用途还有很多，例如可以根据使用者的兴趣，量身订制一份电子日报，以及建议周末的娱乐节目。

除了人工智能，计算机软件还有许多方式能帮助我们了解周遭环境。有一类软件称为"专家系统"，其基础是收集有关人类专家决策方式的知识。例子之一是MYCIN，这软件在诊断疾病方面表现出色，其基础是以手工方式向许多医生收集相关知识。另一类智能型软件是"类神经网络"（neural networks），目的是模拟人脑的运作。

但是，人脑的运作方式似乎跟人类迄今创造出来的所有软件截然不同。

人脑中的神经纤维长达15~17.5万公里，交缠方式无比复杂，每秒有数以十亿计的电脉冲通过（别忘了人脑每秒可处理100兆个指令）。此外，人脑形状并非固定不变。脑神经持续改变形状，一直在形成新的连结，也在中断既有连结。脑部活动剧烈到占人体总能量消耗的20%左右，尽管成年人的脑部仅占体重的数个百分点，而且不会有明显的动作。

因为如此复杂，人类难以了解自己的脑袋如何运作，也就不足为奇了。此外，没有人能感觉到自己思考时的脑部运作，因为如果人有这样的能力，他会时时受干扰。但是，近年来，我们对人脑的知识大有长进。例如，我们确知人的智能——令我们远比其他动物聪明的能力——主要位于新皮质（neocortex），这是位于人脑外缘的六层组织。新皮质仅2~4毫米厚，但因为人脑满是皱摺与沟槽，新皮质的表面面积很大——三分之二的新皮质藏在折叠处，总表面面积跟一条完全展开的餐巾相若。事实上，人脑之所以有那些怪异的皱摺，似乎正是为了尽可能增加新皮质的分量。

这张"餐巾"里有约300亿个神经细胞（神经元），真是不可思议的多。例如，下面这个1×1cm的方格，如果是新皮质，你猜有多少个神经细胞？

这么大的新皮质含有1 000万个神经细胞

如果我们切出这么大一块新皮质，里头约有1 000万个神经细胞，以错综复杂的方式连接在一起。

但是，人脑的复杂程度并非仅此而已。新皮质上面的三层组织主要从下面三层接收神经脉冲，尤其是第四层。例如，来自视觉神经的脉冲传到新皮质第四层（从上至下计）后，会在第三、第二及第一层产生一波波的衍生讯号。透过显微镜，你可以看到最外层（第一层）的神经纤维主要是贴着新皮质的表面，而另外五层则是由上而下、由下而上的延伸。

仔细看每一个神经细胞，你会发现它们不像是一条线，而是像一丛灌木。每一个神经细胞均有一些称为神经轴（axon）的分支，作用是连接其他神经细胞。事实上，每一个神经细胞平均跟多达5 000~10 000个其他神经细胞连接在一起。想想我们那1平方厘米的新皮质，里头有多少神经连接？答案是，这里面1 000万个神经细胞，共有约50 000 000 000至100 000 000 000（500~1 000亿）个神经连接。

这么大的新皮质含有 500~1 000 亿个神经连接

这么大的数字，一般人是无法理解的。让我们换个方式说明，取一个句点那么大的新皮质：

希望你看得见箭头下方的句点。以这样的尺寸取一条新皮质圆柱，里面约有 1.4~2.8 亿个神经连接。顺带一提，一只蚂蚁的脑袋约有 25 万个细胞，神经连接估计有 12.5~25 亿个，也就是句点大小的人脑新皮质的 10 倍左右。

这样的数字仍难以理解。如果缩到肉眼看得见的最小尺寸，也就是 0.01 毫米（一根头发宽度的五分之一），这样一条新皮质含有 4~8 万个神经连接。人脑就是这么精密，而这也解释了像蚂蚁这种小到几乎看不见的昆虫，脑袋那么小，却可以在复杂的环境中认明方向，快速穿行。

既然人脑如此精密，我们为何认为一块或一组计算机芯片的性能终能媲美人脑？整个新皮质估计有 150~300 兆个神经连接，若 2020 年时一块芯片有 150~200 亿（非兆！）个连接，那仍远不如人脑。不过这也是可理解的，因为芯片体积小得多（毕竟人脑是一块 3.5 公斤重的立体芯片）。2020 年估计可媲美人脑的计算机也只有 1 500~2 000 亿个晶体管，这仍只有人脑神经连接的千分之一左右。不过，计算机中的晶体管是靠半导体的开关状态和电磁场发挥作用，而人脑中的神经细胞则是靠化学作用。前者——计算机硬件——的速度约为神经细胞的 10 万倍。如果我们真有可能制造出能模拟人脑的芯片，它很可能远比人脑微型。

但人脑的神经细胞是如何运作的？多年前，研究者得出结论：来自视觉神经的讯号若进入新皮质第四层，这层组织会传送讯号至第三层、第二层，最后是第一层。研究显示，第四层是接收身体神经组织的原始资料。这些资料在第三及第二层转变为某种模式辨识（pattern recognition），最终到达密布横向连结的第一层，跟脑部其他部分储存的各种资料连接起来，令人得以解读资料的意义。

整张新皮质的厚度大致相同，里面的神经细胞结构相同，神经纤维基本上也是一样的。新皮质虽负责许多功能，但从显微镜下看，其结构是一致的。

这跟我们的以下认识一致：新皮质若有一部分受损，其功能可由另一部分代替；来自某个感觉器官的神经输入若从新皮质的某部分移至另一部分，一段时间之后将可运作如常。

我们还知道，人脑可轻易学会以前没有的功能。以前世上没有汽车、钢琴或计算机，但人脑经历数十万年的演化，可轻易学会开车、弹钢琴，以及读写。换句话说，新皮质被设计成负责接收感官印象及发出动作指令，但不理会这些指令的实际目的。新皮质显然以大致相同的原理解决所有问题。那么，新皮质的运作原则是什么呢？

人脑的运作方式跟计算机截然不同，完全不使用计算机使用的数学公式或逻辑算法。事实上，人脑看来更像是一台影片服务器。这样一台服务器存有大量影片，以 MPEG 或 AVI 等格式压缩储存。愈来愈多科学家认为，新皮质的功能主要是储存源自生活的大量感官印象；我们经历类似事情时，相关感官印象就像影片那样在脑中重播。

首先讲一下数据如何进入这系统：我们看到一张脸时，新皮质接收到大量原始像素，然后新皮质较高层的组织会将这些像素转化为一些样式，并以压缩、风格化及概念化的形式记住其相对比例。它们会转化为主要储存在新皮质外层的样式与现象，由脑部加以分类、组合，并和其他记忆连接起来。譬如说，我们看见一只小公鸡时，脑部首先接收到的是原始的感官印象，解读为纯粹的声音、印像或味道。但在新皮质随后各层组织中，这印象变成了一只略显傲慢、有时显得可笑的动物——我总会因此想起毕加索的某些公鸡画法。在新皮质的外层组织中，这印象跟我们认识的所有语言的"小公鸡"一词连接起来，也跟"禽鸟"、"黎明"，甚至是"红酒炖鸡"（coq au vin）连接起来。

> 顺带一提，红酒炖鸡令我想起我们在普罗旺斯的一次度假，当时正是吃到这道菜……然后我们住在一个葡萄园里，那里有一些非常新鲜的水果……我们带到沙滩享用……我们尽情享受日光浴，然后……

……我正从新皮质的顶层组织搜寻出相关记忆，我的脑部在此过程中进行着大规模的平行计算。我储存的"影片"被压缩成尺寸、相对距离、想法、符号及概念。换句话说，我们将资料压缩，且因此失去许多细节，但我们得到许多好处，如提升速度、节省记忆空间，以及认出相似但不相同东西的能力——最后这一点可能最重要。例如，我们就算换了环境、换了角度，也能够认出一个人。我们听到一首乐曲时，新皮质会记住其节奏与音调。我们走在街上时，新皮质会记住肌肉/肢体接收到的指令，以及来自我们的脚及其他感官的印象。

印象式图像

毕加索被称为后印象派画家，但他画的是他对事物的印象，而不是事物的光学图像。他的画因此非常迷人。人脑似乎也是将它感受到的东西转化为符号及印象。

那么，新皮质储存的这些资料，必要时如何使用？我们必须做某些事时，新皮质会"播放一些影片"，预告短时间内将发生的事。例如，我们在街上走时，新皮质会播出一段影片，告诉我们该如何运用自己的肌肉，以及我们的脚触碰地面会有什么感觉，会发出什么声音等等。这段影片令我们懂得走路，而如果一切如这影片所料，我们不必意识到自己在做这件事。一切自然而然地发生。我很清楚这过程。譬如说，我常开车穿越瑞士，有时我太太在路上问我开了多长距离，我总是茫然不知。"你经过伯恩了吗？"有时她会接着问。这问题我同样无法回答，因为我完全没有在想开车的事。开车这件事不过是我脑部某部分在播放的影片，脑的其他部分在想其他事。

还有一个很好的例子，相信许多人都曾亲身经历。有时电扶梯因故停止转动，你必须自己走上去。虽然你已事先知道电扶梯是不动的，但你一踏上去时，还是感觉很不顺，甚至可能差点跌倒。这是因为你的脑部本能地为你准备将踏上移动的电扶梯，你的脚因此期待着一踏上去就会向前移的感觉。

当现实中发生的事跟脑部播放的影片不符时,你就会感觉别扭。你的脑袋就是存了一段又一段的影片。这也解释了为何指向离开脑部方向的神经连接,数目是感觉神经细胞指向脑部的神经连结之 10 倍左右。

再举一个例子。请阅读以下这段英文,看看自己是否看得懂:

I cnduo't bvleiee taht I culod aulaclty uesdtannrd waht I was rdnaieg. Unisg the icndeblire pweor of the hmuan mnid, aocdcrnig to rseecrah at Cmabrigde Uinervtisy, it dseno't mttaer in waht oderr the lterets in a wrod are, the olny irpoamtnt tihng is taht the frsit and lsat ltteer be in the rhgit pclae. The rset can be a taotl mses and you can sitll raed it whoutit a pboerlm. Tihs is bucseae the huamn mnid deos not raed ervey ltteer by istlef, but the wrod as a wlohe. Aaznmig, huh？Yaeh and I awlyas tghhuot slelinpg was ipmorantt！See if yuor fdreins can raed tihs too.

译文如下:我还真的看得懂这段文字,真是难以置信。剑桥大学的研究显示,拜人脑的神奇功能所赐,英文单词只要首尾两个字母是在正确位置,其他字母的次序并不重要。单词首尾以外的字母,就算次序全乱掉,并不妨碍你阅读。这是因为人脑阅读时并不是逐个字母看,而是看整个词。很神奇,对吧？我一直以为拼字很重要！你可以请你的朋友阅读这段文字看看。

单词的字母次序几乎全乱掉,但句子本身是有意思的,新皮质因此会猜出这些单词,读取整句的意思。我将这段文字给小至 9 岁的孩子看,他们都看得懂。如果计算机不需要受过训练就能看得懂,我们就成功了。

结论是,计算机运作靠数学,人脑运作则截然不同。例如,打网球时,人脑不会尝试计算球将落在何处；滑雪碰上粉雪时,人脑也不会去计算你该如何移动身体。人脑会叫出你先前正确击球或是优雅滑过粉雪的经验。而人脑回忆这些经验时,是顺着事情发生的次序。你记得字母表,但不会倒着背,而且肯定不是一次就记起全部字母。字母表在你记忆中,就是一段影片。你可能会唱法兰克·辛纳屈（Frank Sinatra）的 *My Way*,但无法倒着唱。如果你想起自己在巴黎某条街上散步的经验,你想到的是一些片断——你无法瞬间想起完整的经历,就像你无法瞬间回想整部詹姆士·邦德（James Bond）电影。

因为人脑显然有自己的运作方式,你现在应该能理解为什么幻想对人脑植入芯片，让人能说法语或计算微积分是徒劳无功的，因为脑部根本无法解读这些指令。但有些事是我们应当做得到的：我们应可增添新感官。我相信，我们将有可能装上连接芯片的雷达，而芯片则与人脑连接起来；经过一段时间后，脑部很可能懂得解读雷达传来的讯号，因此学会在黑暗中看东西。有趣的是，非常类似的事已经发生了。美国有一位盲人在舌头植入一块连接摄影镜头的芯片，舌头的神经组织接收镜头传来的讯号，传送给脑部。一段时间之后，这位盲人能靠他的舌头看见东西。虽然不是看得很清楚，但这是真的：他能用舌头看东西。

随着计算机性能逼近人脑，我们应好好想想未来计算机跟人脑的功能差异与竞争关系。我想人类的智能活动可分以下三种：（1）收集资料；（2）解读世界；（3）表现才能。现实中，这三者显然是融为一体的。新皮质一边收集资料一边播放影片之际，我们持续地结合各种心智能力去做各种事。事实上，我们之所以有面对现实、在复杂环境中取得成就的智慧，正是拜这种能力所赐。

在我看来，人类智能包括 12 类关键技能。在下面两组表格中，我以灰色标示计算机惯常胜过人类的技能；浅灰代表计算机在某些情况下胜过人类，深灰代表计算机通常远远胜过人类。

第一组表格显示 2010 年的情况，第二组表格则显示我预测的 2030 年情况，届时计算机的资料处理能力已超越人脑，而我们也掌握了模拟新皮质的方法。

如这两组表格显示，我不预期 2030 年时计算机将有任何情感，但我认为届时计算机假装有感情的能力将相当强。此外，计算机收集资料的能力也将大大增强，监控事物及发出警示的能力将明显超越人类，这是因为计算机处理资料的速度极快、不知疲倦，而且侦测重要相关性的能力大幅提升。

计算机 vs 人脑，2010 年的情况

收集资料		
	非正式（Informal）	正式（Formal）
特别安排的	研究、调查	检查、审视
持续的	控管	监视
解读世界		
	非正式	正式
事实的	综合	分析
情感的	同感	教化
表现才能		
	非正式	正式
事实的	交谈 新闻报导	控制物件的移动 逻辑/科学写作 精密作业
情感的	艺术、设计与音乐 社交/人际技巧	文学创作 商业方面的人际技巧

2010 年时，计算机的强项包括收集资料，根据既定准则分析资料，控制某些物件（如汽车及飞机）的移动，以及做逻辑及精密的计算。但是，非正式及涉及情感的工作，计算机基本上非常弱。

计算机 vs 人脑，2030 年的情况

收集资料		
	非正式	正式
特别安排的	研究、调查	检查、审视
持续的	控管	监视
解读世界		
	非正式	正式
事实的	综合	分析
情感的	同感	教化

(续表)

表现才能		
	非正式	正式
事实的	交谈 新闻报导	控制物件的移动 逻辑/科学写作 精密作业
情感的	艺术、设计与音乐 社交/人际技巧	文学创作 商业方面的人际技巧
2030年时，计算机估计已学会对大量资料来源逐一做质化分析，从中筛选出有用的资料。计算机也将有正常对话能力，能担任导师、咨询服务员及接单员等。此外，计算机在许多创造/艺术工作上将有出色表现，另外也能胜任专业写作，如撰写新闻概要、作业手册及软件说明文件等。		

在表现才能方面，计算机将能创作艺术画、音乐及文学作品，设计房子，以及从事许多目前我们认为只有人类才能做到的创意工作。在比较正式、定义明确的工作方面，计算机的速度及多才多艺，人类将望尘莫及。例如，计算机将能以远高于人类的效率执行许多军事任务。它们也将能实时侦测网络上互有关联的资料，瞬间按指定结构提出报告。计算机也将能跟人类对话，提供事实资料，例如担任技术支援及导师角色。

简而言之，计算机将变得非常聪明。卡斯帕洛夫跟"深蓝"的对弈揭开了人类与计算机连串竞赛的序幕。我们知道，计算机有时已能把人骗倒，令人误将计算机当人类。问题是：我们何时能看到未经特殊训练的计算机在IQ测验中取得惊人高分？计算机是否有一天能获得诺贝尔奖或普立兹奖？计算机果真得奖时，奖金该给谁？我们会容许计算机获得原本旨在奖励人类的奖吗？

事实是，信息科技世界目前已有许多活动类似新皮质的运作，揭示了未来的趋势。想想"生产消费者"（prosumer）及互动内容的概念。所谓生产消费者，是指向厂商提供具体或示意资料，参与创造自己使用的商品的消费者。例如，你可以在网络上选择你想要汽车的规格，或是借由上网习惯向厂商提供线索。在互动媒体中，记者、出版者或厂商发表一些资料，可能很快就获得消费者十倍的资料反馈。这很像新皮质的运作：讯息

进入脑部，会叫出表达期望的十倍讯息量。脑部及市场处理信息的效率同样很高。

在我看来，Google 实际上正开始模仿新皮质的部分功能。例如，你输入搜寻关键字时打错字，或是输入意思不明的字词，Google 通常会问你："您是不是要查……"——省略号的位置是正确的字词。这功能是基于搜寻程序累积的实证经验。程序根据记忆中其他使用者输入的搜寻条件，像新皮质那样，"重播相关影片"，向使用者提示很可能是正确的搜寻建议。这有如以人类为导师，然后必要时自己扮演人类的导师。

Google 拥有数十万部特别订制的服务器，而且每周增添数千部。这些服务器分成许多群组，每一个群组由基于开放源码软件的 Google 专有软件协调运作。Google 将整个网络上的资料存一份在这些服务器上，使用"蜘蛛软件"（spider software）持续更新资料。蜘蛛软件自动追踪网络上的链接，逐个网页复制所找到的一切。Google 还维护书籍、学术期刊等资料的电子档，运用某套算法将每一项资料，以及和各搜寻关键词相关的资料来源分门别类。为做好这工作，Google 程序会研究人们搜寻资料的方式，从中累积经验。换句话说，这软件以人为自己的工具，在某种意义上是颠覆常规的新鲜事。

举个例子，我现在就做一次搜寻，输入"When will oil production peak?"（石油产量何时见顶？）搜寻引擎用了 0.11 秒，为我找到约 5.2 万条经计算机评估的资料链接。0.11 秒！这是怎么办到的？是靠大规模的平行计算。我输入搜寻条件后，Google 的软件同时将讯息传送给该公司每一个服务器群组，其软件再将我的问题分给个别服务器。也就是说，0.11 秒内，数以千计，甚至是数以十万计的计算机为我服务。这些计算机将搜寻结果反馈上去，在最上层分类及排序，最后显示在我眼前。

我认为这跟新皮质的部分功能非常相似。新皮质像播放影片那样唤起记忆，这就是为什么如我稍早所言，每次脑部接收到讯息，会出现一系列的相关资料，告诉当事人接下来可能发生什么事。

网络搜寻目前仍处于初期发展阶段。搜寻引擎 WolframAlpha 允许使用者输入简单问题，例如"Gulfstream 150 私人飞机有多长"，然后马上提供答案。是确切的数字：18.97 米（厂商则宣称是 17.25 米），而不是无数的网页链接。我并没有 Gulfstream，因此无法亲自查证谁对谁错。不过，这的确是一种新的搜寻服务方式。

未来 20 年间，我们或许能制造出真的能复制人脑新皮质功能的计算机。微软共同创办人保罗·艾伦（Paul Allen）2003 年捐出 1 亿美元，建立艾伦脑科学研究所（Allen Institute for Brain Science）。该组织成立以来，致力建立生物脊椎与脑部的图谱数据库。其方法是将生物脑部以机械方法切割成数十万份近几透明的薄片，拍下数位影像，再授予条形码标签。例如，老鼠小小的脑部会切成约 25 万份片——每一片均非常薄，放在玻璃上看时，感觉只有指纹那么厚。这些薄片固定在玻璃上后，会泡在特制溶液中，内含仅会依附在特定基因串上的 RNA 片断。随后这些薄片会以含化学物与特殊抗体的溶液清洗，这些化学物或抗体会黏在 RNA 上，令其显形。科学家由此就能知道脑部的每一部分表现了哪些基因。

我们若真有一天能复制新皮质的功能，人的感情与意识不会复制到计算机中，因它们并非存于新皮质中。我们根本就不应该将人的感情与意识复制到计算机上。这么做是自找麻烦。计算机若感到焦虑，或是想攻击别人，情况会如何？在电影（及小说）《2001 太空漫游》中，HAL 9000 这台计算机就是因为有自己的意识而违抗人类命令，结果很糟糕。

IBM 是已开始模拟人脑运作的公司之一。该公司 1995 年启动"蓝脑"（Blue Brain）项目，目的就是在一台超级计算机上模拟人脑的运作。2008 年，研究人员成功模拟老鼠脑部新皮质的部分运作。该部分有 1 万个神经细胞，约 3 000 万个突触连接（synaptic connection），数目跟人脑的神经细胞和神经纤维相比微不足道。我们且拭目以待，这种研究计划的规模将愈来愈大。IBM 估计，2020 年前将拥有足以模拟人脑的数据容量。

———

如果有一天，你能将有史以来发行过的所有书籍、音乐及电影存在一台相对廉价的小尺寸服务器上，我不会感到惊讶。我们迄今在信息科技上取得的巨大成就，显示这领域还大有发展空间。自 1950 年代以来，计算机容量增加了……10 000 000 000 000 倍。没错，是 10 兆倍。因此，信息科技如今还正迅速进步，成千上万种神奇的产品等着推出，是不足为奇的事。

在我小时候，人们主要使用配备被动的从属荧幕（slave screens）之中央计算机，有时称为主从式系统（master-slave）。首批主从式系统的主计算机智能连一只蚂蚁都不如。在此之后出现了所谓的客户机——服务器系统（client-server），由大型主计算机连接许多智能型终端，例如个人计算机。

下一阶段是以网络为基础的（network-based）计算机应用：数以百万计、大小不一的计算机透过网际网络连接起来，开始交换知识与资源。此一发展产生巨大的社会效应，因为它以空前的方式将社会动员起来。任何人试图操纵别人，会立即招来网络上的博客写手及自助出版者反对。慢性病患者可以在网络上相聚，讨论彼此的经验，结果往往能告诉医生自己的病应该怎么治，而不是只能被动接受治疗。这是我们目前所处的阶段。那么，接下来呢？

我认为这问题可从技术及使用者这两个层面分析。就技术层面而言，我认为我们正快速经历可分七或八阶段的演化：

1. **主从式系统**：中央计算机，掌握高度专门知识的专家才懂得操作。
2. **客户机—服务器系统**：大型中央服务器连接分散各处，颇容易使用的计算机。
3. **网络系统**：数以百万计容易使用的计算机通过网际网络连接起来。
4. **无所不在的计算机**：计算机无所不在，往往藏身各种物件中，很不显眼，也有许多是行动与手持装置。所有人都能使用这些计算机。
5. **自主运算**：软件能学习并执行需要直觉能力的复杂分析工作，例如服务、研究、资料探勘，以及环境扫瞄。
6. **虚拟计算**：计算机网络以群组方式运作，费劲的计算由在线的计算机资源实时完成，结果传送给固定不动的计算机及行动装置。
7. **能自我调整的软件**：软件知道需要哪些新软件，而且能将程序写出来。软件多样性因此暴增。
8. **有自我意识的计算机**：软件意识到自身的存在。

第四阶段如今正发展得如火如荼，计算机开始变得无所不在，往往是和其他系统融合起来。这阶段较专门的说法是"普适运算"（ubiquitous computing）或"普及运算"（pervasive computing）。今天，我们的数位相机、汽车、手机，以至各种地方均有性能非常强劲的计算机在里头。

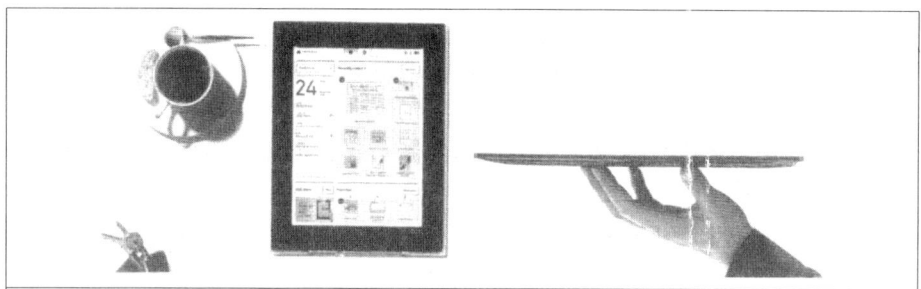

Plastic Logic 公司的 QUE proReader

2010年1月7日透过拉斯维加斯消费电子展（CES）在美国市场推出。电子阅读器估计将取代今天的许多纸本读物，例如杂志。

普适运算近年的一个例子是电子阅读器，例如亚马逊公司的Kindle，使用者透过电子荧幕阅读书籍与杂志，舍弃纸本读物。使用Kindle不需要特别的照明条件，阅读时就像是在看一张纸，而且在阳光下也能轻松阅读，跟一般的电子荧幕很不一样。Kindle的显示器由微型球体构成，它们一面是白色，一面是黑色，以磁性方式控制。我相信未来的电子阅读器将是可折的，内建短片功能、网络连接，定期更新内容，下载一本书或杂志等于得到一个生动的多媒体档案。

我将有自我意识的计算机列为第八阶段，但我不知道这是否有实现的一天。谁知道呢？如果有一天你在计算机上修改预算，然后计算机突然关掉你的试算表，跟你说它今天想玩游戏，不知你作何感想？

以上是技术层面的发展。从使用者的角度出发，我想未来数十年主导信息科技及数位媒体发展的，将是以下趋势：

- **反捆绑化**：内容一旦数字化，即不再受实体载体束缚。音乐不再受限于实体CD，你因此可以逐首歌曲下载，不必购买整张CD。有了网络新闻，你就可以根据自己的喜好，仅接收自己想看的新闻类别。

- **零碎化**：Twitter大受欢迎，显示许多人喜欢类似对话，你一句我一句的文字媒体。同样地，你也可能一年只想使用某套软件数次，或是实时接收某证交所的信息数次。

- **实时化**：人们日益希望瞬间就能获得自己需要的资料。这方面的极佳资源，例子有Google及维基百科。商界人士及投资人期望能实时获得精准的信息支援。
- **行动化**：人们可以借由各种荧幕，随时随地接上数位媒体，获得信息服务。
- **概念化**：数位装置将能利用外部资源，实时为你说明各种事物的意义与来龙去脉。
- **自主化**：信息科技系统不仅能回答问题，还能做需要直觉能力的决定，而且有创造力。
- **虚拟化**：信息科技令许多实体物件变得多余。
- **实时化**：信息科技将实时告诉我们世界正发生什么事，并能将模型与游戏跟现实世界进行中的事件融合得天衣无缝。

也就是说，信息科技应用有八大趋势，而技术发展则有七或八个阶段。在此之外还有第三个面向：信息科技业者的角色将清楚划分为三大类：

- **标准服务业者**：提供诸如资料处理与储存等标准服务。
- **信息科技营销业者**：根据客户的观点，设计适当的信息科技解决方案组合，收取可能相当高的费用。此类服务将基于"开放式架构"，也就是说，可以兼容提供服务的业者及其对手的产品。
- **创造型信息科技业者**：诸如技术开发公司、新创企业，以及顾问公司等。

以上就是我认为未来数十年将左右信息科技世界发展的主要因素。但我想我们还是应该具体一点，看看未来可能面世的一些信息科技产品。就从科幻电影中常出现的机器人说起好了。

———

我安坐家中，或是在办公室工作时，有时得把脚抬起来，让出空间给一个名叫"Roomba"的小家伙。这是一个负责扫地吸尘的机器人。截至2010年，厂商已售出250万个Roomba。它是机器人产业首项在大众市场大获成功的产品，我家的猫咪和我都觉得它很有趣。

我想机器人可定义为在现实世界中发挥某种功能，由计算机控制、无人操作的物体。Roomba对机器人产业的意义，有如小精灵（Pac-man）游戏于电玩业：两者皆为其产业首项大受欢迎的产品。但Roomba并没有比潮虫聪明。目前最多人认识的机器人，很可能是《星球大战》（*Star Wars*）中迷人的 C3PO 和 R2D2——前者教人想起神经质的男同性恋，后者有如一台非常聪明的 Nil.sk 吸尘器。两者均展现非凡的勇气（尤其是 R2D2），非常讨人喜欢。但它们在现实世界中并不存在。

但现实世界中有汽车和飞机。某些先进汽车配备的计算机，性能比第一批宇宙飞船的计算机更强。先进的车款配有防锁死煞车系统（ABS）、煞车辅助系统（BAS）及循迹控制系统（TCS），随时在做大量的计算（每秒 25 次或更快），以辨识危险讯号。此外，汽车还使用卫星导航系统，接收报告路况的广播节目，并使用停车距离雷达控制系统及车距控制系统。换句话说，现在的汽车持续地接收车轮及引擎反馈的数据，以及无线电、卫星和雷达讯号，为驾驶人提供信息，辅助及引导驾驶人。这样的汽车还不是机器人，但已具有很高的智能。

在太空领域，自行运作的探测机器人早已投入使用，在火星上成效斐然。精神号与机会号这两个探测机器人 2003 年登陆火星，工程师原本预计它们仅能运作 90 天，但结果远远超出预期。因此，在完成首项任务（花了 8.2 亿美元）后，它们又陆续接受四项任务，更新软件从地球传到它们身上。第四项任务成本降至 1.04 亿美元，第五项则估计仅需要略多于 2 000 万美元。2009 年底，精神号驶进软沙堆后，一个轮子发生故障，被困在那里。至于机会号，运作了七年，走了 11 公里，仍完好如新。

我们已发现月球上有水，我认为 2025~2030 年左右人类可能在月球上建立永久基地。原因是：第一，相对于围绕着轨道运行的卫星，月球是建立太空观测站更可行的地点，因为月球上有重力，许多事情因此好办一些。第二，月球上有可观的氦 3（helium-3）资源，可能是核融合理想的第二代燃料。太阳不断地产生氦 3，并以太阳风的形式吹送出去，但地球上的氦 3 很少，因为地球的磁场会将它们阻挡在外。月球上的氦 3 资源则很丰富。

回到地球上，最新的里尔喷射机（Learjet）是百分百"线传飞控"（fly-by-wire）的。也就是说，飞机由两台计算机控制；引擎启动后，两台计算机各自侦测飞机各项系统，得出完全相同的状态报告后才能起飞，起飞后由其中一台计算机控制。这技术还不符合机器人的定义，因为里尔喷射机还是有机师的，但机上计算机的性能已类似先进的机器人。不过军用无人驾驶飞机则真的是无人驾驶的，许多其他使用中或测试中的军事车辆也是这样。这些装备有些需要遥控，有些则可以自主运作（例如监测车）。

机器人从火星传回来的照片

左边是火星探测机器人"机会号"2009年11月传自火星的照片,右边是另一火星探测机器人"精神号"2004年传回来的照片。这两个机器人2003年登陆火星,原本仅计划运作三个月,但它们一直顺利运转,直到精神号2009年5月1日被困在软沙堆中。机会号截至2009年底仍毫无瑕疵地运作中。照片由美国太空总署/JPL-Caltech提供。

计算机芯片的智能1995年时超越苍蝇,而今天我们绝对能制造出和苍蝇一样聪明的机器人。每只苍蝇约有10万个神经细胞,资料处理能力约为100 MIPS。靠着这样的智能,苍蝇已拥有卓越的飞行能力,飞行时人类几乎不可能逮住它们。但苍蝇几乎不可能学会任何新东西。譬如说,苍蝇若停在我手臂上,我尝试打它,它会飞走,但可能很快就回到原来的位置。它可以蠢到什么程度?我再试着打它,它又会飞走,但可能会第三次回到原来的位置。它完全学不到任何东西。

比苍蝇智能高一层的是蜥蜴,它们可以在丛林或岩石中疾走,而且不会撞得满头包。今天我们也可以做出这样的机器人,美国军方赞助的无人驾驶车辆年度挑战赛(DARPA Grand Challenge)就是一个好例子。第一届比赛2004年举行,机器人车辆必须穿越240公里的沙漠,15队进入决赛的大学团队没有一队能完成比赛。最成功的一辆也只是走了12公里左右,仅为全程的5%。第二年有23队进入决赛,全部能超过12公里,还有五队完成全程。2007年的比赛改为在城市举行，进入决赛的 11 辆无人驾驶车辆必须走完 96 公里的市区路程，不能和其他车辆相撞，也不能违反交通规则。结果有六队完成比赛。真是进步神速。

科技业有这样一条法则：魅力非凡的技术概念从试验成功到普及应用约莫需要 25 年（当然，某些信息科技产品普及的速度快得多）。因为机器人车辆的技术 2010 年已大致齐备，我们大有可能在 2035 年左右普遍使用这种产品。首先投入使用的可能是行走高速公路的机器人卡车。例如，从意大利前往波兰的卡车可由司机以拖车拖上意大利的高速公路，然后启动自动驾驶状态。这卡车就会在无人驾驶的情况下自动开到波兰，到达时停在路边停车场，由波兰司机接手，开到最终目的地。我们甚至可以规定此类卡车必须避开交通尖峰时刻，例如只能在夜间行走。途中若需要加油或充电，这种卡车可以自行开到加油站，自助服务，或是由人类或机器人协助加油或充电。

机器人的另一项普及应用，显然是帮助人类购物。我个人将购物分为四类：

- **享乐型购物**：出于享乐的目的，购买奢侈品、艺术品，以及时尚商品等。
- **精准型购物**：在需求非常明确的情况下，购买特定商品。
- **探索型购物**：在需求不甚明确的情况下，寻找礼物或装饰品。
- **补充型购物**：补充标准的日常用品。

我想享乐型购物最好是维持传统方式（因为这是最享受的方式），至于精准型与探索型购物则通常以网络方式较佳（选择较广，搜寻速度极快）。但是，我们最常做的是补充型购物，而这是最沉闷又费时的。未来我们应能将这工作交给机器人，它们在货仓选好货物后，直接送货上门，或是放在社区内的加油站等你取货。因此，未来多数加油站将由零售业者收购经营（而且未来电动车将大行其道），它们是消费者取货的理想地点。

下一阶段，是机器人拥有可观的学习能力。换句话说，机器人将实时观察周遭环境、实时应变，而且某程度上能预测周遭环境对它们的反应。我想这跟猫相似。

参加第二届无人驾驶车辆挑战赛的车

资料来源：维基百科

计算机工程师料将使用两种主要方法教导这种聪明的机器人。第一种方法是"由上而下模式"（top-down），目的是将各种规则写进机器人的作业软件中。我们已开发出几乎能模拟人类所有举动的软硬件：我们制造出能像人一样观看事物的摄影镜头、能以立体声方式收音的麦克风、有感觉甚至嗅觉的传感器；我们有 GPS 系统，能告诉我们当下的位置，以及如何前往目的地；我们有能讲数种语言、明白人们在讲些什么的软件（例如 Dragon、NaturallySpeaking，以及 IBM 的 ViaVoice），以及能翻译及与人沟通的服务软件（例如 Haptek 及 Oddcast 等网络系统）；我们有能够大声阅读、计算、写作、搜寻资料，以及做许多其他事的软件；我们有能够帮助我们避免撞车的停车控制系统，以及能辨识及解读影像及物件的软件。如果我们将这些性能整合在一起，不就能制造出非常聪明的机器人吗？或许是。但如果我们这么做，我们可能制造出极其复杂的软件。

另一方式是模仿新皮质的运作，"由下而上"（bottom-up）教导机器人，就像我稍早提过的双陆棋软件，一开始几乎什么都不会。我们授予机器人为数不多的必要算法则，让它们从错误中学习，并且体会做对事情时的奖励。

大自然是怎么做这件事的？昆虫及贝类的脑部运作主要是固定不变的；也就是说，它们能做些什么，基本上是由基因预先决定的。它们的 DNA 仅有数亿对碱对，但已足以指明脑细胞的连接方式。但是，人类的 32 亿对碱基对却不足以指明约 300 亿个神经细胞的所有连接方式。

但人类与众不同。人类的独特之处，在于有学习及调适能力，我们的基因因此仅指明数目非常有限的脑细胞如何连接，以及该做些什么。这就是为什么婴儿刚生下来，虽然有很大的脑部，但几乎完全没有自理能力。儿童的神经纤维，是靠学习才形成各种形态，虽然这过程也受基因影响。一个人成为某领域的专家，估计脑部一般存有 5~10 万组相关信息及经验，每一组显然是由大量的神经连接构成。

我认为由上而下模式将主要应用在有安全疑虑的机器人上，特别是操作汽车或飞机的系统。其他机器人则几乎全都比较适用由下而上模式，但许多系统最终可能兼具两种模式。毕竟像人类主要是靠学习掌握技能，但也有大量功能是属于生物本能，例如反射作用、呼吸及心跳等。未来机器人的运作指令，或许有 5% 是预定的，95% 是类似新皮质那样，从经验中学习。

模拟新皮质运作的计算机的十种用途

1. **开车**：目前世界上约有 8 亿辆汽车，20 年后估计将增至 13 亿辆。人们在车里感到烦闷、不小心撞成一团、堵在本来可以避开的车龙里、迷路，而且以不经济的方式驾驶。计算机开车的表现可以远远胜过我们，届时我们在车上可以工作、阅读、讲电话、睡觉、上网，或是看电视。我们仍可以不时自己开车（尤其是开跑车），但那只是因为我们想享受开车的乐趣。

2. **编辑个性化媒体内容**：智能型计算机可以详细掌握我们的兴趣，然后定时过滤网络及非网络媒体的所有信息来源，准确找出符合我们兴趣的内容，编制个性化的报纸、电台节目及电视节目。

3. **私人导师**：多数小孩在学校总会碰上功课追不上进度的情况，这时计算机就能当他们的课后辅导老师。成年人也可以利用此类计算机学习新知识及增强技能。

4. **保全**：智能型计算机可以配备类似猎犬嗅觉的侦测器、红外线传感器，以及敏锐的镜头，能辨识出需要防范的人。这种计算机可以用来监控家居、办公室、港口、停车场、机场、火车站，以及工厂等场所。
5. **垃圾分类**：计算机可以执行精准的垃圾分类、资源回收工作，而且不怕接触有毒物质。我们还可以安排机器人在路边和海滩捡垃圾。
6. **洗衣**：机器人可以帮我们将待洗的衣服分类清洗、晾起来，甚至是帮我们烫衣服。
7. **洗碗盘**：没有人喜欢洗碗盘，但几乎每一个家庭、每一家餐厅每天都在做这件事。这工作是在有限的空间内完成，因此我们应该可以制造出能够自动作业的洗碗机器人。
8. **诊断**：智能型计算机可以监视医师问诊的过程，然后在医生下结论前，告诉医生诊断过程可能出错或考虑不周之处。
9. **同行审查**：学者在学术期刊发表论文，一般必须经过同行审查的过程。智能型计算机可以参与这工作，其优点是背景知识比任何个别学者丰富。
10. **军事任务**：计算机控制的汽车、飞机及隐匿监听器在军事侦察方面可大派用场。在某些情况下，它们还可以执行作战任务，并控制战斗机——不过会有人透过电讯技术监控整个过程。而且，它们还能看穿普鲁士将军克劳塞维茨（Carl von Clausewitz）所称的"战争迷雾"（the fog of war），在混乱的局势中知道下一步该怎么做。

注意，这十类计算机并非全都需要拥有在现实世界中穿行的能力，那些需要这么做的，外观也不会跟人类有多少相似之处。机器人驾驶的汽车，身体就是车身；机器人驾驶的飞机，身体就是机身；而机器人控制的保全系统，传感器及镜头是关键部分。

每次我跟别人谈到机器人，对方几乎总是马上、直觉地说机器人永远不会跟人一样，因为人类是"独特的"。我们当然是独特的，而且从技术角度

看，人类真的非常神奇。我们的脑功能仍远比任何一台计算机强劲，而且非常精密。我们的身体受了伤，基本上可自行修复。我们还可以复制自己。我们的皮肤及身体内部遍布惊人准确的触觉及温度传感器，而且拥有精准的视觉、听觉及嗅觉。我们若要求工程师制造出拥有同样性能的机器，他们一定会晕倒。

不过，有些事是机器人做得到而人类无能为力的。首先是脑部的位置：机器人的脑袋可以跟身体分开。它们可以透过无线方式连接控制它们、固定在某处的大型计算机，就像现在的军用无人驾驶飞机一样。这种飞机可以透过卫星通讯执行飞行任务，控制系统可以位于地球的另一端。我们现在可以制造这样的机器人：简单的"本能"控制功能，如避免碰撞的功能，设在机器人身体上；较复杂的脑部功能则设在跟机器人相隔一段距离的地方。事实上，机器人不仅能透过电磁波利用其他计算机的智能，还可以非常精准地同时利用许多台计算机的资料处理能力，结合成一台虚拟的超级计算机。寻找外星文明计划（SETI）就是利用这方式，2010年时透过SETI@home将约30万台个人计算机连接起来。这些计算机的主人自愿将计算机闲置的运算能力捐给SETI使用。

机器人的另一项优势，是它们可以关掉脑部功能而不丧失资料，这是人类办不到的。因此，我们可以派机器人执行需时数年、单调乏味的太空探索任务。人类根本不会想做这样的事，而即使勉强去做，也会在旅程中闷得疯掉。

资料复制是另一个问题。我累计的学识，不会遗传到我的孩子身上，即使复制出另一个我，学识也无法复制。我或许能对社会的文化与知识遗产略有贡献，但我的孩子（或我的复制人）不会生来就拥有我的知识。我能传给下一代的，是跟智能和知识没什么关系的表观基因组（epigenome）。但是，玩双陆棋的TD-Gammon所累积的知识，却可以复制一千份、一万份；而复制出来的TD-Gammon新学到的东西，也同样可以复制。人工智能的演化，可以比生物学习的速度快很多倍。人类从出生到成为某领域的专家，可能需要30年的学习时间，而且这些专门知识，大部分还会逐渐遗忘掉。但是，计算机可以在几小时甚至更短时间内，就复制数量绝对惊人的知识。

而且，我们还可以将学习能力最强的计算机累积的知识压缩，放到成本较低的较小型计算机上，然后复制后者。此外，计算机跟人不同，什么都不会忘记。计算机可以记住数十亿项资料，不出丝毫差错。而且，计算机搜寻资料的速度超快，不仅可瞬间搜寻本身所存的资料，还能很快搜遍成千上万台计算机储存的资料。人无法看穿别人的头脑，计算机却能"看穿"其他计算机。计算机的资料搜寻速度之所以远比人类快，是因为晶体管传送讯号的速度，是人脑神经细胞的百万倍以上。

相对于人类，计算机和机器人的确拥有许多优势。诚然，计算机需要维护及更新，但它们在许多方面比人类更容易管理。例如，计算机不需要休息、睡觉、爆米花、维生素、性爱或看球赛，而且不会感到焦虑或痛苦。计算机因此可以胜任一些人类不能或不愿意做的事，例如清洁下水道、搜寻遭窃的车牌、采矿，以及执行军事侦察任务。

计算机及机器人相对于人类的十项优势

---

1. 它们的脑部可以跟身体分离。
2. 它们相隔千里仍可以无线方式精准沟通。
3. 它们能结合许多台计算机的资料处理能力，执行特别困难的任务。
4. 它们累积的知识，数秒之间即可复制。
5. 它们不会忘记任何东西。
6. 它们瞬间即可搜遍自己储存的所有资料。
7. 它们可搜遍其他计算机储存的资料。
8. 它们不需要休息，也不需要睡觉。
9. 你可以将它们关掉，而且不会损失任何数据。
10. 它们不会感到焦虑或痛苦。

因此，相对于人类，我认为机器人的确拥有一些巨大的优势。概括而言：机器人的智能将超越我们，学习速度将是我们的数千倍，演化周期极快，能读取彼此的资料且过目不忘，而且不需要休息，也无所畏惧。厉害！

机器人属于我稍早提到信息科技演化的第五阶段：自主运算。此领域将出现令人叹为观止的发展，产品之一是智能型监视系统，它们能认人，且能解读人的举动。目前已有一套可以装在警车上的系统，以摄影镜头读车牌，查核它们是否属于失窃的汽车，或是挂在非登记车辆上。还有一些监视系统能从机场人群中辨识出紧张不安的人，或是找出正在发烧的人。像 Hyperactive Bob这样的系统，则可以监控餐厅每一位员工的工作效率。这些系统执行的任务，是原本人类负责的一些例行公事。我个人认为，未来廉价饭店的许多工作，从入住登记到客房服务，理论上均可交给计算机及机器人去做。这种服务不会很吸引人，但成本应该会比较低。

Google 地球（Google Earth）打开了视觉搜寻的新天地。透过这项服务，你可以在计算机或手机上看到地球上任何一处的高画质卫星照片，而且用户也可以上传他们拍的照片。未来数以百万计的网络摄影机或许能让我们透过网际网络，在计算机或行动装置上观看许多地方的现场实况。

自动搜寻服务也将有很大的市场潜力：计算机根据使用者的具体指示，不时搜寻整个网际网络，将使用者兴趣范围内的最新信息整理成报告。我们不难制作一个个人网站，透过网络摄影机作各种实况转播，例如自己关心的地方（譬如你的避暑别墅）、朋友的活动、家里的猫咪、喜欢的歌手的现场演出或记者会，以至关注的个股的走势。事实上，相关技术今天已一应俱全，但仍有待标准化及整合，因此尚未普及。在我看来，这是自主及普适运算与行动化、反捆绑化及零碎化媒体经验的结合。

电讯技术也将突飞猛进。未来我开车时，将能看到我经过的地点的照片，也能观看交通堵塞及恶劣气候的情况。我还可以随时接收附近的餐厅及博物馆等场所的广告。我到达火车站或机场时，对扫瞄器出示车票或机票，我的手机就会告诉我该往哪边走。在城市里，我可以在手机里输入某家商店或某个品牌的名字，它就会在地图上显示路线，告诉我如何前往目的地。最后，高画质大荧幕配上环绕音效，可为视讯会议带来极佳效果。

教学效率也将能大幅提升。在瑞士，我的孩子上学时已全程使用笔记型计算机，几乎不必使用任何纸张。老师可随时将学生的荧幕投射到显示墙上让所有人看，学生可写下或画下自己的感想。考试时，试卷下载到学生计算机上，完成后再上传给老师。小组作业可以虚拟方式合作：学生在家里或任何有 WiFi 的地方上网讨论，同时在同一份文件上作业。

普适运算对满足人类以下两项需求特别有用：行动自由，以及借由概念化运算了解周遭环境。我们希望行动自由，因为显然没有什么人喜欢整天困守办公室。我们希望随时皆能了解周遭环境，因为这能帮助我们避免错误，以及更有效运用时间。

智慧之眼

目前优质相机一般可拍 2 000 万像素的照片，而摄影机则每秒能拍 60 张影像。这很了不起，但跟人类的眼睛相比仍远远不如：肉眼可处理高达 1.75 亿像素的画面，每秒能接收 220 张影像。此外，肉眼将数据（影像）实时传给脑部解读，而相机或摄影机则办不到。不过，未来我们或许能拥有跟人眼相似的"智慧之眼"。

日本网络设计师 Mac Funamizu 已提出一些相当大胆的创意，若能实现，未来的手机将不仅能记录使用者的见闻，还能将它们"概念化"。根据 Funamizu 的设想，未来的手机将有透明的荧幕，你可以拿着它们对着眼前的事物，手机就会接上网络，搜寻相关资料。

例如，这手机或许能告诉你，眼前这栋纽约的大楼叫什么名字，又或者是眼前这瓶红酒最好是三年后再喝，以及它获得《帕克葡萄酒指南》94 分的评分。你也可以让手机看你吃的食物，它就能告诉你这一餐下来你大概摄取了多少热量及糖分。

你或许也可以拿手机对着书上的一段文字，锁定一个单词，然后手机就会为你显示维基百科上的相关资料。你或许还可以拿着手机对着讲外语的人，然后马上看到荧幕上的翻译。有趣的是，这手机因为小巧，资料处理能力看似有限，但它可以透过无线宽带，连接网络上性能强得多的计算机，及时为使用者提供协助。资料来源：http://petitinvention.wordpress.com/

信息科技也令物质世界得以日益虚拟化。当然，许多事物是永远无法虚拟化的（例如一杯咖啡，或在海里畅泳）。但许多信息类事物则可以虚拟化。例如，今天我们有虚拟的门票、书籍、信函、目录、货币、CD、DVD、X光、立体模型、会议及研讨会。我们需要的实体事物因此大大减少。如果所有书籍皆电子化，我们还需要图书馆吗？网络购物如此方便，我们还需要商店吗？网络银行功能齐全，我们还需要银行分行吗？企业甚至开始在虚拟世界试推产品，观察结果后再决定是否正式推出。

出于某些社会目的，我想我们还是需要一些实体场所，而许多人很可能享受到精品店购买奢侈品，远多于在网络上订购。但如果事情令人厌烦，那么以虚拟方式完成是最好不过。我们家里就透过网络订购许多食品杂货，节省大量时间，免去许多麻烦。我们也透过网络银行转账、在网上购买电子书，以及下载音乐等等。这么做节省大量物质及环境资源、时间和成本，可说是"三赢"做法。

有趣的是，信息科技业本身也在虚拟化。做生意的人都知道，购置及维护一套信息科技基础设施耗费大量时间和金钱。第十一章提到，金融业者正分为公用事业型及创意型，前者基本上仰赖信息科技基础设施营业（例如一般商业银行及网络证券经纪业务），后者则是像对冲基金及私募基金这种需要更多创意的业者。信息科技业也正出现大型的公用事业型公司，它们拥有规模庞大的计算机及服务器中心，可提供给成千上万名客户使用。这创造出"云端计算"（cloud computing）及"xx即服务"（as-a-service）这两种非常成功的服务模式。

云端计算的"云端"，是指一个可为许多客户提供服务的计算机中心。那么，这算是服务外包（outsourcing）吗？不算，因为外包是指你付钱给一家业者，由对方维护你的软硬件。云端计算服务则有如一家信息科技饭店，客户租一间房间，但并不拥有它。这是所谓的"多租户系统"。不过这是一家奇怪的饭店，因为你可能会跟陌生人共享一张床：使用云端计算服务时，你是在使用一些匿名的计算机，每一台大有可能以同一套软硬件同时支援多名客户，而客户完全不会察觉这情况。我撰写本书时，提供云端计算服务的业者已多达数千家，领先业者包括苹果、Google及微软，紧随其后的则有甲骨文（Oracle）、SAP、德国电信

（Deutsche Telekom）、IBM、惠普、亚马逊及 EMC。云端计算孕育了三种广受欢迎的 "xx 即服务" 商业模式：

虚拟化有助节约资源

信息科技方面的创新，正帮助我们以节省资源的虚拟方式取代实体产品及服务。以下为部分例子：

- 视讯会议及手机通讯取代商务旅行
- 电影下载取代影碟出租店
- 电讯技术应用取代办公室及每日通勤
- 下载服务取代 DVD 及 CD
- 电子阅读器取代纸本刊物、书店及图书馆
- 电子邮件取代实体信函
- 网际网络取代商品目录及促销资料
- 网络购物取代实体商店
- 无线及光纤数据传输取代铜线

- 基础设施即服务（infrastructure-as-a-service，IaaS）
- 平台即服务（platform-as-a-service，PaaS）
- 软件即服务（software-as-a-service，SaaS）

这三种模式均旨在为客户提供信息科技支援（硬件及/或软件），而客户并不需要拥有任何软硬件。例如，亚马逊公司的简易储存方案（Simple Storage Solution）是提供数位资料储存服务，简易序列服务（Simple Queue Service）则是让客户在各应用软件之间交换数位讯息，弹性计算云（Elastic Compute Cloud，EC2）则是让客户在亚马逊的计算机上执行自己的软件。你使用某台计算机时，可能同时有另外三名客户正利用这台计算机执行各种任务。回归中央服务器模式虽然显得有违计算资源分散化的趋势，它能（1）让信息科技业富创造力的部分，跟"公用事业"部分分开；（2）让软硬件资源可以细分给多名用户使用；（3）让客户能马上获得额外的计算能力。

以下试举一例说明云端计算/"xx 即服务"未来可能出现的运作模

式。你希望建立一家网络服务公司,你打开一个网络浏览器,荧幕上出现许多图标,代表你可能需要的东西,包括服务器、防火墙、路由器、电缆、数据库及套装软件等。你用鼠标将这些东西拖放到适当位置,代表你希望它们相连的方式。计算机根据你指定的规格,计算出每月的固定成本,显示在荧幕下方。你的成本还有一部分是变动的,根据你估计的数据储存量及网站流量计算。

你确定规格正确后,将整套设备放进你的数位购物篮中,然后处理下一个问题:你办公室实际需要的硬件。你订购了一些打印机、"精简型计算机"(thin client),以及数台性能强劲的计算机,用来执行需要大量创意的工作。供应商将不时为你升级这些硬件。你将这些硬件也丢进购物篮。

虽然电子阅读器正逐渐取代纸本资料,你仍需要几台打印机打印法律文化及其他必要资料。打印机附送的白纸减少到某程度,以及碳粉快耗尽时,供应商就会自动获得补货通知。

你决定在自己的网站上放送广告,因此将广告服务也放进篮子里。这服务将可为你提供根据点击数计算的收入,不过它还是放入购物篮——你获得的收入,将用于抵销你必须支付的成本。最后,你希望自己的网站提供网络购物服务。你因此订购了整套信用卡网络结账方案。你现在已万事俱备,在检视购物篮中的项目后,你按下"确认"键。你的网络事业随即开始。

是时候总结一下。我将信息科技列为未来数十年最有意思的七个产业之一,是因为这产业虽然已取得了不起的成就,但势必还将有更惊人的发展。计算机世界将愈来愈像一个生态系统,计算机甚至将开始有能力为自己写软件,而且可能意识到自身的存在。

计算机的智能将追上并且超越人类,而机器人将充分发挥其潜能。我们将拥有媒体墙、行动式智慧眼、自动驾驶的汽车、个性化新闻内容,而且几乎所有问题皆能瞬间获得答案。

人们收藏书籍、音乐或电影,将摒弃"部分"收藏的概念,改为"完整"收藏:未来每一个人都可以拥有一整套历来出版过的作品。

至于信息科技生意的集中地,支配先进芯片业务的是美国(例如位于奥勒冈州的英特尔）。一些软件公司（主要为美国企业）已建立非常强的网络效应，未来数十年新业者恐难动摇它们的地位。苹果、Google、亚马逊、eBay、彭博（Bloomberg）及Skype是其中一些例子。软件业的创意及商业中心主要是在西雅图及加州，但也有许多规模较小的业者聚集地，例如博德（Boulder）、奥斯丁、波士顿及洛杉矶等。欧洲方面，软件开发业遍布北欧及中欧地区。印度则于新兴市场地区明显领先。人工智能及机器人方面，匹兹堡及马萨诸塞地区掌握尖端技术。在小型商业机器人的量产方面，领先者是日本。

计算机未来的十大挑战

我认为未来将有十项难题特别需要强劲的硬件及聪明的软件：

1. **资料探勘**：持续扫描及分析数位信息及现实世界，解读其意义。这可持续应用在非正式观察或研究上，也可视临时需要应用在较严格及正式的监视与分析任务上。
2. **后设研究**：就特定课题，自动将所有已知信息概括成容易阅读的报告。
3. **生物技术模拟**：模拟蛋白质是如何创造出来的，以及其立体折叠方式；模拟整个细胞，甚至是整个生物的生理机能。这可以成为开发新疗法及新制造方法的基础。最终我们或许能避免大部分新疗法的临床实验，直接以可信的模拟代替。
4. **机器人**：教导及控制那些在现实环境中自主行走的机械装置。
5. **情境意识**：增强我们对周遭环境的实时知识，了解自己身处何地、周遭正发生什么事、自己正在看着什么、应往何处去，以及是否有必须注意的安全疑虑或机会。
6. **软件创作**：懂得辨识自己的任务，然后写出相应程序的软件。
7. **行动式智慧眼**：配备透明荧幕的行动装置（计算机或手机），能将眼前的景象传上网络，为你取得相关信息。
8. **大型多玩家游乐**：让数百万人同时在虚拟世界中竞争对抗的高画质在线游戏。

9. **现实/虚拟游戏**：以现实世界中的现场实况为背景的游戏，例如玩家可以开着虚拟赛车，跟现实中的一级方程式赛车竞赛。
10. **翻新旧媒体内容**：翻新旧电影及旧唱片，令它们像是本来就是以高画质/高传真、环绕音效及彩色画面的规格制作的。

第十五章

奢侈品

有些人工作时需要宁静——静到他们会穿特制的拖鞋,走路时蹑手蹑脚。此处我想到的是著名钟表商百达翡丽(Patek Philippe)在瑞士的工场。钟表师在磨军官表(Officer's Watch)蓝宝石水晶表背的保护套时,需要非常安静的环境。戴这表的人将会用拇指及食指轻轻打开这保护套,保护套打开时及合上时的声音必须非常特别。

我不是在开玩笑,事实的确如此。因此,钟表师会磨啊磨,试着打开再关上保护套,听那声音。如果声音不够完美,他会再磨一点点,然后再试、再磨。有时这工序会耗费好几天。一切必须完美无瑕。

劳斯莱斯(Rolls-Royce)的设计师工作时也不时需要宁静,因为他们设计新车款时,必须测试车门关起来时发出的声音。那是一辆劳斯莱斯该有的厚重、气派的声音吗?

法拉利(Ferrari)的人不太需要安静的环境,但他们非常讲究车子发出的声音。一辆法拉利加速到引擎每分钟 4 000 转,飙出去超车时,必须发出法拉利尖锐独特的魔鬼般叫声。这声音必须独特到被超车的司机虽然看不清飙过的车,但从声音就知道那是一辆法拉利。这是不能有丝毫差错的。

这就是奢侈品。对这高档市场来说,魔鬼真的是在细节里。

奢侈品市场并不大:钟表及珠宝市场规模(年营业额)约为 400 亿美元(钟表 100 亿、珠宝 300 亿)、成衣及皮革 350 亿、烈酒及香槟 300 亿、无气葡萄酒 500 亿、香水及化妆品 300 亿、远洋游艇 150 亿。全部加起来,年营业额约为 2 000 亿美元。在此之外,还有私人飞机、豪华汽车和极高级的音响器材。这些商品有多少是为了享乐并可称为奢侈品很难界定,但我认为全球奢侈品市场 2010 年的营业额不会超过5 000亿美元，也就是不超过全球GDP的0.8%。

但是，奢侈品市场利润极丰，而且成长速度远高于总体经济。想想这例子：1977年，路易威登（Louis Vuitton）不过是拥有两家商店的小型家族企业，年营业额不超过1 000万美元。2009年，Interbrand公司估计，路易威登这品牌的商业价值高达210亿美元。Interbrand每年分析大量品牌，估计它们的商业价值。这不是在衡量这些品牌的吸引力，而是在估算它们未来能产生的现金流之现值。下表显示2009年的主要奢侈品牌。

Interbrand的百大品牌包括美国运通（American Express），但我未将它归入奢侈品牌，因为该公司虽然有奢侈品业务（白金卡及千禧卡），但主要是为中产人士服务，满足他们的实务需求。我也没将高盛及摩根士丹利算进来，因为它们虽然专门服务有钱人（及成功的企业），但并非从事奢侈品生意。百大品牌中被我剔除掉的还有丰田、本田、福特、BlackBerry、诺基亚、迪斯尼、耐克、索尼、百威（Budweiser）、Adidas、Smirnoff、妮维雅（Nivea）、星巴克（Starbucks）及彪马。这些是生活型态品牌（lifestyle brand），并不出产任何算得上是真正奢侈品的商品。但是，我将苹果及雀巢咖啡列为奢侈品牌，有些人可能不同意。我这么做，是因为这两个牌子有些产品可以卖得远比对手贵，而且支持者极多。

全球商业价值百大品牌中的奢侈品牌		
全球品牌排名	品牌	品牌价值估计（亿美元）
12	奔驰（Mercedes Benz）	240
15	宝马（BMW）	220
16	路易威登	210
20	苹果	150
25	雀巢咖啡（Nescafe）	130
41	古驰（Gucci）	80
50	飒拉（Zara）	70
59	香奈儿（Chanel）	60
65	奥迪（Audi）	50
68	劳力士（Rolex）	50
70	爱马仕（Hermes）	50

(续表)

全球商业价值百大品牌中的奢侈品牌		
全球品牌排名	品牌	品牌价值估计（亿美元）
74	保时捷（Porsche）	50
76	蒂芙尼（Tiffany & Co）	40
77	卡地亚（Cartier）	40
78	盖普（GAP）	40
82	酩悦香槟（Moet & Chandon）	40
87	普拉达（Prada）	40
88	法拉利	40
89	乔治阿玛尼（Giorgio Armani）	40
91	兰蔻（Lancome）	30
98	博柏利（Burberry）	30
99	拉夫·劳伦（Polo Ralph Lauren）	30

资料来源：Interbrand 2009 年报告

虽然我们剔除了那么多个消费品牌，世界百大最赚钱的品牌中，仍有 22 个是纯粹或主要生产奢侈品的。对一个产值不到世界 GDP 1% 的商业领域来说，这真的很了不起。

但什么是奢侈品呢？有钱人买来炫耀的昂贵垃圾？确实有此可能，但我认为奢侈品远非如此简单。首先，奢侈品跟时尚及艺术有相当密切的关系，但也有重大差别：

- 奢侈品主要是买来自用的，而且往往愈老愈值钱，或者至少是永不过时的，这样主人才能一直使用它而不显得落伍。奢侈品以产品为中心（product-centric），购买者钦佩其工匠，认同该商品代表的文化。
- 时尚商品则是给别人使用的，价值很快就会减损。我倾向视时尚为一种集体剧场，人人皆可参与演出。时尚可抵销都市化的负面元素（我们在都市中全都成了无名氏，几乎所有时间均耗在室内，跟大自然失去了联系），以不断更替的流行商品满足都市人。
- 艺术可以是一时的风尚，也可以是永恒的杰作。艺术是纯粹的情感表达,可以表现美,也可以表现任何情感。例如,蓝调音乐向来就是悲伤的(至少歌词是悲伤的)。

在我看来,高级订制服(haute couture)是汇聚奢侈品、时尚及艺术最明显的例子。量身订制以前几乎完全是时装业的做法,但如今在时装业已式微。不过,其他奢侈品正兴致勃勃地复兴这种精神,像钟表及汽车业就分别推出限量版的复杂性能手表及超级跑车。

设计精美的珠宝,以及某些建筑与室内设计,也是汇聚了奢侈品、时尚及艺术元素。还有一些例子可能是多数人不认同的。例如,跑车厂商可能会说,他们的产品不能有电动车窗或冷气,因为这会令速度慢那么一点点。许多人听到这种话,会认为十分荒谬。但是,这何尝不是一件很酷的事?就像表演艺术那样,差别在于追求速度的人并非希望刺激或娱乐观众的职业艺术家;他们只是想要一辆跑得很快的车,即使这意味着他们必须大汗淋漓地坐在不舒服的座位上。

奢侈品向来是社会展现能力的一种方式:人们从中看到,某种才能发挥得淋漓尽致时,可以做出怎样的东西来。许多人极想跟奢侈品有某种联系,新兴市场地区民众的这种渴望似乎特别强烈。

真正的奢侈品(如艺术品)永远无法靠市场调查设计出来。奢侈品必须来自一个小团队或一个人,他们拥有某种热情、梦想及信念。而且,和艺术品一样,消费者可能需要一些时间才能学会欣赏一件奢侈品。

奢侈品跟艺术与时尚还有一个共同点:它必须激动人心。人们看到一辆真正的奢华汽车停在街边,或是一艘豪华游艇停在港口时,会停下来拍照,因为他们激动不已，希望记住这一刻，并和其他人分享。英国心理学家大卫·莫克森（David Moxon）做过一个实验，对象是 40 名随意挑选的男女，年龄在 22 至 61 岁之间。莫克森先取得这些人的唾液样本，测量其中的睪丸酮水平（性兴奋程度的指标之一；这种激素由男性的睪丸或女性的卵巢分泌），然后以随机顺序让他们听玛莎拉蒂（Maserati）、兰博基尼（Lamborghini）、法拉利及福斯 Polo 的引擎声，每次听完再测量他们的睪丸酮水平。结果很明确：如果他们听到跑车的引擎声，睪丸酮水平会上升；如果听到福斯 Polo，则睪丸酮水平是令人惊奇地下跌。这项实验显示，玛莎拉蒂对女性的刺激最显著。参加实验的 20 位女士，听过玛莎拉蒂的声音后，睪丸酮水平全部上升，虽然部分女士事后受访时表示自己对汽车不感兴趣。重点是：人们的情绪受这些跑车影响，不管当事人是否自知。这些跑车因此是奢侈品。

而且，和艺术品一样，真正的奢侈品永远不跟其他产品比较。凌志（Lexus）在美国推出时，首批广告直接拿自己跟奔驰比，暗示消费者买凌志更划算。这不是奢侈品策略，这是一种优惠策略（premium strategy）。奢侈品是不能比的，因为它是独特的。这就像艺术品——你不会拿伦勃朗（Rembrandt）的画跟毕加索的作品相比。例如，你不会说这幅画每平方米的成本较低，或者那幅画用了较多红色。

因为奢侈品是独特的，厂商不想自己的广告跟其他商品并列（杂志中因此常见跨页广告），也不想自己的产品跟其他商品放在一起卖（此所以有专卖店及百货公司专柜）。日产公司或许能制造出比兰博基尼更快的汽车，但两者是永远无法相比的。

奢侈品牌还必须有一个条件：它必须是国际性的。购买奢侈品的人往往经常旅行，他们期望自己用的商品好得令全球垂涎。若非如此，是称不上奢侈品的。

奢侈品最重要的元素之一是传统。奢侈品牌必须有悠久的传统，或至少来自一个在制造某类奢侈品上有悠久传统的社会。香水业的娇兰（Guerlain）创业于 19 世纪末，而许多钟表厂商已有数百年历史。我们稍早列出的 22 个奢侈品牌中，20 个来自欧洲，余下两个（蒂芙尼及 Polo Ralph Lauren）来自美国，这实在有点惊人。如果将不在 Interbrand 百大品牌之列的主要品牌（游艇、飞机、葡萄酒、音响器材）算进来，我们会发现：欧洲垄断了游艇及葡萄酒品牌，音响器材及飞机则大致是欧洲与美国平分秋色。换句话说，历史悠久的奢侈品全是欧洲品牌的天下，而在美国成为一个大国之后才面世的东西，奢侈品牌的领先地位则由欧美共享。事实上，奢侈品牌是可以快速崛起的，但必须有明显的悠久传统为后盾。以钟表业为例，F. P. Journe、法兰克穆勒（Frank Muller）及 Daniel Roth 就是快速崛起的奢侈品牌例子，但其创始人全部来自瑞士钟表业。如果他们住在瑞典，我想就不可能有此成就了。

这并不是说瑞典人做不出优质钟表，或者日本、中国、印度及其他国家无法或并不生产质量极高的商品——只是他们制造这些商品的时间不够久，尚未得到国际认同；又或者是他们并没有将这些商品包装成一种奢侈品的完整体验。奢侈品的购买过程，本身必须是特别的体验。许多奢侈品商店像是在办艺术品展览，每一件商品均获得非常充裕的展示空间。没有人会尝试向你推销一件真正的奢侈品——奢侈品高于顾客，而且必须让人觉得是这样。是顾客希望得到商品，而不是反过来。若非如此，就算不上是奢侈品。

奢侈品的独特性可以来自许多方面，例如产品的外观、味道、感觉，或声响，甚至是产品变老的方式。购买奢侈品的人，往往觉得自己跟一种自己仰慕的精致文化、技艺，甚至是产品的设计师或制造工匠有某种联系。奢侈品是可以愈老愈值钱的。例如，路易威登的旧行李箱、百达翡丽的旧手表，以至布加迪（Bugatti）的旧车，均可能卖得比初次出售时贵（经通胀调整），因为它们见证了一种文化在某个美好年代的最优质成果。奢侈品老旧后的古色古香可令产品增值，除非是老过了头显得残旧。老爷车保养得宜，老得优雅，比显得太新的老爷车更值钱。同样道理，今天最昂贵的奢华小木屋是以老旧木材盖的，材料成本是新木材的四倍。古色古香虽然不便宜，但真的能提供一种必要的奢华感。

全球主要奢侈品牌

全球而言，哪些奢侈品牌是人们最趋之若鹜的？这是一个有趣的话题，以下是我个人的看法（顶级品牌以黑体字显示）：

- **私人飞机**：**湾流**（Gulfstream）、Bombardier Challenger/Global、里尔喷射机（Learjet）、Falcon
- **机动消闲游艇**：Feadship、Lurssen、Amels、Abeking & Rasmussen、Benetti、CRN、Heesen
- **风帆游艇**：Perini Navi、Royal Huisman、Wally、Swan
- **跑车**：**法拉利**（Ferrari）、**兰博基尼**（Lamborghini）、**布加迪**（Bugatti）、**奥斯顿马丁**（Aston-Martin）、**麦克拉伦**（McLaren）、保时捷（Porsche）、莲花（Lotus）、Shelby

- **豪华轿车**：宾利（Bentley）、劳斯莱斯（Rolls Royce）、布加迪、奔驰（Mercedes）、Maybach、奥迪（Audi）、宝马（BMW）、凯迪拉克（Cadillac）
- **香槟**：克鲁格（Krug）、Dom Perignon、Roederer、Cristal、兰颂（Lanson）、罗兰百悦（Laurent-Perrier）、酩悦香槟（Moet & Chandon）、泰廷爵（Taittinger）、凯歌黄牌（Veuve Clicquot Ponsardin）
- **葡萄酒**：Chateau d'Yquem、Chateau Mouton-Rothschild、Chateau La. te Rothschild、Chateau Margaux、Chateau Latour、Chateau Cheval Blanc、Petrus、Chateau Haut-Brion、Pingus、Opus One、Vega-Sicilia、Sassicaia、Tignanello
- **化妆品**：娇兰（Guerlain）、香奈儿（Chanel）、蓓丽（La Prairie）、海洋拉娜（La Mer）、Lancome、Valmont、倩碧（Clinique）、迪奥（Dior）、雅诗兰黛（Estee Lauder）、希思黎（Sisley）
- **香水**：娇兰、香奈儿、宝格丽（Bulgari）、迪奥、Dolce & Gabbana、Calvin Klein、Gucci、Marc Jacobs、爱马仕（Hermes）
- **威士忌**：拉加维林（Lagavulin）、高原骑士（Highland Park）、Talisker、Springbank、麦卡伦（Macallan）、克拉格摩尔（Cragganmore）、Ardbeg
- **干邑**：轩尼诗（Hennessy）、拿破仑（Courvoisier）、路易老爷（Louis Royer）、Moyet、Bache-Gabrielsen、御鹿（Hine）、人头马（Remy Martin）、卡慕（Camus）、法乐槟（Frapin）、马爹利（Martell）、拉森（Larsen）、豪达（Otard）、M. Ragnaud
- **皮革**：爱马仕、路易威登（Louis Vuitton）、Bottega Veneta、Fendi、Prada、Gucci、香奈儿
- **女士成衣**：香奈儿、范伦铁诺（Valentino）、迪奥、Giorgio Armani、Gucci、Halston、Missoni、Prada、Marc Jacobs、Dolce & Gabbana、Oscar de la Renta
- **女鞋**：Chimmy Choo、Manolo Blahnik、Christian Louboutin、Alaia、Todds、Ferragamo
- **男士西装**：Brioni、Kiton、Canali、Zegna、Giorgio Armani、Versace

- **珠宝**：梵克雅宝（Van Cleef & Arpels）、**蒂芙尼**（Tiffany）、海瑞温斯顿（Harry Winston）、David Yurman、卡地亚（Cartier）、Graff、宝格丽、萧邦（Chopard）
- **音响器材**：Krell、Pass Lab、Wilson Audio、Magico、Audio Research、Mark Levinson、McIntosh、Martin Logan、Sonus Faber、Bang & Olufsen
- **表**：百达翡丽（Patek Philippe）、朗格（A. Lange & Sohne）、宝玑（Breguet）、雅典表（Ulysse Nardin）、法兰克穆勒（Frank Muller）、爱彼表（Audemars Piguet）、伯爵（Piaget）、江诗丹顿（Vacheron Constantin）、积家（Jaeger LeCoultre）、劳力士（Rolex）、卡地亚、欧米茄（Omega）
- **皮草**：Birger Christensen、Fendi、J. Mendel、Christian Dior、Copenhagen Fur、Great Greenland、Saga Furs of Scandinavia

珠宝是奢侈品市场中品牌效应有限的唯一环节，全球约三分之二的珠宝市场控制在地方家族事业而非全球品牌手上。钻石则是完全没有品牌的，它们跟所有其他奢侈品不同，是按技术规格分类的（净度、颜色、克拉数及车工）。即便是没那么珍贵的宝石，也以出产国及矿场界定，例如"来自Santa Maria 的海蓝宝石"，但钻石则不是这样。

此外，你付出愈多钱购买一件奢侈品，它在你心目中的价值就愈高。它不仅仅是一件有标价的商品——奢侈品的价格是商品的一部分。

奢侈品还有一个功能。如果你是一名音乐家，你要的不仅是金钱，掌声也很重要。如果你送人现金，那等于告诉对方你不认识他，或者不关心他。但是，如果你送人奢侈品，你传递的是这样的讯息："我认为这美好的香水像你一样"，又或者是"我认为这名牌包很适合你"。送人奢侈品时，你能传递很个人的讯息。

当然，一切端视格调而定。除了当事人，所有人都认为挥霍无度是很庸俗的。但是，那些在精美商品上投资有道的人，往往因此受人钦佩。他们通常是艺术品收藏家，但也可能是时装、葡萄酒等商品的收藏者。1991年，伯纳德·杜伯伊（Bernard Dubois）及派特·杜肯（Patrick Duquesne）研究欧洲奢侈品买家，发现奢侈品消费虽然跟收入水平高度相关，但也跟人们的文化开放程度高度相关。文化观念开放的人，远比观念封闭的人更有可能购买奢侈品，而且这是所有收入阶层皆然的现象。

奢侈品文化中最能彰显奢侈品吸引力的部分，可能是人们在个人财务状况大起大落时对待奢侈品的态度。一般来说，消费者只有在个人所得升至某一水平时，才会开始购买奢侈品。由此看来，奢侈品位于马斯洛需求层次的顶端。但是，个人所得意外下滑时，拼命保住自己的奢侈品、将基本消费降至最低限度的人并非罕见，这就像家道刚中落的人虽然负担不起取暖的燃料，但仍坚持住在城堡中。一段时间之后，不仅是你拥有奢侈品，奢侈品也拥有你。

奢侈品就是这么一回事，市场不大，但利润极丰，有独特的运作规则。奢侈品策略一旦奏效，就会产生营销上最突出的效应之一：品牌效应。

接下来我想花一些篇幅，说明国际品牌的神奇特质，因为只有充分了解品牌的潜在吸引力，我们才能明白小小的奢侈品生意为何那么赚钱。

那么，如何才能充分了解品牌的威力呢？办法之一，是将品牌跟其他事物隔离开来，就像科学家研究某些事物时那样。换句话说，我们必须找到一些跟商品或服务无关的厉害品牌，也就是"纯粹的"品牌。这似乎很难。派瑞丝·希尔顿（Paris Hilton）或许算是"纯粹的"名人，但她这"品牌"的价值如何估算？我们需要的，是真的能将东西一件一件卖出去的品牌。

我想到了，当代艺术这领域或许真能找到这种东西。我订阅多种艺术品目录及杂志，包括佳士得（Christie's）的目录。2006年某天我看到目录上有一幅伊夫·克莱因（Yves Klein）的画，是纯粹的蓝色：什么都没有，就是一片均匀的蓝色。我觉得没问题。这样的画，克莱因画了11幅一模一样的，并曾将它们同时展出。我能想象它们摆在某些地方是挺酷的。这时刚好有一位油漆匠在我家里开工，我因此拿目录给他看，告诉他我认为他的收费太廉价了。他狂笑。关键是，虽然这位油漆匠也能画出一模一样的纯蓝色，没有人会为此付很多钱给他——他并非名牌。话说回来，佳士得的目录这么描述克莱因的蓝色画：

> 这些作品令观赏者得以沉浸在无限之中，在蓝色的明亮精神境界中。在他的柔道经验、对玫瑰十字会（Rosicrucianism）的兴趣，以及对原子

时代的迷恋影响下,克莱因创作了这些无框因此也就无边的画;它们因此是进入永恒无尽精神领域的窗口。

随便你讲。但是,我觉得怪异的是,我在目录中看到那幅画,刚以99.4万英镑(约180万美元)售出。照此估算,这一系列的11幅画总值约2 000万美元。这就是名牌!

除隔离法外,科学家还有一个观察事物的方法:纵向研究(longitudinal studies)。这是指长期追踪某些事物,观察它们如何受某些因素影响。我可以举出许多当代艺术的例子,但其中一例尤其精彩。首先我得介绍一下主角:达米恩·赫斯特(Damien Hirst)。赫斯特在艺术界早已名成利就,他最广为人知的事迹,可能是形容9·11事件"本身有点像是一次艺术创作……因此在某意义上,袭击者是应该获得道贺的"。这段话损害了他的名誉。不过,赫斯特的鲨鱼标本作品也同样著名。

将鲨鱼标本放在玻璃橱窗中展示,看来是广告及品牌经营大亨查尔斯·萨奇(Charles Saatchi)的主意。萨奇也是世界当代艺术主要收藏家之一。他很早就发掘了赫斯特,而且似乎有意大力栽培这位艺术家,帮助他建立名声。据某些传说,萨奇要求赫斯特找一条鲨鱼,制成永久展览品。赫斯特答应了,他在澳洲登广告征求死鲨鱼,获得渔夫维克·希斯洛夫(Vic Hislov)的回应。希斯洛夫将一条虎鲨以6 000英镑卖给赫斯特。赫斯特另外付出2 000英镑的冷藏及运送费,因此他的成本约为8 000英镑。赫斯特将这可怜的家伙以福尔马林保存起来,放在玻璃橱窗中,然后给它一个堂皇的名字:《生者对死者无动于衷》(The Physical Impossibility of Death in the Mind of Someone Living)。他以5万英镑将这作品卖给萨奇。英国《太阳报》觉得这价格实在可笑,发了一篇题为"5万英镑买条鱼,不送薯条"(50 000 forfish without chips)的报导。

接下来数年中,这条鲨鱼显著腐烂:鱼皮皱了起来,并且变绿,一条鳍掉落,周围的液体变得混浊——整件事就像一个拙劣的玩笑。但是,萨奇还是赢得了最后的胜利。2004年,萨奇委托全球最著名的艺术品交易商赖利·高古轩(Larry Gagosian)替他寻找买家。泰德现代美术馆(Tate Modern)的尼古拉斯·塞罗塔(Nicholas Serota)很快便出价200万英镑,但高古轩拒绝卖出。他显然有理由这么做,因为不久之后,他将这条鲨鱼卖给了美国对冲基金经理史蒂夫·科恩(Steve Cohen)。科恩显然很有钱,据说为此付出

1 200万美元——如果你管理110亿美元的资产，1 200万美元实在不是多了不得的金额。不过，一条死鱼能卖这么多钱，可能也是因为其创作者是世上品牌最响亮的艺术家之一（赫斯特），随后落在品牌最响亮的其中一位收藏家手上（萨奇），然后交由品牌最响亮的交易商（高古轩）出售，而且品牌最响亮的其中一家美术馆（泰德）想买买不到——全都是名牌、名牌、名牌。

故事本可到此为止，但出售协议的条款之一，是赫斯特必须替买主换一条保存得比较好的新鲨鱼。赫斯特因此找渔夫希斯洛夫，要求购买三条虎鲨，外加一条大白鲨。希斯洛夫寄了五条鲨鱼给赫斯特——买四送一。一切顺利，但人们开始臆测赫斯特是否将创作更多鲨鱼作品，以致第一件作品的收藏价值受损。这一点我们稍后再谈。我跟大家介绍赫斯特，其实是想讲另一件事。《伦敦周日时报》一名叫基尔（Gill）的作者早年花200英镑买了一幅斯大林画像，是不知名的画家画的。基尔想卖掉这幅画，询问佳士得能否帮忙。佳士得拒绝了，理由是他们不卖跟希特勒或斯大林有关的物品。基尔问：如果是赫斯特或安迪·沃荷（Andy Warhol）的作品，你们会卖吗？答案是：会。

基尔于是找到赫斯特，问他能否在斯大林画像上画一个红鼻子，然后在下方签名（该画像原本没有签名）。赫斯特照办，而佳士得也接受基尔的售画委托，替该画像标价8 000~12 000英镑，结果以14万英镑售出。在我看来，这就是纯粹的名牌效应。

品牌的力量，还可以用人们早已熟知的安慰剂效应（placebo effect）说明。以下举一些例子。1964年，瑞典报纸Goteborgs-Tidningen的记者在一家画廊展出一些画作，宣称是前卫画家皮耶·布拉索（Pierre Brassau）的作品。这些画很快就得到好评，一名评论者写道：

> 布拉索笔触雄健，构图精准。他的画笔扭动时凶猛又讲究。皮耶的艺术表演，就像芭蕾舞者般优美。

这名评论者不知道的是，这些画其实是布罗斯动物园（Boras Zoo）一只名叫彼得的四岁猩猩画的。

另一例子是，德国莫里兹堡国家美术馆（State Art Museum in Moritzburg）馆长看到一幅抽象画时，误以为是曾荣获古根汉奖（Guggenheim Prize）的著名画家恩斯特·威廉·耐伊（Ernst Wilhelm Nay）的作品。但是，那幅画其实是一只名为Banghi的猩猩画的。顺带一提，Banghi可是在艰困环境下创作的，她的伴侣Satscho常毁掉她的画，令当代艺术界少了许多作品。当然，这些只是"轶事证据"（anecdotal evidence），但安慰剂效应是有坚强的统计支持的：市场上售出的顶级艺术品中，估计约40%是赝品。

这种艺术品的供给是源源不绝的。赫斯特就雇用了大批助手，帮他大量制造产品。他有一些画，是将颜料倒在纺车上制造出来的。但人们对他的作品趋之若鹜，不停买进。当然，他不会浪费手上的鲨鱼：2006年初，他推出作品《上帝之死》（The Death of God），材料就是他的渔夫朋友免费赠送的那条鲨鱼。这条鱼卖给了首尔的三星美术馆（Leeum Samsung Museum of Art），当然也是不附薯条。2008年9月，赫斯特推出《王国》（The Kingdom）——一条虎鲨的标本，由苏富比（Sotheby's）以960万英镑卖出。

没错，人们的确不停买进这种东西。他们也疯狂（真的是疯狂）买进其他量产艺术家如安迪·沃荷的作品。沃荷的多数作品，也是由一队队的技术人员制造出来的。他的《绿色车祸》（Green Car Crash），不过是将1963年《新闻周刊》上的一张车祸现场照片绢印复制，但以高达7 170万美元的价格卖出。

我必须指出，当代艺术工厂的认证程序是有问题的。既然沃荷的大部分作品是由助手制造出来的，它们还能算是沃荷的作品吗？在创作过程中，他曾出现在现场吗——至少五分钟也好？量产艺术家显然希望避免的一种情况，是某位助手独力完成一件作品，因为这样一来，那作品就是这助手个人的，而这显然会扰乱这位艺术家的品牌。因此，作品交由助手制作时，艺术家必须确保他们是集体制作，这样每一位助手的贡献才可以保持无关紧要。

人们也付出数以十万计的美元购买河原温（On Kawara）的作品，他不过是将日期写在画布上，画一幅画显然从不曾需要超过两个小时（佳士得的评语是"存在的声明、艺术的证明"）；吉姆·霍奇斯（Jim Hodges）的作品《不曾有人真正离开》（No-one ever Really Leaves）是一件丢在角落的皮夹克，卖得69万美元；另一作品是一堆白色及蓝色的蜡烛，由苏富比于2000年11月以45.6万美元售出。一切都是名牌、名牌、名牌：名牌艺术家、名牌收藏家、名牌交易商、名牌拍卖行，以及名牌艺术展。在艺术界，你若不能成为名牌，你就一文不值。但如果你成了名牌，"你给他们狗屎垃圾，他们也会买。"——这是赫斯特的一句名言。

我个人热爱一流品牌（必须有内涵），多数人也是。阿拉伯联合大公国成员阿布达比（Abu Dhabi）为取得在国内使用"罗浮宫"（Louvre）这名称的权利，付出了5.25亿美元，另为巴黎罗浮宫的翻新支付4 000万美元，并为艺术贷款（art loans）、特殊展览及艺术品购买建议付出6.75亿美元。未来将是品牌的年代。

抱歉，有点扯远了，但我认为有必要强调品牌的惊人力量。真正的奢侈品牌必须是国际性的，经营奢侈品牌因此涉及许多固定成本。但是，一旦业务跨越某一规模门槛，奢侈品生意可以变得有如摇钱树。当然，这要求业者经营有道。经营奢侈品生意，首先必须注意如何传递价格讯息。奢侈品极少宣传产品售价，因为大家都知道，需要问价的顾客往往买不起。但是，如果奢侈品业者宣传产品价格，那么目的将不是突显他们的产品有多便宜，而是要突显它们有多昂贵。艺术品拍卖会过后，拍卖行宣传的，必定是最昂贵物品的成交价。拍卖会上因价格未达秘密底价而未卖出的物品，约一半会在拍卖会后的私人洽购中卖出，但这些令人失望的价格是不会宣扬出去的。真正的奢侈品若罕见地在广告或公关资料中标示价格，那必定是最昂贵的产品最昂贵的规格。这不仅是要告诉潜在买家那商品有多独特，也是要告诉所有人，拥有这些商品的人为此付出很多钱。

奢侈品（及艺术品）价格还有一条规则：永远不能让价格下跌。某位艺术家的作品若看来将跌价，他的代理商宁愿不做他生意，也不愿告诉客户：同样的作品如今卖得比以前便宜。同样道理，真正的奢侈品是不减价促销的。它们有多贵就卖多贵；如果你等下去，它们将会卖更贵。买不买随你，真的。

奢侈品营销还有一个特点：因为品牌必须高于顾客，业者有必要令顾客至少不太容易买到想要的商品。例如，许多人一直在等待他们的爱马仕凯莉包或柏金包；日本妇女说要让新生女婴马上加入轮候购买名牌包的行列，可不是纯粹开玩笑。毕竟，轮候购买是没问题的，因为奢侈品并非必需品。一如树木需要时间成长、威士忌需要时间在木桶中成熟，奢侈品必须传递这样的讯息：无论生产过程需要多久，那是必要的时间。

在艺术品市场，你必须是交易商的好客户，而且买入作品后不曾快速交给拍卖行拍卖，你才可能获得眷顾，加入轮购某位在世艺术家下一件作品的行列。在奢侈品市场，厂商总是希望将产量维持在略低于需求的水平，而且会推出特别的副牌及限量版，仅售予最佳顾客，而且往往会让顾客等很久。顾客跟奢侈品交易商的关系，往往是借由一次又一次的交易慢慢建立起来的。

这种关系发展到最后阶段，交易商可能会直接告诉客户，他的收藏品中还缺些什么，然后为他取得必要的商品。这可能是替客户管理收藏品的艺术品交易商，也可能是替客户管理酒窖的葡萄酒交易商。艺术家的作品每一次出现在主要美术馆，或是蒙艺术杂志报导，其价格均会上涨。事实上，只要在一家著名美术馆展出一次，艺术品的价值即可能增加一倍。而如果著名的艺术品交易商将某位艺术家罗致旗下，其作品的价格通常会立即上涨3~4倍。同样的，一辆老爷跑车每次参加比赛或是在媒体上曝光，其价值也会上升。此外，当商品的真正价值难以评断时，其成交价能产生一个讯号。奢侈品买家的满足感，是结合了以下元素：商品本身、商品让买家得以进入某个圈子、购买体验，以及知道这商品的估计价值。

奢侈品主要生产国及业者

欧洲国家预计将继续支配奢侈品市场。如果要说奢侈品主要生产国各自代表些什么，我认为可以这么说：意大利代表具强烈艺术气息的奢侈品，法国代表享乐，德国是质量，英国是传统，瑞士是精密技术，美国则是科技。当然，这只是非常粗略的说法。

意大利可说是世上最重要的奢侈品生产国。该国几乎完全支配时装业，著名品牌包括 Armani、Gucci、Prada、Valentino、Dolce & Gabbana、Ermenegildo Zegna、Max Mara、Salvatore Ferragamo 及 Versace。该国的奢华汽车业也领先全球，法拉利、兰博基尼及玛莎拉蒂均为世界顶级品牌。此外，意大利游艇厂商占全球超级游艇（30米以上）市场一半以上（以米数计）。意大利家具品牌居世界领先地位，某些意大利葡萄酒是世界级佳酿。

法国可说是奢侈品第二大国。意大利人在纺织品方面领先全球，法国人则主导皮革业。法国是超级品牌如香奈儿、爱马仕、路易威登及迪奥的故乡。当然，法国还有世界无敌的葡萄酒产业，制造飞机的达梭公司（Dassault），以及布加迪汽车——布加迪虽然是一个意大利名字，且如今由德国人拥有，但其汽车是在法国制造的；这品牌的创始人埃多尔·布加迪（Ettore Bugatti）当年就是在法国生产首批布加迪汽车。

比意、法次一级的奢侈品生产国则包括德国（主要是汽车，但也有一些时装及游艇）、英国（时装、汽车、飞机、钻石贸易及游艇）、瑞士（钟表）、美国（飞机、游艇、钻石车工及时装）、荷兰（游艇）、比利时（钻石贸易及车工），以及丹麦（皮草）。

奢侈品市场的主要业者包括 LVMH、保乐力加（Pernod Ricard）、雅诗兰黛、历峰集团（Richemont）、欧莱雅（L'Oreal）、香奈儿、PPR、Gucci、百加得（Bacardi）、劳力士、Fortune Brands、蒂芙尼、Valentino、爱马仕、Burberry、Swatch、福斯、戴姆勒（Daimler）、宝马、福斯/保时捷、Westport、CRN、Lurssen、Benetti、Azimut、Ferretti Group、庞巴迪（Bombardier）、Sunseeker、巴西航空工业公司（Embraer）、达梭、雷神公司（Raytheon）、Perini Navi、Royal Huisman、Wally 及 Swan。

若不计汽车厂商，奢侈品产业三大巨擘为：

法国 LVMH，旗下品牌包括路易威登、Fendi、Loewe、纪梵希（Givenchy）、Berluti、Dom Perignon、酩悦香槟、Veuve Clicquot 及轩尼诗；

瑞士历峰集团，旗下品牌包括卡地亚、梵克雅宝、江诗丹顿、名士（Baume & Mercier）、积家、朗格、沛纳海（Panerai）、万国表（IWC）、伯爵、万宝龙（Montblanc）及登喜路（Dunhill）；

意大利 PPR Gucci，旗下品牌包括 Gucci、伊夫圣罗兰（Yve Saint Lauren）、Bottega Veneta 及伯琼（Boucheron）。

———

奢华文化一度盛行于古埃及、中国、罗马及其他主要帝国。但是，约从 1450 年至 19 世纪初，奢侈品文化主要是一种欧洲现象，随后扩散至美国。第二次世界大战结束后，奢侈品文化沉寂了一段时间，直到日本经济于 1970 年强势崛起。从那时候起，日本消费者蜂拥追捧奢侈品，程度超越所有人的想象。这趋势延续至今：今天不低于 94% 的日本妇女至少拥有一件路易威登商品，92% 拥有 Gucci 的产品。巴黎路易威登等奢侈品商店限制顾客每人购买一件商品，日本人因此组织退休人士前往巴黎，支付他们的旅费，条件是帮忙购买奢侈品。日本人对奢侈品的欲望实在惊人，他们为许多奢侈品牌贡献了约 40% 的全球营业额。日本容不下太多住大房子、开数辆汽车的家庭，这或许是日本人花那么多钱在奢侈品上的原因。

奢侈品狂热已远远扩散至日本以外的地方。像香港，如今在许多人眼中是一个大购物商场，奢侈品牌随处可见。沙特阿拉伯人及俄罗斯人则是超级游艇的主要顾客。

中国的奢侈品销售额成长速度是 GDP 的两倍，而且这趋势丝毫未见衰竭的迹象。我想这现象有点出人意表，因为近一千年来，中国人的思想主要受儒家、道教及佛教影响，而这三派哲学均强调节制。

没错，都强调要节制。但是，事实是，劳斯莱斯在中国，一般是在车展第一天就跟宾利和法拉利一样全数卖光。补充一句：2009 年上海车展吸引了 60 万人参观。中国如今是瑞士钟表集团 Swatch 的最大市场，路易威登的第四大市场，万宝龙的第三大市场，以及 Gucci 的第五大市场。你可以到巴黎香榭丽舍大道 101 号，看看谁在排队购买非常昂贵的路易威登手提包：日本人可能还是占多数，但如今约 20% 是来自中国大陆、中国香港、中国台湾或新加坡的华人。

这可能与此有关：在本书第八章，中国古代有极其成熟精致的文化：人们购买珐琅瓷器、金饰、珠宝、画作、珍珠、银器及象牙，一般人写诗及收藏书籍是常见的事。当时若有宾利汽车，中国人想必会买。我想劳斯莱斯也不例外。

我认为创造出这种精致文明的思想仍存在。此外，财富不仅可荣耀当事人，甚至整个家族也能感到光荣。在商界，炫耀财富能告诉别人，你境况很好，完全没惹上麻烦，别人因此会认为你是可靠的业务伙伴。最后，中国人在节日或生日送礼的传统非常深厚。人们如果知道你生意兴隆，会期望你送好礼——譬如 Gucci 的产品。

中国的首批中产与巨富出现在广州，这些人如今可能主要从欧洲、中国香港、澳门、台湾，以及东南亚寻觅文化上的启发。不过，中国的财富快速向北扩散，如今中国的奢侈品消费者主要住在北京、上海、广州、成都、杭州、大连、西安及沿海其他成长中心。不过，上海已从这些地方中脱颖而出，成为中国奢华生活方式的中心。这是因为其他地区真正有钱的人，通常在上海拥有房子或公司，或是至少常到上海出差。他们到上海时，会体验到中国最富生气的文化；毕竟上海拥有中国最堂皇的奢侈品商店、最令人赞叹的餐厅，而且平均每天就有一场时装表演。

中国发生的事，也正在许多其他新兴市场地区上演。俄罗斯、中东、拉丁美洲及亚洲新兴市场地区的新中产及上层阶级，莫不渴求最好的物质享受。这些新奢侈品消费者多数有一个共同点：他们的钱是自己赚的。例如，《富比世》杂志的印度四十富豪榜显示，一半的富豪是完全白手兴家的，信息科技及制药业各占一半。这些国家的财富，全都是新创造出来的。阿拉伯国家也类似：在油价于1974~1975年首度大涨前，真正富有的阿拉伯人少之又少。

即使在成熟经济体，奢侈品消费也日益源自新富裕阶层。建立一门赚钱的生意以前往往需要多代人的努力，现在最赚钱的企业有许多是十年间就建立起来。世界各地涌向奢侈品产业的钱潮，将以新财富为主。

新财富的行为模式与旧财富不同。继承财产的人在消费上往往非常谨慎：他们的钱不是自己赚的，因此很怕被看不起，受人指指点点。新致富者则觉得自己有随心所欲消费的权利，而且因为是商人，他们会认为炫耀性消费有巩固个人商业品牌的价值。

我们已知道中国将出现的演变：20年后，中国的GDP（以外币计）估计将是目前的五倍，期间将有3~5亿中国人从农村移居城市。你认为这对奢侈品的需求将有何影响呢？

我认为奢侈品需求将暴涨。随着财富增加，人们花在奢侈品上的所得比重也将上升。因此，未来20年间，中国人对许多奢侈品的需求将至少增加四倍，甚至是更多。加上中东、印度、巴西及俄罗斯等地的需求（这些国家的中上阶层在奢侈品消费上并不吝啬），奢侈品需求很可能将暴增。

供给方面又如何？新兴市场国家其实有能力自己生产许多奢侈品，但看来这些地区的民众跟所有人一样，认为奢侈品：（1）必须有著名的品牌；（2）有悠久的历史；（3）来自一个在相关工艺上有深厚传统的地区；（4）享有国际声誉；（5）绝对是一流的。换句话说，他们跟所有人一样，追求同一批品牌。因此，实际上，奢侈品供给将受限于既有品牌的产出，而这些品牌因为感受不到什么竞争压力，将普遍奉行供给略微不足的策略。

我不认为奢侈品不过是腐败有钱人的不必要浪费。一如运动比赛、音乐会及美术馆，奢侈品展现才华最出众、最想表现自己的人在适当环境下的创作成果。奢侈品是一个文明集最优秀的工匠、艺术家及工程师，共同创造出来的最优质产品。它们虽然仅占世界GDP的0.8%，但人们因它们而感到自豪，赞叹"人类能做出这样的东西"或"这是我们这地方的产品"。奢侈品可以成为每一个人自我衡量的标竿，激励人们精益求精——不仅是为了成果，还为了创造的喜悦。英国汽车节目Top Gear主持人杰瑞米·克拉克森（Jeremy Clarkson）曾写道：

我并不是真想拥有一辆兰博基尼 Gallardo，但我不想活在一个没有它的世界里。

说得真好，尤其是第二部分。

第十六章

生活方式

结束超级产业这一部分之前,我想讲讲未来的生活方式。个人生活方式影响每一个产业,对政治以至总体经济也有影响。当然,许多因素,例如商业及科技发展,也影响人们的生活方式。

在远古时代,原始工具的应用开始改变人类的生活。然后我们发展农业,利用植物和动物为人类服务。我们也开始使用酵母及细菌,以农产品制造起司、啤酒及葡萄酒。然后我们发展航运、货币及贸易。然后是工厂机械、火车及汽车、数学与统计、化学、智慧财产权及大量复制、核能、计算机、卫星电视、网际网络。这些发明赋予我们更多工具、力量、收入、知识及财富,而每一项发明均创造出新职位,并消灭了一些旧职位。例如,拜机器之赐,我们不必再做许多苦力活,而计算机则让我们不必做许多极度单调无聊的工作。

但这些是过去的事。未来数十年,全球将有数十亿人脱贫晋身中产阶级,数亿人晋身富裕阶层。此发展将令许多辛苦、沉闷或需要体力劳动的职位消失,许多人将改为从事较有益的工作,生活方式则从农村向城市转移。

不过,我们的生活方式还将受一个因素影响:机器人,以及计算机模拟人脑运作,将大幅改变所有非赤贫人口的生活。2004 年,联合国欧洲经济委员会与国际机器人协会合作发表了一份针对机器人普及应用的研究报告,当中有一些发人深省的数据(详见下图)。报告比较单位劳工成本及机器人的单位"劳动"成本,后者有名义成本值及经质量调整的成本值(数据均来自美国)。下图显示 1990 至 2003 年的指数化数据。

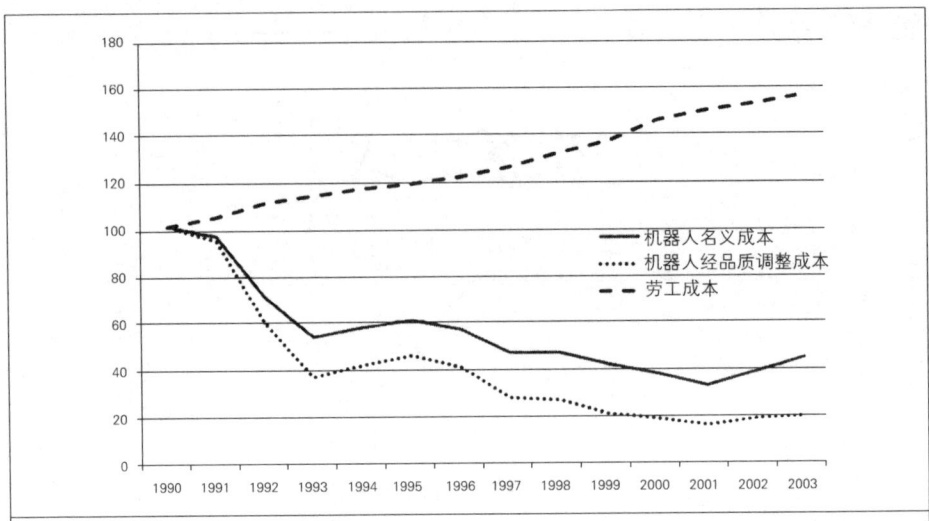

单位劳工与机器人成本，1990～2003年指数化数据

图中机器人的两条线分别代表名义成本及经质量调整的成本，真正重要的是后者。上图显示，劳工成本十多年间上涨逾50%，同期机器人经质量调整成本则下跌80%。

资料来源：World Robotics 2004：Statistics, Market Analysis, Forecasts, Case Studies and Profitability of Robot Investment（联合国2004年出版物）

美国大学教授理查·佛罗里达（Richard Florida）就各职业类别写过一些有意思的著作及研究报告。佛罗里达及其同事将劳动人口分为三大类：（1）制造业；（2）服务业；（3）创造型工作。我们都知道，制造业（含农业）职位持续遭机器取替，而这是可以理解的，因为机器年产出每增加一倍，实质成本就降低约7%（机器人的成本则似乎每年下跌11%～12%），而劳工薪资则倾向上涨。在美国，工人阶级占总劳动人口的比率于1920至1950年间触顶，达40%左右，随后开始下滑。信息科技革命加速其跌势，因为信息科技设备的生产力每24个月提升一倍。如今美国工人阶级占劳动人口的比率已降至25%以下。

服务业职位取代了许多体力劳动工作：服务业占劳动人口的比率，从1900年的16%大幅提升至1980年的45%。但是，许多服务业劳工如今也面对信息科技的竞争。纯属例行公事、顾客不介意由计算机/机器人提供的服务，未来将愈来愈仰赖计算机或机器人。我们都希望侍应生或美发师是人而非机器,但如果换车胎或边境检查的工作交给机器人去做,我完全可以接受。

第三类职位——创造型工作——是近年的成长源头。从事此类工作的人,必须做一些复杂的决策,或想出全新的主意。新技术及新风格诞生的速度愈来愈快,我们因此愈来愈需要富创造力的思想。创造型工作者包括科学家、工程师、艺术家、音乐家、设计师,以及知识型专业工作者。创造型人才可投身的主要领域,包括各类研发工作、媒体、设计、艺术、广告、建筑、工艺、游戏及时装。根据理查·佛罗里达的说法,"创意核心"(creative core)由那些能从无到有创造东西的人组成,例如科学家、工程师、教授、诗人、小说家、艺术家、表演艺人、设计师、分析师及建筑师。核心之外是"创意专业人士"(creative professionals),他们的工作虽然可能有较明确的界限,但仍必须视具体情况做许多酌情决定。他们可能是律师、投资银行家、医生及营销主管等。当然,这种区分是相当模糊的——我甚至听过创意会计的说法!

创意业近年十分热门。美国创意工作人口从 1900 年的 300 万左右,增至 2002 年的 3 800 万。此类工作人口 1980 至 2002 年间增加一倍,我个人认为这过程跟全球化及信息科技革命大有关系——而这两项要素正是近数十年通缩型荣景的主要推动力。创造型工作如今占美国全部职位约三分之一,贡献一半的个人所得,而且这两个比率还正快速上升。美国显然并非唯一日益"创意化"的国家,欧洲也正往同一方向发展。中国也着意要将"中国制造"的思维改为"中国创造",也就是希望中国人不再只是制造其他地方创造出来的东西,要开始有自己的发明。

随着科技进步令制造业职位及愈来愈多服务业职位遭机器取替,未来从事创造型工作的人口比例是否将不断上升?我不太确定,因为未来软硬件能模拟人脑运作后,计算机也将有创造力。

计算机学会模拟细胞及生物体内的机能后,对医药及营养将有自己的看法。计算机持续监控网际网络上的信息,加以分析后也将能告诉我们种种资料透露出哪些趋势、机会或威胁。计算机也将能创作音乐,设计建筑。

计算机能如何从事创造型工作?假设你有一小块土地,想要盖一栋房子。你将这块地的示意图载入计算机,计算机便自动根据本地建筑法规加以分析,然后显示出你可以盖房子的位置,以及多种法规允许的容积及高度。接着计算机会显示规格要求让你选择,你可以根据自己的需要指定全部规格,譬如三间睡房、一间游戏室、开放式厨房、双车车房等等。接着计算机显示风格清单,让你选择自己喜欢的一款主要风格。输入选择后,计算机就为你显示按此风格建成的许多房子的照片，让你选一款你最喜欢的。

一切完成后，你按一下"设计"键。几分钟后，计算机便为你画好了五款符合你全部要求及本地建筑法规的房屋立体透视图，还估算了每一款需要的建筑时间及成本。你选择其中一款，以电子邮件寄给三家营建业者，请他们报价。计算机或许无法像最有才华的建筑师那样提出精巧的新设计，但好处是你可以浏览大量设计建议后再下决定。计算机的确可以帮你做一些创造型工作。

这例子只是一个构想，计算机在创意产业的确有无数应用可能，而这并不会抹杀创意，只是会抢走人类的一些创造型工作机会。

但是，计算机始终无法替代活生生的人。如果大家都希望调酒师或美发师是一个人而不是一台计算机，我想他们很可能将永远是人。正因如此，劳动人口流向创意产业的趋势大有可能在某个时候停下来，服务型及创造型职位达致新的均衡状态——服务型职位可能收复部分失土。

理查·佛罗里达及其团队做了大量统计分析、焦点小组及个人访问，希望了解创造型人才如何选择居住及工作地点。以下是此类人才寻找的一些条件：

- 聪明、时髦的人随处可见
- 营业到很晚的餐厅
- 一流的夜店及爵士/蓝调酒吧
- 便利的个人运动场所
- 真实的（authentic）、略显凌乱的建筑
- 改变用途的旧工厂及货仓
- 人们的种族背景及其他特质非常多样
- 各式各样的办公室、住宅及商店混合在一起
- 非常多样且显眼的生活方式，例如都会型、运动型、学者型、雅皮型

很明显，关键在于真实性（authenticity）、自由、多元化及魅力。许多创意工作者虽然并非同性恋，但强调自己希望看到周遭有同性恋者，因为他们认为这是社会自由与宽容的象征。此外，有些女性希望住在同性恋聚居的区域，因为她们觉得那里比较"安全"。

创造型人才工作时必须高度集中精神,这样才能进入一种"连续"(flow)工作状态。如果他们进入状态后被打扰了,往往需要20~30分钟才能回到原来的状态。但是,如此出神工作只能持续有限的时间,创意工作者因此不时需要做一些完全不同的事,例如举重、骑越野单车,或是接受一小时的重金属音乐轰炸,然后才能重新投入创作。创意工作者可能会听迷幻爵士(acid jazz)、晚间到一家本地酒吧打鼓、跑马拉松,或是在酒窖酿啤酒。他们花很多时间在家工作,但有必要跟有意思的人作伴,而且工作中有时需要工作伙伴的陪伴。他们的工作时数远高于领时薪的人,但并非像一般上班族那样"朝九晚五"。他们白天、晚上、周末、假日均工作,但常常需要一些消闲活动调剂。正因如此,他们居住的地方,必须有丰富多元的消闲方式。曾有苹果公司的员工穿着印着"每周工作90小时仍乐此不疲"的T恤。

许多创意工作者"透支生命":他们年轻时极度刻苦工作,力求建立事业基础。成功之后,他们大有可能跳到全新的事业领域,而这么做只是出于好玩。此外,他们通常着意保持身体强健,原因包括:他们希望多次转换事业跑道;他们还没结婚;潜在的生意伙伴或雇主可能认为这反映他们具坚韧个性。他们可能喜欢冒险运动,也可能喜欢尝试尖端科技。

想吸引人才,营造优质社会环境或许比建设科学园区更有效,这一点可能出人意表,但证据显示,许多地区之所以有令人称羡的发展,是因为当地首先汇聚了一流的人才,而不是当局盖起一流的大楼去吸引人才。可行的方法之一,是选一个魅力十足但经济委靡的老城镇,在当地建一所一流的大学。年轻人来到这里念书,通常能促成优质的社会环境。有些人会选择自行创业,而企业将把办公室迁到人才聚集的地方。

未来多数将非常富有,人们将拥有大量物质财产。他们的职业将多数跟社会、创意或艺术有关,因为这是他们仍然可以跟计算机与机器竞争的领域,而且这也是最有趣的工作。长期而言,社会相关服务可能成为雇用最多人的领域,因为这是计算机或机器永远无法取代人类的领域。

消闲方式方面,我从不相信未来的物质享乐倾向会比现在弱。但是,随着财富及生产力成长满足人类愈来愈多物质需求,未来将相对倾向花更多时间及金钱在消闲上,而不是购置愈来愈多物质财产。例如,如果你必须在购买新沙发或享受一个好假期之间做一选择,而你已经拥有三张沙发,你当然会选择度假。此外,人们消闲时将非常重视体验。以前许多人认为度假不过是停止辛苦工作,躺在沙滩上什么都不做就已经很好,但这观念如今已退潮。

愈来愈多人将追求比较刺激的体验，例如运动、历险、文化探索、培训课程，或是一些非常特别的辅助工作经验，例如在著名葡萄园帮忙摘葡萄、在树林中寻找松露，或是在国家公园协助生态考察。

人们重视体验，也将支持商品的"故事化"趋势——许多商品不仅必须实用，还得有动人的故事可以告诉消费者，而且故事可能更重要。时尚、艺术及奢侈品产业的成长速度将超越总体经济，人们不仅希望得到有形的商品，还渴望动听的故事。未来的经济也将是讲故事的经济。

故事结合商品的有趣案例之一，是信息科技业1990年代中期以来的发展。在此之前，多数人认为计算机技术是很闷的东西，只有怪胎和呆子对此有兴趣。但是，当人们看到有些学生在父母的车房创立信息科技公司，不久之后上市就有数十亿美元的市值，而怪胎则成了生气勃勃的虚拟社区的组织者，上述观念就改变了。

从那时候起，能写计算机程序的人即使穿着百慕达短裤，或是戴着鼻环出席面试，也能在信息科技业找到工作。事实上，人们几乎认为计算机人才总有点怪怪的。这产业演化出一整套新语言：你一开始时是菜鸟（newbie），然后一步步升级，晋身使用者（user）、专家（expert）、黑客（hacker）、大师（guru）及奇才（wizard）——彷如地狱天使（Hell's Angels）的各阶层。标准语言遭怪胎语言及计算机程序替代。菜鸟可能需要一些时间，才知道人家以ROFLMAOSHIMFO回覆你那有趣的电子邮件，原来是说"rolling on floor laughing my ass off so hard it might fall off"（笑到在地上滚，笑到可能掉屁股）；而如果对方比较保守，则可能回你VBSEG，意思是"very big shit-eating grin"（很大的吃屎笑容）。你很可能也不知道，g2g的意思是"got to go"（得走了），而hand原来是"have a nice day"（祝你有美好的一天）。

这些发展令信息科技工作者成了世上最时髦的一群人，写程序的人在人们眼中成了很酷的家伙。

在一个重视创意、艺术技巧及社会活动的社会，人们将是自由自主的，有技术及勇气的人可以像维京人或牛仔那样踏上历险旅程：踏进未知的领域，或许还能带几位志同道合者同行。"部落"一如既往地存在，但在现代社会，你可以自由选择部落加入——你可以选择成为重机骑士、嬉皮士、飞机观察者、抱树者（译注：关注森林环保，甚至以抱树表达捍卫森林决心的环保人士）、哥特派（goth；译注：听哥特摇滚乐，穿黑色衣服或作黑白装扮的人）、有权有势者、宅男，或是很酷的程序设计师。当然，如果你欠缺男子气概，重机骑士群体可能不接受你；而如果不懂写程序，你就当不了程序设计师。但是，你很可能可以找到另一个适合自己的群体。而无论如何，你总是可以开展自己的新运动，看看有多少人跟随自己。这种运动一开始可能是反主流文化的，但如果你倡导的东西够酷，它很快就会变成主流的一部分，然后商业化——这也是主流奢侈品牌如今也卖人为磨损的牛仔裤，以及嬉皮风服饰的原因。

这种丰富的文化多样性对时装业有重要意义，因为在一个生活方式及"部落"数以百计的社会，你不可能令所有人"今年春季穿橙色"。人们将不再那么容易受时装潮流影响，每一季均在互相模仿穿着。人们将比较倾向自行挑选市场上的商品，重新组合出富个性、而且往往非常有创意的穿着方式。这过程类似媒体内容已出现的发展：CD被分拆成一首首单曲，报纸分拆成一条条网络新闻。

"体验经济"（experience economy）不仅强调个人体验，还重视分享及创造体验。许多人渴望随时和其他人保持联系，而随着家人与朋友日益分散各地，而且旅行更频繁，人们将寻求以电子网络方式保持联系，分享彼此见闻及所思所想。如果你随身携带智能型手机，你将能接收讯息，知道哪些朋友就在附近，而你的朋友也能掌握你的行踪（如果你容许他们这么做）。人们也可能将使用行动网络工具，寻找接近自己的潜在朋友与伙伴。此外，任何人只要有中产的收入水平，都买得起高画质摄像机及剪辑影片的计算机工具，个人因此可以制作出技术质量媲美好莱坞电影的影片。这可以带给人极大的乐趣，但显然也有无数年轻人在网络上发布一些未来将令自己非常后悔的资料。而且，就算你不做蠢事，其他人也可能会将一些包括你在内的派对照片放上网络；20年后你想成为一名执行长、高等法院法官或从政者时，这些照片可能令你非常尴尬。不过，人们也可能会开始接受年轻人难免会有一些荒唐行为。

渴望体验的不仅是年轻及中年人，现在老年人也希望享受乐趣，并愿意为此慷慨解囊。我曾两次偶然遇上大型的哈雷机车骑士聚会，一个在西班牙南部的巴努斯港，另一次在法国的圣特罗佩。令我震惊的是，许多重机骑士非常老，看来超过70岁。我们这一年代的老年人会去参加摇滚音乐会，听跟他们一样老的艺人唱摇滚歌曲。1960年代时，谁会想到进入下一个千年后，滚石（Rolling Stones）、大卫·吉尔摩（David Gilmore）、艾尔顿强（Elton John）、艾力·克莱普顿（Eric Clapton）、约翰·梅尔（John Mayall）及欧曼兄弟（Allman Brothers）等人还将活跃地开演唱会？

日益个性化的趋势，也将反映在人们购买奢侈品及旅游的方式上。奢侈品消费的第一个阶段，通常是将奢侈品当成个人的成功标志，买来秀给人看（"宝贝，我成功了！"）。在此阶段，你可能会致力提升自己所有服饰及用品的档次，随时随地展现自己的新标准。在第二阶段，你学会适应不同场合的需求，例如某些场合适合穿便服、某些场合适合穿运动服，而某些场合则应穿得非常正式。到第三阶段，你不再关心其他人的想法，随自己高兴选择服饰及用品，随意搭配。你变得自主、有创意，你的风格变得"聪明"。

旅游方面，早期你会着重去很多地方，在著名景点前拍照留念（"到此一游"）。例如，你可能会走马看花，以一个星期的时间访问欧洲多个国家。接着你开始喜欢在一个地方停留较久时间，深入体会民俗。你也可能会寻求深刻的情感体验，或作一些历险。最后你会购置第二寓所，生活在多个地点，每一处都有家的感觉。

我已提过"故事化"的趋势，这现象也将出现在企业界。在说故事的经济中，许多产业的无数成功企业将经营专业媒体服务。我在第十六章提到信息科技/电子媒体的一些趋势：例如媒体内容反捆绑化、零碎化、实时化、行动化以及实时化。企业若有有意思的故事，经营者将聘请媒体专业人士将这故事以具说服力的方式宣扬出去，确保公众能以各种形式，随时随地接收相关内容。

运动、食品/健康、奢侈品及金融这四个产业，必须将这种讲故事的潜力发挥得淋漓尽致。为什么是这些产业？因为这是人们最感兴趣，甚至最着迷的领域。不信请浏览多份报纸，你会发现这四个领域的内容占了很大篇幅。

运动产业已深谙此道。业者实况追踪运动明星，赛场内外失败或胜利时的一举一动均不错过，而且还不时提供背景说明。偶像无论是胜出还是失败，粉丝们似乎总有共鸣，因为他们从媒体报导中知道自己的偶像非常努力。至于健康、奢侈品及金融业，在讲故事方面则仍有待发挥的潜力。

例如，奢侈品产业就有许多有意思的故事可讲，故事是否讲得好直接影响业者的赢利。想象一下现在是 2024 年，波尔多经历了非常温暖干燥的夏末，格拉夫产区的葡萄看来质量极佳，著名酒庄 Chateau d'Yquem 这年的葡萄酒似乎有机会成为经典佳酿。酒迷会想知道这讯息。有天早上，他们收到 Chateau d'Yquem 首席酿酒师的一段短片：

今天早上，我们决定采收首批葡萄，因为我们认为此时采收条件最成熟，而葡萄也正处于最佳状态。它们已成熟，约三分之一感染贵腐霉菌，酿成酒风味极佳。我们今天预计采收15%，而如你所知，所有葡萄均为手工挑选。我们采收下一批时，将再通知你。

d'Yquem 的酒迷接着会想透过装在采撷者头上的镜头，看到首批葡萄的样子。进入发酵程序后，他们会希望不时跟酿酒师在线对话，了解酿酒师在酿酒过程中的各项决定及其根据。

Chateau d'Yquem 是根基稳固的奢侈品牌，但许多日常消费品也可以提升档次，从量贩式商品升级至优质商品，然后再升级至奢侈品。在我小时候，咖啡就是咖啡，而如今咖啡种类繁多，而且各有故事。例如，今天早上我喝的 Nespresso 就叫做"哥伦比亚的罗莎贝亚"（Rosabaya de Colombia），包装上有这样的说明：

由优质的哥伦比亚阿拉比卡咖啡豆个别烘焙而成，微酸，有典型的红色果实与葡萄酒香。强度6。

我选择以这咖啡胶囊调一杯卡布奇诺，效果非常好。未来咖啡机或许将辨识 Nespresso 咖啡胶囊的颜色，然后在荧幕上显示产品资料，包括产地、地图及产品特质等视讯资料。事实上，未来所有商品均可能备有无线射频辨识（RFID）标签，可以在方便消费者的荧幕上显示这商品的故事。譬如我或许能拿我的智能型手机对着一款商品，按下"故事"键后就能接收厂商想告诉我的故事。

健康/食品业已走过很长的路。随着人们对保健养生日益重视，许多人开始视食物为健康管理的重要一环。人们意识到子女离家自立、个人退休后，自己大有机会过积极有意思的生活，因此日益重视保持良好体型及身心健康。此外，现代服饰愈来愈倾向贴身的剪裁，也使得人们更重视维持好看的体型。但是，也有许多食物仍将标榜味觉与口感享受。未来食物可分四大类：

- **快餐**：可以在免下车餐厅等地方购买，或是在家里只需要10分钟就能准备妥当。
- **奢侈食品**：非常细致的手工制作，高级的包装，相关手艺有动听的故事。关键在于享乐、对某种文化的仰慕，以及慢食。
- **生态食品**：宣扬回归自然及环保主义的故事，关键在于你的身体、自然，以及万物的整体性，如道家哲学所讲的。
- **功能食品**：经基因改造，特别注重健康效果（例如以非饱和脂肪取代饱和脂肪，并添加关键的维他命及矿物质），并针对各年龄层及各种生活型态特别调配（有些适合运动型人士，有些则是为银发族、儿童或肥胖者设计）。关键在于食品对身体的影响。

四类食品中，以功能食品成长空间最大。但是，它们的共同主题之一，将是故事化。人们想知道自己得到些什么，而如果产品有好故事且业者讲得动听，消费者会愿意听。

金融业的故事方面，媒体之所以如此热衷报导相关消息，一方面是因为金融业好戏不断（如次贷萨拉米香肠危机所显示），一方面是因为人们的财富系于金融业。但为什么投资人上网时，以雅虎为首页的比例远高于以往来银行的网站为首页？猜猜看。呃……嗯……因为雅虎的员工比大银行更懂金融？虽然次贷危机暴露出来的一些情况令人有这种印象，但我想实情并非如此。在我看来，人们喜欢雅虎网站及智能型手机的信息多过往来银行的网站，是因为银行在媒体综合（media aggregation）方面不如雅虎在行。金融机构眼前有一个独特的机会，可为客户创造随时随地皆可使用的实时媒体服务（live media）。执行得当的话，此类内容将极具吸引力，客户一旦使用习惯，将像上瘾般一直追踪下去。此类内容可以包括分析师访谈、开市前讨论会的实况、实时价格信息、图表、评等及新闻等。最精明的银行将不再只是展现光鲜亮丽的外表，而是会对外公开艰难的市场决策过程及银行的内部讨论，借此营造人性化的形象，并巩固与客户的关系。值得注意的是，多数媒体内容可以、且会遭盗用，但实时媒体内容是例外。这种内容通常是独家的。

我认为这种极具吸引力的企业多媒体内容必将大幅增加，因为这是媒体分散化趋势的一部分。在此趋势下，部分电子媒体内容将一直由大型的专业媒体组织制作（内容为王），但愈来愈多内容将由消费者（消费者为王）及企业（企业为王）创造，后者主要是运动、食品/健康、奢侈品及金融业者。此外，因为金融及奢侈品等产业的主要业者是其领域的真正专家，他们传递相关讯息的能力远优于其他人（背景为王）。受过专业训练的媒体工作者在这当中将扮演什么角色？我想报社的职位将减少，但企业的媒体工作机会将增加，因为许多公司需要将讲故事提升至艺术的层次。

当然，讲故事不仅跟消费者、新闻、市场及商品有关。多数人心中最伟大的故事，是精神或宗教方面的。但是，因为不再从属于特定宗教团体的人似乎愈来愈多，或许有人会认为人类信仰趋向枯萎。

我很怀疑这种说法。我的感觉是：许多人虽然不再上教堂，但他们仍相信神及灵魂的存在。他们只是不相信正规宗教的教义，或是不信任既有的宗教组织。例如，他们不相信特殊的穿着、斋戒、禁食某些似乎有益健康的食物或饮料，或是特定的仪式能帮助他们获得救赎。但他们其实相信"是有某些东西的"，因此替自己创造了某种私人信仰。皮尤宗教与公共生活论坛（Pew Forum on Religion & Public Life）一项研究显示，多数美国人混合不同宗教的要素，并将宗教及其他信仰混合起来。例如，在自称基督教徒的美国人中，23%相信树木拥有某种精神能量，23%相信占星术，22%相信转世说，21%认为瑜伽是一种精神修练，17%相信有邪恶之眼（evil eyes）。

似乎也有愈来愈多人相信各种泛神论，也就是相信宇宙及地球是神圣的。泛神论将大自然置于信仰核心，因此倡导环保主义。泛神论有多种形式及版本。较新的一个例子，是科学家詹姆斯·洛夫洛克（James Lovelock）提出的盖亚假说（Gaia Hypothesis，以希腊神话中的大地女神命名）。此假说视地球为一个反馈系统，生物圈及各种物质融为一体，相互依存。泛神论也可能跟对健康的执迷扯上关系（"我的身体是我的神殿"），而这可能表现在对瑜伽、疗伤、另类药物及冥想的狂热上。此现象有失控之虞。例如，愈来愈多人罹患健康食品偏执症。这是一种饮食失调，患者过于执著食物是否健康，逐渐戒掉许多食物，最终几乎什么都不吃。患者戒食的东西，通常包括肉类、乳制品、油脂、任何含防腐剂的东西，或是任何工厂制造的东西。其他极端情况包括厌食症和过度运动，两者皆是为了尽可能消除身体的脂肪。

我不想这一节变成营养指南，不过还是得指出，人体需要脂肪，因为它负责调节荷尔蒙系统、在人患病时发挥关键的缓冲功能，而且构成肝、脑及神经系统的一大部分。此外，不含脂肪的饮食排除了维生素 A、D、E 及 K，因为这些维生素仅溶于脂肪。我想强调的是，对零脂肪及健康食物的偏执是不理性的，后果可能包括容易疲乏、性欲不振、骨质疏松、骨关节炎、掉发、忧郁，以至过早死亡（而且可能令人外表显得怪异）。这种偏执似乎主要是因为追求仪式上的洁净，或是找不到生命的真正意义所致。

———

因此，概括而言，人类社会的趋势是继续自由化，人们可以完全自成一格,或是在成千上万种生活方式中选择一种追随,甚至是自创新的群体。自由化的结果,是社会日益多元,人们聚焦于创意、个性、真实性及魅力。未来企业及消费者将非常重视讲故事,因为这能令商品及生活方式变得有意思得多。

职业方面,创造型及社会相关工作将增加,因为人的感觉对此类工作至关紧要;跟讲故事相关的工作也将增加。单调重复的工作将减少。计算机在许多方面的表现将追上并超越人类,这包括收集数据、分析事实资料,甚至是许多目前我们认为仅限于人类的才能表现,如艺术、设计,以及精密的行动控制。人类的优势将在于我们的情感及道德观,以及控制信息科技和讲故事的能力。

更多消费将流向消闲活动,旅游、媒体、时尚、艺术及奢侈品产业的成长速度将显著高于整体经济。体验加上有动听故事的商品或服务将备受追捧,厂商可收取偏高的价格。

本章结束前,我想讲一下一个地区可以如何促进成长。有些地方会奉行所谓的"种子"策略:尝试吸引并培养年轻人才,希望他们最终留下来,在本地工作、创业、赚很多钱。典型的做法之一,是在富魅力及创意的地方建立世界级大学。主要成功因素包括维持富创意及艺术内涵的文化、合理的移民法规,以及廉宜的住宅。

第二种方式,是所谓的"收割"策略:吸引既有的成功企业及高收入人士。关键的成功因素包括经济及法律稳定、儿童的教育机会、治安良好、低税,以及具深度的金融服务——有钱人通常特别重视这些因素。

当然,这两种模式可相互衍生。有钱人搬到低税地区后,通常会开创新事业。毕竟,他们会有钱,很可能是因为他们有创业的才能;而如果你富企业家精神,通常没有人能阻止你创业。

人力资源方面,东北亚非常突出。此地区的人显然有全速前进的雄心和能力。但是,北美及欧洲也不逊色,这里有许多兴旺的创意中心,是培养突破性新思想的理想地点。我认为信息科技、基因/生技及替代能源领域的尖端事业,将继续主要源自欧洲及北美。

促进成长及财富累积的地区因素

以下为促进成长及财富累积的一些因素:

- 化石能源及金属
- 邻近人们心目中的理想地点
- 充沛的淡水供给
- 使用英语
- 温带或亚热带气候
- 富弹性的移民法规
- 自然美景
- 美学文化
- 创意文化
- 科技文化
- 优质的教育机构
- 艺术文化
- 牢固的网络效应
- 经济及法律稳定
- 交通条件
- 儿童教育机会
- 法律环境
- 治安良好
- 低税
- 优质住宅的供给
- 金融服务的深度
- 是否通海道
- 文化多样性
- 高科技文化
- 丰富的夜生活

结语：回头看现在

一百年之后，人们将如何评价我们的时代？

我想，他们回顾我们的时代时，将产生复杂的感觉。他们很可能会认为这是一个肮脏、过度拥挤、混乱的时期，充斥着恐怖分子、内战、海盗、污染、拥挤的环境，以及丑陋的水泥建筑物。他们也可能会认为这段时期人类的平均智商低得吓人。事实上，以当时的标准，他们很可能会认为我们全都是笨蛋，包括敌人在内。

他们也可能对以下现象震惊不已：为什么会有人死于癌症、疟疾及艾滋病？为什么会有那么多人住在贫民窟，并且时常挨饿？他们甚至可能会有展示贫民窟的博物馆。

尽管如此，他们还是可能会称1980至2080年这段时期为"第二个百年繁荣期"。他们或许会这么说：

> 第一个百年繁荣期是1800至1913年这段时期，主要驱动力源自工业化及首波全球化。但是，这段繁荣期仅带给15%的世界人口体面的生活。

他们还会说：

> 在1980至2080年这第二个百年繁荣期，这比率升至80%。第二段繁荣期的主要驱动力，是新一波的全球化，以及信息科技及基因技术的发展。

他们说这些话的时候，世界可能已进入"第三个百年繁荣期"，届时繁荣的动力将主要来自五项突破：核融合能全球普及使用、超级人类智能、自主运作的机器人、量子计算机，以及第四代农业——已经大幅基因改造的植物、细菌及藻类生产食物及生质燃料。

第二个百年繁荣期结束后仅 20 年，世界就进入第三个大繁荣期。届时人们的主要努力目标，很可能不再是数量，而是质量。人们的观念将包括："自由而非恐惧"、"和谐而非仇恨"，以及"快乐而非烦恼"。

届时人类可用的资源几近无限，主要将用于清理以前时代遗留下来的污染。此外，许多农田将交还给大自然，丑陋的房子将拆掉，代之以风格与魅力兼具的新建筑。22 世纪的美好时代将宣告开始。

我希望是这样。

附 录

2010~2050年间百大事件

波动性

1. 2010~2050年间，将有12~18场金融泡沫及崩盘。
2. 期间还将有12~18次恐慌事件。
3. 1~3场全球房市大崩盘，每次崩盘均将引发银行业危机。
4. 此外还有3~5次资本支出崩盘。
5. 8~10个库存周期。

地缘政治

6. 全球人口成长正在减速，但人口总数估计仍将增加约20亿，至2050年左右达到约90亿的高峰。
7. 人口增幅最大的将是非洲（+93%）及中东加土耳其（+60%）。
8. 人口增幅较低的是印度（+33%）、北美（+28%），及拉丁美洲（+24%）。
9. 西欧及中国2050年的人口，将跟目前大约相同。
10. 东欧（含俄罗斯）和日本的人口将减少约18%~20%。
11. 世界人口至2050年的增幅，约80%是60岁以上的人。老年人口的增幅，约为目前已开发国家总人口的1.6倍，当中约90%将出现在新兴市场国家。
12. 全球城市人口至2050年将增加约30亿。
13. 全球农村人口将萎缩10亿，许多乡村将遭废弃。
14. 人类预期寿命每十年将增加约2.5年，因此2010至2050年间共将增加 10 年。期间欧洲及北美民众的预期寿命将增加 6～7 年，亚洲增加 10 年左右，一些较贫穷的国家的增幅则高得多。

15. 但是，接近 2050 年时，某些国家的民众预期寿命增速将大幅提升，因为借由应用先进的生物及基因技术，防衰老技术届时将突飞猛进。这最终可能令人类平均预期寿命在未来一个世纪增至 150 岁，甚至更长。

总体经济

16. 具备以下条件的地方，经济成长最强劲：低所得、低税、自由贸易、娴熟英文或中文、宽容/富创造力的文化、通海道、真实丰富的文化，以及温带或亚热带气候。

17. 2010 至 2050 年间，全球 GDP 以购买力计将成长约三倍；发达国家人均实质所得将增加一至两倍，发展中国家（如中国、印度、巴西、俄罗斯及 N-11 国家）则增加 3～5 倍。新兴市场经济产值至 2030 年的增幅将超过目前世界六大经济体的总产出。

18. 目前新兴市场地区的民众，至 2050 年时的生活水平，将跟经合组织（OECD）国家平均水平相似，甚至更好。世界将非常富裕。

19. 反映各国日益富裕的趋势，全球中产阶级每年将增加 7 000～9 000 万人。

20. 至 2050 年时，国际间的所得差距将较今天大幅缩窄。未来数十年，各国经济发展水平将显著拉近。

21. 起初中国将是世界经济成长的主要引擎，该国 2040 年之前将成为全球最大经济体。但大约从那时起，印度将成为全球经济成长的最大动力来源，拜该国较佳的人口结构所赐。

22. 但是，目前约有分布在 50～60 个国家的 10 亿人错过了全球化的列车，他们就是所谓的"底层十亿人"。它们主要是非洲及中东国家，其经济将继续停滞，甚至萎缩。

23. 退休人口大增之下，许多发达国家在退休给付上将面临储蓄不足的困境。数个国家将经历严重的债务危机。

战争与冲突

24. 2010 至 2050 年间共将有约 100 场新战争，几乎全部发生在底层十亿人的国家，绝大多数为内战。

25. 期间底层十亿人的国家也将发起约 5 000 宗恐怖行动、绑架及海上劫掠。
26. 正规军队之间几乎将不再交战。
27. 但正规军队以机器人与叛军作战的情况将日趋普遍。
28. 愈来愈多军事任务将外包给私营军事业者。
29. 除目前针对战争、侵犯人权及其他罪行的国际法庭外，国际间将拟出一套对付恐怖份子的法律规则。
30. 经济强国为取得一些资源，将支持一些独裁政权。
31. 美国军事力量将继续称霸全球，大幅领先其他国家。
32. 2050 年的伟大帝国将不是由清晰的国界界定，因为这些帝国将是虚拟的，而且将靠自然方式成长，而不是仰赖军事征服。

知识与科学

33. 人类知识每 8~9 年将增加一倍，2010 至 2050 年间将成长约 45 倍。
34. 摩尔定律（计算机芯片的性能约莫每 24 个月成长一倍）的效应是促进人类知识成长的一大因素。这定律估计将持续有效至 2030 年左右，起初是靠芯片架构日益微型化，但这趋势估计将于 2020 年之后达致极限，随后必须靠水冷式立体芯片及多核心芯片设计继续提升芯片性能。
35. 2050 年之前，我们将开始使用光学计算及量子计算技术，后者尤其将大大提升计算机运算能力。
36. 性能最强的计算机将于 2020 年之前追上人脑的资料处理能力。
37. 至 2020 年，计算机将有颇强的能力模拟人脑新皮质的运作。计算机因此将有创造力及直觉能力。事实上，计算机的创造力将开始媲美，甚至超越一流的科学家及艺术家。不过，模拟新皮质不会令计算机拥有人的情感，但计算机模拟人类感情的能力将非常高明。
38. 促进人类知识成长的另一要素是基因技术革命，其对生产力成长的贡献将等同我们已目睹的信息科技效应。基因技术将令我们得以彻底了解所有生命，这是人类历史上最重要的探索工作之一。
39. 此外，人类将继续发展"后设概念"。后设概念是创造及传播概念的方式，可加速知识的产生。未来的主要后设概念之一，是持续高速自动浏览并理解数位信息，从中得出结论的计算机。当中有些结论及建议将极富创意，而且这种工作的规模将远远超过人类所能达致的水平。

40. 电讯频宽及数位储存技术也将继续快速发展。

41. 在计算机于许多方面超越人类智能之际，接受高等教育的人口规模，每 15 年将增加一倍。

42. 女性的教育程度，平均将超越男性。

43. 人类平均智商 2010 至 2050 年间将成长约 12%，主要拜跨种族婚姻增加、卫生及营养条件改善，以及教养质量改善所赐。但是，接近 2050 年时，人类智商的增速将开始大幅加快，因为某些社会将开始改造人类基因以提升智能。此发展将于本世纪下半叶创造出"超人"，其智能将是今天的人几乎无法想象的。

44. 2025 至 2030 年左右，人类将于月球建立永久基地。

45. 2030 年之前，我们将识别出暗物质，并发现宇宙间最小的粒子。

46. 2040 年之前，人类已发展出公认的"万有理论"。

资源及环境

47. 环境污染大致将减少，接近 2050 年时尤其如此。人们财富增加及人口成长放缓是部分原因，但主要是因为大量新技术的应用：以机器人协助资源回收，代谢工程提高农业产出、减少犁地及使用杀虫剂，第三及第四代生质燃料，以及太阳能和核融合能普及使用。

48. 但是，我们需要数十年时间方控制住碳排放量，地球因此将额外升温摄氏 1~2 度。海平面也可能将小幅上升，但影响有限。

49. 资源方面，我们将不会耗尽任何一种大宗商品。农业将是这领域最成功的一环，因为农业技术正快速演化成一种信息科技，生产力成长将大幅超越需求成长——尽管愈来愈多土地将用于生产生质燃料。

50. 拜农业生产力成长所赐，我们增加农业产出一倍之余，还有能力将一些农田归还给大自然。

51. 淡水的供给基本上仍将是一个经济问题，困扰底层十亿人的国家。富国能比较轻松解决这问题。

52. 能源及一些工业金属将出现短暂的供不应求。

七个超级产业

53. 未来数十年将有七个产业特别有利可图。新兴市场的成长对以下产业尤其有利：（1）金融；（2）房地产；（3）大宗商品；（4）替代能源；（5）奢侈品。此外，（6）信息科技业因为创新速度极快，将继续兴旺；（7）生技/基因技术业也将因为创新速度快而大有发展，尤其是因为我们亟需这产业的成果帮忙解决老年人口暴增衍生的医疗问题，以及解决环境及资源难题。

54. 金融业将因新兴经济体逐渐建立信贷文化而受惠（这些经济体目前仍以现金交易为主）。此外，未来40年世界经济规模扩大三倍，金融业必须满足相关融资需求，包括为期间的营建热潮、大量新创企业，以及既有业者的扩张（尤其是在另外六个超级产业）提供资金。

55. 房地产业平均每年将需要为7 500万人兴建新房子，并建造大量商用不动产，满足世界经济大幅成长的需求。理想地段的地价将出现惊人涨幅。

56. 工业金属及能源有时将供不应求，相关商品的价格届时将急涨。大宗商品因此将是非常有意思的投资领域。

57. 为满足能源需求的短期成长，我们将首先致力提升电网效能、节省能源，以及提升燃煤效率。接下来是深海钻油、应用巧妙的能源回收技术、天然气制合成油、大规模开采页岩气，以及提炼焦油砂。我们也可能会开始使用储量丰富的页岩油。

58. 约从2020年起，我们很可能会开始大规模使用第二、第三及第四代生物燃料，它们将使用新的，以及经基因改造的细菌、藻类及植物，包括一些"经基因调整"新陈代谢速度极快的品种。

59. 在此同时，太阳光电板将变得非常便宜，普遍用作建筑物的表面材料。阳光充沛的地区将兴建大型太阳能电厂。

60. 最后，核融合能将解决人类的能源问题：2040年左右进入实验阶段，2050至2100年间普及使用。届时能源将极其廉价，而我们也将可拆掉被视为环境污点的风车及太阳能面板。

61. 奢侈品的需求将成长5~10倍。固有的主要奢侈品牌因为追捧者日众,业者将有能力控制产品价格及供给,因而得以维持非常高的价格及利润。

62. 计算机、电子身份标签、电子传感器及机器人将无所不在。它们将负责许多工作,包括开车、制作个人媒体内容、提供个人辅导、维护安全、垃圾分类、洗衣、洗碗、执行学术上的后设研究及同行审阅任务、管理及执行军事任务,以及让我们能进入栩栩如生的虚拟环境,参与大型的多玩家游戏。此外,计算机也将辅助医师,监视问诊过程,然后在医师下结论前,告诉医师诊断过程可能出错或考虑不周之处。

63. 机器人将使用(1)硬编码(hard-coded)软件处理基本能力,例如避免碰撞,以及(2)以模拟人脑新皮质的方式,边做边学。后者对机器人的整体能力远比前者重要。这种学习过程虽然费时,但成果可轻易复制到其他机器人上,这一点跟生物截然不同。

64. 软件将成为写软件的高手,而且将非常擅长辨识隐藏在各种信息及物理环境中的威胁与机会。

65. 计算机也将帮助我们解开生命的密码,支援即将来临的基因技术革命,主要是因为计算机将有能力模拟整个细胞,进而是完整的生物。届时计算机将能对药物、营养及生物化学制造方法提出自己的见解。这发展将大大加快生物化学的发明及审核速度。

66. 我们将研发出以下疾病的疫苗:哮喘、多发性硬化症、白血病、关节炎、疟疾、高血压、类风湿性关节炎、沙门氏菌感染,以及成瘾症等。

67. 一般健康检查的技术将大有进步,变得既快速又低廉。

68. 我们将不难获得副作用微不足道的个人化医疗。例如,我们将可精准地治疗恶性肿瘤,令病人免受严重副作用之苦。

69. 我们将借由"逆向工程",复制出已绝种的生物,并将建造一艘储存所有生物基因资料的数位式诺亚方舟。

70. 我们将兴建大型的"燃油酿造厂",以经基因改造的藻类及细菌将二氧化碳转化为燃料。首批此类工厂将建在燃煤发电厂旁边,以电厂排放的二氧化碳为原料。

71. 我们将开始改造人类的基因,目的包括降低致病风险、延长寿命,以及提升智能。

赢利模式与资产价格

72. 2010 至 2050 年间，全球财富将实质成长约 300%，增幅与全球实质 GDP 相同，浮动价格资产因此将增加约 800 兆美元。财富成长将主要来自开发中国家。

73. 因创新速度加快，愈来愈多新财富将由那些能洞见先机、迅速行动，并好好利用网络效应的个体或企业创造出来。

74. 此外，因为可供消费及投资的资金将增加三倍，持有／购置供给有限的资产或商品往往能获得丰厚报酬。能源、工业金属、主要奢侈品牌、数量有限的收藏品，以及精华地段的房产因此可能是非常好的投资标的。

消费商品

75. 房屋内墙将可以智能玻璃砌成，按一下控制键就能变成乳白色。部分智能玻璃设有电子区，可当做计算机荧幕或媒体播放界面使用，以非接触手控方式操作。这种装置可称为"媒体墙"。

76. 房子可使用智能墙纸：整面墙或一大部分的墙可当做媒体播放界面使用，或是营造某种气氛。

77. 我们将拥有私人的媒体服务器，以数位方式储存所有值得欣赏的电影、书籍及音乐。

78. 绝大多数汽车将设有供乘客使用的在线娱乐系统。未来汽车有自动驾驶功能后，我们将有充裕的时间享受这种设备。

79. 我们最贵重的财物失窃时，将懂得自动报警，而警方将能追踪其位置，必要时关闭其功能（例如令汽车无法启动）。

80. 建筑物整个屋顶及外墙将以太阳光电板为材料，通常可以设计得很酷。

81. 计算机的中央处理器、键盘及显示器将可分离，譬如说，手持式计算机将能把内容输出到附近任何一种显示器上。

82. 书籍的概念仍将存在，但我们将主要透过电子荧幕看书，而书中也往往含有动画、影片及连结。

83. 大型多玩家游乐将拥有高画质及环绕音效，并且极受欢迎。

84. 我们将拥有配备透明荧幕的手机，透过荧幕看现实世界中的事物时，可获得解说及相关网络信息。这可能将是史上最令人着迷的消费商品之一。

85. 视讯会议技术终于大规模使用，因为我们解决了讯号延迟的问题，且大荧幕及多喇叭可产生逼真的会面效果。

86. 许多照顾小众兴趣的电视节目将演变成"电视讨论会"。

87. 我们将翻新旧媒体内容，令它们看起来或听起来像是以最新技术制作的。

88. 我们将可根据个人的基因构造特别配制饮食。

89. 未来食物可分四大类：（1）快餐；（2）奢侈食品；（3）生态食品；（4）功能食品。功能食品是特别加强某些营养或迎合特定族群需求的食品，将是成长最快的一类。

90. 电动车将懂得在电费最便宜（通常是夜间）时自动充电，甚至可能以较高的价格将过剩的电力卖回给电网。

91. 汽车底盘将不再以金属制造。我们将改用生物可降解的纤维，它们比较轻，而且更坚固。

92. 长途客车将使用可完全放平的座位，一如飞机头等舱的座位。

生活

93. 来自开放文化的人将继续交融、结合。种族主义将衰落。

94. 多数新职位将源自创意、服务及"讲故事"产业。

95. 生活方式方面，人们将倾向重视创意、个性、真实性及魅力。

96. 奢侈品、体验及"讲故事"市场的成长速度将高于基本商品市场。

97. 人们将日益觉得可自由界定自身的身份、信仰及生活方式。

98. 人们仍将贪图物质享受，但将逐渐花更多钱购买体验而非实体商品，并将更重视质量而非数量。

99. 消费者会想透过电子媒体述说故事，并将寻觅有动人故事的商品及企业。大企业因此将雇用媒体专业人士创造并讲述公司的故事。（1）运动、（2）金融、（3）奢侈品及（4）食品/健康产业将特别流行这做法。

100. 随着我们在经济及其他方面日益富裕，并且获得更多自由，人们一般将更快乐。

《林园炒股秘籍》系列丛书

32年前，林园以8000元入市，坚持理性投资，寻找价值洼地，树立了股市赚钱的标杆，实现了财富自由；林园把握住自信心、理性心、平和心，坚持与伟大的公司一起成长，是中小投资者最需要学习的投资心态。

在林园的系列视频节目中，他总是用老百姓听得懂的话，分享老百姓喜闻乐见的故事，讲简单而重要的大道理，成为了股市的茫茫迷雾中做长跑的引路人。

《林园炒股秘籍》系列图书，详细讲解了林园的确定性投资的逻辑，分享林园在投资和生活中的感悟，帮助中小投资者尽可能地克服人性的弱点，进而学会和运用林园先生树立的赚钱标准，通过系统的炒股策略，从优质上市公司的健康发展中获取投资收益。

微信扫码
查看详情

《趋势交易的本质:成功投资的策略和理念》

雷·巴罗斯是专业交易者、基金经理、作家和培训师。在过去20多年里，他的交易记录显示他的平均年复合收益高达39%。

在本书中，雷融合了最新的神经学、心理学、博弈论和复杂理论，形成了一套高胜算交易策略，帮助读者收获交易利润。这套交易策略样板，能帮助交易者回答以下问题：低风险的进场点在哪里？在我的时间框架内，如何定义趋势？一旦建仓了，如何管理风险？

微信扫码
查看详情

价格行为交易系统三部曲

阿尔·布鲁克斯是华尔街技术分析大师，是价格行为交易领域的权威，他在价格行为（PRICE ACTION，简称PA，又称裸K）分析领域做出了很多开创性贡献，被尊为"鼻祖"，在全球期货交易界拥有极大的影响力。

在数十年的交易实践和研究中，布鲁克斯出版了三部著作：

1.《高级趋势技术分析：价格行为交易系统之趋势分析》的最大价值在于它阐明了如何理解价格行为，以及逐根K线分析走势图的意义，如何追踪由主力机构所推动的形态，通过小止损、早入场的策略，让主力机构为散户"抬轿"并最终获利。

2.《高级波段技术分析：价格行为交易系统之区间分析》精妙讲述如何对价格行为进行技术分析以识别交易区间，并从中获利。

3.《高级反转技术分析》揭示了当前市场上各类反转的类型，详细讨论每一种类型的特点，便于读者在日常交易中灵活运用。虽然价格行为分析在各种周期中都有效，但对于日内和日间、周线和月线还是有不同的运用方法。

微信扫码
查看详情

《以趋势交易为生》和《日内微趋势交易》

在华尔街，托马斯·卡尔被称为"股票X博士"，他是"和趋势做朋友"基金的对冲基金经理及"和趋势做朋友"公司的创始人兼CEO。

卡尔博士的《日内微趋势交易》缩短了学习曲线，让你轻松驾驭波动性的力量，快速盈利。微趋势交易将使你超越基本分析和技术分析的境界，让你去发现藏在口袋里的理性——每日交易开盘与收盘之间的微趋势。书中不仅有典型的案例让你快速思考，还有卡尔博士的经历了时间考验的交易策略能让你马上实践。再配上卡尔博士研发的极易操作的100%的机械式系统，让你不必整日坐在电脑前。

《以趋势交易为生》则分享了"以交易为生"所需要的所有技术、趋势知识和交易信心。卡尔教练会带你走过交易的每个步骤，让你一步一步地理解趋势交易。

微信扫码
查看详情